CB126905

Fausto

JOHANN W.

Goethe

FAUSTO

TRADUÇÃO, INTRODUÇÃO E GLOSSÁRIO

João Barrento

1ª REIMPRESSÃO

autêntica

Copyright da tradução © 2023 João Barrento
Copyright desta edição © 2023 Autêntica Editora

Título original: *Faust*

Todos os direitos reservados pela Autêntica Editora Ltda. Nenhuma parte desta publicação poderá ser reproduzida, seja por meios mecânicos, eletrônicos, seja via cópia xerográfica, sem a autorização prévia da Editora.

EDITORAS RESPONSÁVEIS
Rejane Dias
Cecília Martins

REVISÃO
Cecília Martins

CAPA
Diogo Droschi
(sobre a tipografia Grenze e imagem de Eugène Delacroix, 1828)

DIAGRAMAÇÃO
Guilherme Fagundes

IMAGEM DA PRIMEIRA GUARDA
O fantasma de Margarida aparecendo a Fausto,
Eugène Delacroix, 1828

IMAGEM DA SEGUNDA GUARDA
Fausto e Mefistófeles galopando pela noite do sabá das bruxas,
Eugène Delacroix, 1828

Dados Internacionais de Catalogação na Publicação (CIP)
(Câmara Brasileira do Livro, SP, Brasil)

Goethe, Johann Wolfgang von, 1749-1832
Fausto / Johann W. Goethe ; tradução, introdução e glossário João Barrento. -- 1. ed. ; 1. reimp. -- Belo Horizonte : Autêntica, 2025.

Título original: *Faust*
ISBN 978-85-513-0713-7

1. Teatro alemão I. Barrento, João. II. Título.

20-33318 CDD-832

Índices para catálogo sistemático:
1. Teatro : Literatura alemã 832

Cibele Maria Dias - Bibliotecária - CRB-8/9427

GRUPO **AUTÊNTICA**

Belo Horizonte
Rua Carlos Turner, 420
Silveira . 31140-520
Belo Horizonte . MG
Tel.: (55 31) 3465 4500

São Paulo
Av. Paulista, 2.073, Conjunto Nacional
Horsa I . Salas 404-406 . Bela Vista
01311-940 . São Paulo . SP
Tel.: (55 11) 3034 4468

www.grupoautentica.com.br
SAC: atendimentoleitor@grupoautentica.com.br

Nota da editora

Para efeitos de fixação do texto original e do comentário, o tradutor seguiu a edição crítica da chamada "Edição de Frankfurt": Johann Wolfgang von Goethe, *Sämtliche Werke, Briefe, Tagebücher und Gespräche*, v. 7/1 e 7/2, da responsabilidade de Albrecht Schöne. Frankfurt a. Main: Deutscher Klassiker Verlag, 1994.

A grafia do português na Introdução (e também no Glossário) segue a norma brasileira, mas, por solicitação do tradutor, foi mantida no texto de Goethe a grafia portuguesa da versão publicada em Lisboa (Relógio d'Água Editora, 1ª edição 1999, 2ª edição 2013). Como explica na sua Introdução, João Barrento optou por "uma tradução poeticamente fiel", e o esforço de aproximação com o texto original foi imensurável. Uma edição que optasse pela transposição para a normal brasileira colocaria em risco esse trabalho de depuração das formas e de aproximação dos esquemas rimáticos.

João Barrento ainda reforça que a sua preocupação maior "foi a de chegar a uma versão que possa ser lida hoje, o mais fluentemente que me foi possível (e o texto, mesmo o mais cerrado da Segunda Parte, quase sempre o permite – desde que a leitura saiba seguir o desenvolvimento da estrofe ou da fala), mas com a consciência de que não se poderia nem deveria perder a classicidade inerente a uma obra como esta. E as duas coisas estão, de fato, já no original, que é, como poucos textos do seu tempo e da sua língua, vivo e moderno (sobretudo na Primeira Parte)".

Desejamos a você, leitor e leitora, o encantamento e o prazer que encontramos ao percorrer cada verso desta tragédia, que ao mesmo tempo narra e desafia a aventura humana.

Johann Wolfgang von Goethe (1749-1832)

Foi um escritor, romancista, dramaturgo, filósofo e cientista alemão. Formou-se em Direito, mas seus interesses eram diversos, indo desde o estudo das ciências ocultas à botânica evolucionária e à anatomia, passando por desenho e pintura. Foi um dos principais representantes do romantismo alemão, obtendo grande sucesso em 1774, aos 25 anos, com a publicação do romance *Os sofrimentos do jovem Werther*. Seu texto mais famoso, considerado uma das obras-primas da literatura universal, é a tragédia *Fausto*, que trata de um homem dividido entre a ciência e a espiritualidade. Escrita ao longo de quase toda sua vida, foi publicada em duas partes, a primeira em 1808 e a segunda em 1832, após sua morte.

João Barrento

Licenciou-se em Filologia Germânica pela Faculdade de Letras da Universidade de Lisboa em 1964 e, em 1986, tornou-se professor de Literatura Alemã e Comparada. Já publicou cerca de vinte livros de ensaio, crítica literária e crônica, bem como traduziu e editou diversas obras da literatura alemã, da Idade Média à atualidade. É responsável por algumas das mais importantes publicações de autores alemães para o português, com destaque para Goethe (9 volumes, 1991-1993) e Walter Benjamin (7 volumes, desde 2004), além de grandes obras do austríaco Robert Musil (8 volumes, desde 2005)

Introdução

Um todo

"*Summa summarum* de uma vida", "composição bárbara", "fragmento subjetivo", "monstro poético", "produção incomensurável": essas são algumas das fórmulas usadas por Goethe para se referir ao *Fausto*, uma obra que se apresenta como um conglomerado formalmente díspar e conceitualmente contraditório. Apesar disso, e de a ocupação com o assunto de Fausto, desde os seis anos (quando conhece a história através do teatro de fantoches), se estender por mais de sete décadas, a obra resulta, na versão definitiva, no milagre de um todo que não é um todo, na "partitura de um mestre da orquestração" (Edição de Munique, v. 6/1, p. 988), com uma enorme diversidade funcional de formas de verso e cadeias isotópicas de imagens e tropos, enfim, num fragmento genial. Quando começou a trabalhar na Segunda Parte, formal e ideologicamente mais homogênea e coerente ("um sábio e frio pandemônio" lhe chamou Antero de Quental), Goethe olhava assim, numa das *Xênias Mansas* de 1825, com ironia e comprazimento, para o "velho Fausto": "Estais loucos? Que quereis com esse jeito / De o velho Fausto renegar? / É um mundo, o diabo do sujeito / Que tantos contrários pôde juntar".

Os "contrários" são realmente muitos, sendo como são os do espectro total da existência e dos mundos que este poema simbólico se propõe percorrer. O "Prelúdio no Teatro", que é também um repositório de problemas de sociologia do teatro e de fenomenologia literária, traça desde logo esse ambicioso âmbito de "ação" simbólica ("Do Céu para a Terra e desta para o Inferno", v. 242), vazado numa forma, mais romântica que clássica, sem pretensões de unidade estrutural ou estilística, espelho da própria diversidade da vida em devir ("Dais uma peça? Então dai-a em pedaços!", v. 99). O *Fausto* de Goethe é, de fato, uma das obras da literatura ocidental que melhor espelha toda a herança da "poesia universal", de acordo com aquilo que o próprio autor (que desconhece qualquer "angústia da influência") pensava sobre a relação de quem escreve com a tradição (e também com a experiência). Em 17 de dezembro de 1824 dizia Goethe ao chanceler Von Müller que "tudo o que o mundo do passado e do presente produziu" é propriedade legítima de quem escreve. "Só através da apropriação dos tesouros alheios se pode produzir uma grande obra." E pouco antes da morte, numa conversa em francês com Frédéric Soret (17 de fevereiro de 1832), Goethe explica-se ainda melhor: "Que fiz eu? Recolhi e utilizei tudo o que ouvi e observei. As minhas obras são alimentadas por milhares de indivíduos, ignorantes e sábios, pessoas inteligentes e idiotas [...]. Fiz muitas vezes a colheita do que outros semearam. A minha obra é a de um ser coletivo, assinada 'Goethe'". Tudo encontrará, de fato, lugar nesta obra, em termos de formas poéticas (de Homero ao drama em prosa moderno), de figuras, de conteúdos humanos e de conhecimento.

A gênese acidentada e prolongada do *Fausto*, o plano sem plano deste enorme e múltiplo fresco ("uma grande colônia de cogumelos": carta a Schiller, 1º de julho de 1797) explicaria, por si só, essa enorme diversidade, se ela não tivesse que ver com a própria "ideia" que preside à composição aberta da obra, que não é uma ideia abstrata, mas uma rede escondida de momentos aparentemente contraditórios, de variações sensíveis de ideias universais, alimentada por um princípio-chave (em toda a obra de Goethe): o da *metamorfose*. Sobre isso diria Goethe a Eckermann, em 6 de maio de 1827: "Os Alemães são gente muito estranha [...]. Agora põem-se a perguntar a que ideia eu procurei dar corpo no meu *Fausto*. Como se eu o soubesse e pudesse formulá-lo! Do Céu para a Terra e desta para o Inferno – isso já seria qualquer coisa, à falta de melhor; mas não é ideia nenhuma, é o desenrolar da ação. Depois, que o diabo perde a aposta e que deve ser salvo um homem que, a partir de graves erros, se esforça permanentemente por melhorar: isso é com certeza um bom pensamento, eficaz e capaz de explicar muita coisa, mas não é uma 'ideia' que esteja subjacente ao todo e a cada cena em particular. Na verdade, o resultado havia de ser bonito se eu quisesse alinhar uma vida tão rica, variada e diversificada, como a que apresentei no *Fausto*, pelo magro fio de uma única ideia!".

Mas já o "Prólogo no Céu" irá ser determinante para a definição prévia de um sentido para toda a ação (vv. 281, 317, 328-29) e da natureza particular, totalmente nova em face da tradição, de Mefistófeles em Goethe (vv. 336-43). Em qualquer destes aspectos – o destino de Fausto e a condição do Diabo – o *Fausto*, com o otimismo universalista que o informa, representa uma ruptura definitiva (e única, já que os séculos XIX e XX irão servir-se do assunto predominantemente para parodiá-lo, ideologizá-lo ou reduzi-lo) com a tradição que, desde o *Volksbuch* (a *Historia von D. Johann Fausten dem weitbeschreyten Zauberer und Schwarzkünstler* / "História do Dr. João Fausto, mui afamado mágico e necromante", Frankfurt), crônica popular de 1587, vem denegrindo a figura à luz do zelo edificante do protestantismo; e Mefistófeles perde aqui pela primeira vez a função tradicional do Diabo caçador de almas, para se transformar, entre autodefinições sempre paradoxais (vv. 1335-36, 1338, 1349-50; e ainda 11753 ss.), em si mesmo, no pobre diabo sem papel a desempenhar no mundo moderno, e na relação com Fausto, em força ativa que emana do próprio Homem e alimenta a sua ambição ilimitada.

Origens

Se lançarmos um olhar às origens, constataremos que o mito de Fausto (nascido de uma personagem histórica, que terá vivido entre 1480 e 1540, e rapidamente ganhou foros de lenda), começou por ser, no século XVI, moldado por uma ideologia especificamente alemã, a do protestantismo luterano, para assumir, fora da Alemanha, uma primeira versão literária já marcada por um espírito moderno, e perpassado por uma latência emancipatória, na peça do inglês Christopher Marlowe *The Tragical History of the Life and Death of Doctor Faustus.*

Nesse século XVI alemão, o assunto de Fausto sofrerá uma dupla transformação que irá determinar o seu destino como um dos grandes mitos literários do Ocidente: o seu percurso vai, primeiro, da história ao mito, e, depois – para nunca mais ser o que foi nas origens, como acontece sempre com os mitos literarizados –, do mito à literatura. A primeira parte desse percurso, que transforma o Fausto histórico em lenda e mito, manifesta-se como processo de socialização de um imaginário e de diluição progressiva dos testemunhos biográficos concretos e localizados, no sentido da criação de uma bruma e de uma auréola mítico-lendária que o *Volksbuch* fixaria pela primeira vez. Esta crônica anônima é constituída por episódios provenientes, por um lado, de uma tradição popular que, desde os começos do século, narra, com alguma simpatia e humor, as aventuras e façanhas mágicas do letrado e teólogo que mandou positivamente para o diabo as letras mortas da escolástica e da teologia (o que corresponde ao começo da Primeira Parte do *Fausto* de Goethe e à sátira de Mefistófeles com o estudante); por outro lado, a crônica é fruto de um protestantismo militante que acentua sobretudo a face negra e demoníaca de uma figura que, como outras do tempo (Paracelso, Agrippa von Nettesheim, Pico della Mirandola, Giordano Bruno), representa o contrapoder – e a ameaça – da nova ciência (aqui desvirtuada como mero jogo de magia sem consequências) e também o espírito herético de um sensualismo que vai contra a ética protestante do trabalho e da ascese, a que nem o diabo escapa, um sensualismo que Lutero via personificado em Leão X, a quem chama de "o porco do demo, o Papa".

Ultrapassando os episódios banais e a visão negativa do mágico e herege veiculados pela crônica, dá-se nos finais do século a passagem do mito para a literatura: de uma mitologia negativa, que serve e legitima a ortodoxia luterana dominante, para mitografias que constituem "falas" próprias, quase sempre espelho de um tempo histórico com marcas específicas. O processo é, nessa segunda fase, o de uma transfiguração subjetiva do imaginário socializado e da atualização em linguagem das potencialidades vagas e gastas da lenda, que assim ganha uma grande abertura ou disponibilidade ideológica. O primeiro grande marco nesse percurso mitográfico (em que Goethe representa um clímax e uma virada), que continua vivo – a última versão portuguesa é o romance filosófico de António Vieira *Doutor Fausto*, de 1991 –, é a *História trágica do doutor Fausto*, que Marlowe escreve, a partir da versão inglesa da crônica alemã, entre 1588 e 1592 (a primeira edição conhecida é de 1604). O *Fausto* de Marlowe move-se na zona híbrida entre a magia e a filosofia natural do seu tempo, contesta perigosamente o saber e o poder instituídos, procura descobrir os segredos do Universo por via não especulativa e à revelia do pensamento teológico ortodoxo, escolástico e estéril. E é também aí, nas origens nebulosas do pensamento científico moderno, que surge *Fausto*, transformado, como diz Oswald Spengler em *A decadência do Ocidente*, "no grande símbolo de uma autêntica civilização de inventores", ligado aos começos da ciência experimental de Francis Bacon, à progressiva violação e dessacralização da natureza e à própria ideia moderna da máquina – o instrumento mágico por meio do qual o Homem se tornou um pequeno deus e que, por isso, a devoção ortodoxa vê como coisa do diabo (o *Fausto* de Goethe enveredará, por maioria de razões, porque estamos já no século XIX, também por esse caminho, mas apenas na Segunda Parte).

Os dois tabus

O *Fausto* titânico de Marlowe – cuja importância nunca é demais salientar, porque se trata do primeiro modelo literário do mito – escolhe o caminho do diabo. E esse caminho passa, então – tanto para a velha ideologia católica medieval, como para a nova ideologia puritana e moralizadora do luteranismo, como ainda para o *establishment* político absolutista que cada uma delas serve –, por duas zonas-tabu que esse *Fausto* inglês, ainda de forma ambígua, procura devassar: a do *conhecimento* e a do *prazer*. Ora, esse *Fausto* renascentista é já o primeiro tratamento subversivo de um mito que, nas suas origens, está intimamente ligado à sociedade burguesa incipiente e ao esforço emancipatório do indivíduo nessa fase histórica. Desde então, e até hoje, a história do mito de Fausto tem sido a história do tratamento literário da repressão e tabuização de dois fatores essenciais de emancipação humana: do desejo de conhecimento, que, como fator de contrapoder e motor de revoluções, é visto na ordem feudal-burguesa mais como tortura do que como prazer; e do próprio princípio do prazer, que, nas sociedades ocidentais, com a sua ética judaico-cristã, é alimento de má consciência e leva à autocastração e alienação dos indivíduos. Esse segundo aspecto, que no *Fausto I* é subsumido no primeiro com o episódio de Margarida, e na Segunda Parte tem concretização puramente imaginária na alegoria de Helena (Terceiro Acto), constitui o primeiro momento de uma consciência de *culpa* em Fausto (o segundo será o da alegoria da "Inquietação" – *Sorge* – e do arrependimento quanto à entrega à magia, no último ato).

O mito nasceu, assim, da História para logo des-historizar o seu objeto, transformando, como diria Barthes (nas *Mitologias*), uma contingência numa eternidade: estamos no cerne do mito, e do *Fausto* de Goethe. Se *Fausto* é um mito – e não apenas uma lenda ou um assunto literário –, e se o mito se caracteriza pela existência de um cerne de significação imutável, esse cerne (essa "eternidade") parece ser, no mito essencialmente moderno (isto é, pós-antigo e pós-medieval) que é o de *Fausto*, de raiz voluntarista: o núcleo desse mito é o da *vontade de superação de limites* (do conhecimento e do prazer, os seus dois mitemas constituintes), que tanto podem estar no Homem como fora dele. Assim é que Fausto representa, para o filósofo Ernst Bloch, a figura paradigmática do Homem que ultrapassa limites, do *homo utopicus*. Também para Oswald Spengler, o polêmico historiador de *A decadência do Ocidente* (1918) e teorizador de uma cultura e de uma alma "fáusticas", o espaço dessa cultura é "o espaço puro e ilimitado". Comparado com o mito de Prometeu, o grande mito dos séculos XVIII e XIX burgueses, de sentido linear e progressivista, do qual por vezes se diz que *Fausto* é uma derivação, este revela-se como um mito muito mais complexo e dialético, como bem se pode ver pelo *Fausto* de Goethe – pelo seu Fausto e pelo seu Mefistófeles.

A tragédia impossível

A salvação de Fausto em Goethe irá assentar também nesse esforço humano e constante de superação de si, que tende, em última análise, para o conhecimento e para a dominação do Outro em nós (neste caso, Mefistófeles). Parece ser esse o sentido da lição que Fausto transmite antes de morrer: "Esta é a ideia que havemos de aceitar, / Esta é do sábio a suprema verdade: / Só quem dia após dia a conquistar / Merece a vida e a sua liberdade" (vv. 11573-76). E esse sentido é confirmado pelo Coro dos Anjos na cena final: "Das garras do Mal elevamos / Esta alma a nobre esfera, / Pois só àquele redenção damos / Que em esforço persevera" (vv. 11934-37). Esse núcleo essencial do mito de Fausto parece ter uma especial afinidade com o tempo histórico que o viu nascer, um tempo que, no dizer de Engels, "precisava de gigantes e criou os seus gigantes". A partir de Marlowe dá-se realmente a transformação das histórias de cordel do Doutor Fausto na história trágica do homem, ainda explicitamente historizado, do Renascimento, frente às limitações que quer e vai superar. O preço da "vontade de poder" desse primeiro Fausto literário é ainda o Inferno; mas a importância de Marlowe vem-lhe do fato de ele ter realizado uma obra de ruptura. Com Goethe, dois séculos mais tarde, é a grande obra de síntese que surge: a história tradicional sofre uma inflexão e uma elaboração que a faz ascender ao lugar de "tragédia" do gênero humano (e com isso lhe retira desde logo a possibilidade de ser uma tragédia de caráter, como mandam as leis do gênero na sua forma moderna). Em Goethe, *Fausto* assume um recorte universal, alargam-se imenso as suas potencialidades significativas e ele passa a ter, na consciência coletiva ocidental (metonímica, e talvez abusivamente, tomada por universal), a dimensão simbólica própria dos mitos. Esse alargamento de sentido está expresso logo no "Prelúdio no Teatro", na última fala do Director (vv. 231-42). E depois de firmado o inevitável pacto com Mefistófeles, é o próprio Fausto quem confirma essa perspectiva universal (vv. 1768-75: "E no mais íntimo de mim quero viver / O destino de toda a humana geração"). Essa dimensão universalista do *Fausto* de Goethe fará projetar a sua problemática, logo a partir do "Prólogo no Céu", para as origens absolutas da tradição judaico-cristã: *Eritis sicut Deus, scientes bonum et malum.* Tudo partiu daqui, e Adão foi o primeiro Fausto. Na estreiteza maniqueísta dessa nossa tradição judaico-cristã, o Livro do Gênesis é, afinal, o primeiro testemunho de um espírito fáustico que, se não for – e seguramente não é – apenas o de uma certa perversão pangermanista do *Fausto* de Goethe, como aconteceu na Alemanha depois de 1870-71 e com o nacional-socialismo, terá de ser o do Homem sem mais. Fausto será o Adão saído da inocência – que é irresponsabilidade e cegueira – do quietismo edênico (ou da boa consciência do gabinete, representada por Wagner) para o espaço da ação e da consciência prática que o transformam em ser ético – e no herói problemático de uma "tragédia" muito *sui generis* e muito diferente dos inúmeros "dramas trágicos" (*Trauerspiele*) que o próprio Goethe e os seus contemporâneos escrevem. Fausto incarna a "tragicidade" possível num contexto judaico-cristão moderno, e num autor avesso à contradição irresolvida e propenso à conciliação, como é Goethe. Por isso, no seu *Fausto* a ação é enquadrada pelas alegorias salvíficas do "Prólogo no Céu" e da cena final, e ele usa para a obra a designação de gênero de *Tragödie*, que poderá implicar uma vontade de regresso ao sentido mais ritualístico de exaltação do humano, contido no termo grego original (o "canto extático do bode", a exaltação dionisíaca da vida e da força). De fato, Fausto, como Adão fora do Paraíso, será senhor do mundo, mas aspira eternamente a um regresso às origens perdidas: à árvore da *vida* e do *prazer* e à árvore da *sabedoria* (prática), em última análise ao próprio Deus, criador mítico do Homem e sua criação e seu *telos* último. É assim que nos aparece também o Homem no *Fausto* de Goethe, no "Prólogo no Céu", pela boca de Mefistófeles – Mefistófeles que, tal como Satanás no Livro de Jó, onde este Prólogo se inspira, convive de perto com o "pequeno deus do mundo" e julga conhecê-lo melhor que o próprio Criador (vv. 300-7).

Nessa passagem, Mefistófeles, espírito das trevas e da negação, aproveita para fazer, como acontecerá de forma mais desenvolvida na cena com o estudante (vv. 1868 ss.), a sua crítica das Luzes. Mas são precisamente as Luzes que, com o Fragmento de Lessing, anterior ao nosso autor, abrem caminho à grande virada que se irá operar com Goethe: na sua luta contra o obscurantismo, Lessing é o primeiro a salvar Fausto, dando-lhe já uma certa vantagem sobre o diabo, uma vez que, para um espírito lúcido como o seu, do desejo de conhecer não pode vir a perdição da humanidade. Esta será a mudança essencial no assunto de Fausto do século XVI para o XVIII: do pecador para o conquistador de zonas sempre novas do real, da condenação em nome do dogma para a salvação em nome do Homem, da visão estreita e ainda medieval de Marlowe para a dimensão simbólica de Goethe – que, apesar disso, não deixa de ter raízes históricas e ideológicas precisas, não só na radicação do "pequeno mundo" de Margarida na sociedade burguesa alemã do século XVIII, mas também, na Segunda Parte, no programa civilizacional e histórico-filosófico aí proposto por Goethe. O *Fausto* de Goethe é, assim, para além do seu sentido simbólico e universal, também um dos maiores testemunhos do espírito burguês progressista e otimista da sua época. Ele representa o clímax, e simultaneamente a grande exceção, naquele processo de repressão e tabuização literárias (ideológicas) dos dois ingredientes essenciais do mito, como os definimos antes: o desejo de conhecimento e a experiência do corpo e do prazer, que em Goethe (e não só no *Fausto*) são constitutivos do próprio princípio da liberdade. Tudo isso iria, em pouco tempo, entrar em crise e contradição, nomeadamente nos Faustos românticos (Chamisso, Byron, Lenau, Heine, Grabbe), escritos, de uma forma ou de outra, contra Goethe.

Linhas de leitura

O lugar relativo das perspectivas relativistas ou absolutas de leitura do *Fausto* de Goethe, a sua natureza "incomensurável" e universal ou a sua radicação histórica poderão tornar-se mais evidentes a partir do momento em que se confrontam duas linhas de leitura aparentemente opostas, mas convergentes, e ambas legitimadas pela natureza de uma obra como esta: as leituras cósmico-simbólicas, espiritualistas, teosóficas, alquímico-herméticas (de Rudolf Steiner, Jung, Ronald D. Gray, Alice Raphael ou Yvette Centeno) e as leituras materialistas, sociológicas e históricas (de Adorno, Bloch, Lukács, Heinz Schlaffer ou Rainer Dörner). Num caso, *Fausto* é a expressão da progressão, antagônica mas não dialética, dos "opostos" em direção à sua "conjunção" (= resolução) na "Obra" (= na realização plena); no outro, *Fausto* é interpretado como um enorme painel em que se reflete a dialética do progresso, da sociedade burguesa-capitalista com todas as suas contradições, que vão sendo assumidas e superadas, no sentido de um *telos* utópico que não é resolvido, mas permanece como Utopia última: a sociedade futura em que o Eros (e não a troca) determinará as relações entre os indivíduos (do ponto de vista dessas leituras, e em especial na Segunda Parte, sem qualquer espécie de nostalgias regressivas).

Há um paralelismo evidente. Mas também a diferença fundamental de que no primeiro caso se tende para uma resolução (idealista) da problemática humana, e no segundo se pode tirar a ilação de que isso não é possível no presente, por "perfeito" que ele se apresente (e apresenta-se, para o Fausto moribundo da Segunda Parte). O lado problemático da primeira linha de interpretação é que ela se centra no indivíduo, na sua evolução interior e numa leitura textual limitativa, enquanto a segunda procura derivar da problemática individual uma filosofia da História e articular o mito com a história social, cobrindo assim, a partir dele, os domínios da ontogênese e da filogênese da burguesia, ou seja, tanto o processo de autoconhecimento de Fausto como o processo de emancipação burguesa. Não omitindo o nível individual de tragédia potencial (como as interpretações mais idealistas omitem a projeção histórico-social da problemática antropológica e psicológica individual), a segunda linha pode eventualmente ser mais produtiva e ir mais ao encontro da natureza universal e plurissignificativa, mas necessariamente historizável, que é a do *Fausto* de Goethe. Poderia tomar-se como exemplo concreto as cenas finais do *Fausto II* ("Enterro" e "Desfiladeiros, Floresta, Penhascos"), que podem ser lidas em termos de uma dupla utopia: a utopia realizada neste mundo, que é a "colônia" de Fausto, materialização humana, e historicamente referenciável no tempo, das aspirações cósmicas de Fausto na Primeira Parte, e a utopia projetiva, irrealizada, do Eros (do

Eterno Feminino) como alternativa utópica para o universo presente da troca, ainda imperfeito (também num outro *Fausto*, já do século XX, o *Mon Faust* de Paul Valéry, se falará de um "Eros energoumenos", fonte de energia superior). A dimensão histórica do *Fausto* de Goethe, que uma leitura próxima do texto sistematicamente possibilita, está também presente em duas leituras globais da obra como as de Ernst Bloch e Adorno. Bloch mostra como em Goethe há uma progressão dialética, do sentido cósmico-simbólico do início da Primeira Parte para o sentido "moral" e histórico do final da Segunda Parte, visto como antecipação de uma situação histórica capitalista (*vorblickend kapitalistisch*) e como expressão de um projeto puramente humano (*ein pures Menschenstück*). E para Adorno a transcendência e a grandeza das últimas cenas estão inextricavelmente associadas ao seu sentido histórico e social: "O limitado como condição da grandeza tem, em Goethe como em Hegel, o seu aspecto social: o mundo burguês funciona como mediação do absoluto".

Uma perspectiva radicalmente diversa é a de Carl Gustav Jung. Os *Tipos psicológicos* ou *O homem moderno à procura da sua alma* são duas obras de Jung que poderiam fornecer material relevante para a construção de um perfil psicológico "fáustico" (um outro exemplo de uma abordagem que assimila bastante da psicologia junguiana é o da análise alquímica de Yvette Centeno, em *A alquimia e o Fausto de Goethe*). A psicologia do fáustico em Jung, apoiando-se, como faz, exclusivamente em Goethe, pode ser redutora, e tende para uma visão de Fausto como "símbolo unificador" e como o Homem dos opostos reconciliados, o que resulta numa visão pouco humana, quase seráfica, da figura. Realmente, para que se consume, em unidade e conciliação, o percurso humano de Fausto, tal como Jung o vê, terá de cessar a atitude fáustica, terá de dar-se a morte de Fausto: essa é outra contradição, que leva esse autor a ler a salvação de Fausto em Goethe por via da transcendência e do "mistério", quando na verdade Goethe o salva por via do esforço humano – que entendo mais no sentido histórico e moral, mas não místico. Há em Jung um "esquecimento da História" e da especificidade das culturas, que o *Fausto* de Goethe dificilmente legitima. Jung transforma, assim, a tragédia humana de Fausto em "mistério" religioso, e lê o desenlace do *Fausto II* numa perspectiva de fechamento, como a cúpula e a resolução de um processo de oposições. O texto parece-me sugerir antes uma perspectiva de permanente irresolução e abertura dialética, feita de avanços e recuos, de muitos momentos de fracasso e outros de realização (quase) plena. É esse o caminho hermenêutico, por exemplo, de Ernst Bloch, que constrói a partir do *Fausto* uma antropologia teleológica que, nessa sua abertura para diante, corresponde a uma filosofia do "fáustico" por excelência. É por isso talvez que Bloch escolhe, entre outros, o mito de Fausto para concretizar as suas categorias do "espírito da utopia" e do "princípio esperança". *Staunen* (ou seja, o espanto, a curiosidade originária do Homem perante o mundo, a origem de todo o filosofar que leva Tales de Mileto a cair no buraco para depois ser salvo pela sabedoria prática da mulher da Trácia), *Hoffen* (isto é, a esperança consciente, a *docta spes*) e *Wollen* (a vontade de realização dessa esperança como motor da "função utópica"): essas são as categorias essenciais do pensamento de Bloch, já na sua primeira obra importante, *Espírito da utopia* (1918), de iniludível perfil fáustico. No último capítulo, significativamente intitulado "O rosto da vontade", pode ler-se: "Se permanecer forte, se se tornar pura, se tomar plena consciência de si, ela não permitirá o fracasso – a esperança não nos deixa fracassar. Porque a alma humana abarca tudo, incluindo o que está para além de nós e ainda não é. É a ela e só a ela que queremos; e o pensamento serve-a, ela é o seu único espaço, o conteúdo da sua linguagem e o seu objeto, dispersa por todas as partes do mundo, escondida nas trevas do momento vivido, prometida na forma da pergunta absoluta" (*Geist der Utopie*. Frankfurt: Suhrkamp 1973, p. 343).

É, porém, na sua obra maior, *O princípio esperança*, escrita no exílio entre 1938 e 1947, que Bloch desenvolve uma filosofia do pensamento utópico concreto que, por ser uma filosofia do possível e da superação de limites, corresponde em muitos aspectos à categoria do fáustico como ela se apresenta em Goethe. Desde Aristóteles e da sua filosofia materialista do possível (o ser-em-possibilidade) que a latência utópica do mundo não foi, diz Ernst Bloch, explicitada e formulada filosoficamente: no seu primeiro esboço de uma gramática latina, lembra ainda Bloch, o gramático Terêncio Varrão esqueceu o futuro! As utopias – sociais, técnicas, geográficas – são quase sempre construções no vazio, projeção de desejos que cortam as amarras com o real, e não produtos de uma fantasia humana que tem o seu correlato concreto neste mundo e dele parte: essa é a base da utopia concreta de Bloch e, ao que parece, também o *modus operandi* da aspiração (*Streben*) e do desejo fáustico de superação consciente de limites. Essa aspiração e essa vontade fáusticas encontram o seu sentido num processo dialético em que o limite de uma utopia é o limiar de outra (é o sentido dos versos 3249-3250 no monólogo da cena "Floresta e Caverna" e de toda a progressão da Segunda Parte). É assim também que Bloch concebe a sua utopia do concreto, que, aliás, liga explicitamente ao princípio fáustico e ao percurso dialético do Fausto de Goethe: "A autêntica vontade utópica não é de modo nenhum uma aspiração infinita. Pelo contrário, o objeto dessa vontade é o imediato [...] da existência enquanto coisa finitamente mediatizada, iluminada e realizada – realizada de forma feliz e adequada. É este o conteúdo-limite da utopia, presente na frase 'Fica, tu que és tão belo!' [v. 1700] do plano de Fausto" (*Das Prinzip Hoffnung*. Frankfurt: Suhrkamp 1959, vol. I, p. 15).

O sentido da aposta no *Fausto* de Goethe, a que Bloch aqui se refere, é o da expressão dialética da utopia, do mesmo modo que toda a ação de *Fausto* é uma "viagem dialética, em que cada gozo alcançado é apagado por um novo desejo que dele nasce, e cada ponto de chegada é contrariado por um novo movimento que se lhe opõe: falta sempre algo, o momento da bela plenitude é sempre adiado...". Goethe, continua Bloch, deu à aposta uma formulação jurídica correta e utopicamente profunda: "o 'Fica, tu que és tão belo!', dito em relação a um momento dado, designa a mais rigorosa utopia do ser" (p. 1189 ss.). Em cada presente, o Homem, porque aspira, vive essencialmente no futuro. Goethe conhecia bem essa latência utópica da realidade humana, ao afirmar que a autêntica nostalgia tem de ser sempre produtiva. E transpôs essa convicção para o seu Fausto, "figura suprema da inquietação", ou, ainda nas palavras de Ernst Bloch, "o absoluto simultaneamente intensivo e extensivo. Ele é, por excelência, o superador de limites [...], e por isso o mais alto exemplo do Homem utópico" (p. 1188).

Da tradução

O *Fausto* de Goethe só teve, até hoje, uma tradução integral em Portugal, feita e publicada por Agostinho d'Ornellas em 1867 (a Primeira Parte) e 1873 (a Segunda Parte), reeditada e atualizada por Paulo Quintela em 1953.[1] Apesar de revelar um esforço de rigor na relação com o original, a tradução de d'Ornellas é irregular, datada, e por isso hoje dificilmente legível em muitas passagens: já Quintela, no seu prefácio à reedição, lhe notava o "tom arrastado, perro e contrafeito, esforçado em todos os sentidos do adjetivo". Mas ela é sobretudo um texto que não corresponde ao original, nem na variedade e na precisão das muitas formas poéticas utilizadas por Goethe, nem na coerência interna de cadeias imagéticas e conceituais, nem também no número de versos (que se expandem ou condensam consoante as necessidades do tradutor, e por isso as edições da tradução não apresentam numeração de versos), o que torna essa versão praticamente inutilizável quando se quer citar ou encontrar um determinado verso ou toda uma passagem.

Empreender uma nova tradução completa daquela que, não sendo certamente, como quer ainda Quintela, "a maior e mais difícil obra da literatura germânica" (há poetas bem mais complexos, para efeitos de tradução), é de qualquer modo um texto que não deixa de fora nenhuma espécie de dificuldade, é empresa que justifica, por si só, uma breve pausa para pensar sobre os obstáculos que encontrei e os caminhos que escolhi, agora que o *Fausto*, bem ou mal, está aí de novo em português. Entremos, então, por um momento na oficina.

Quando me dispus a traduzir a obra, parti para essa aventura ingenuamente animado pelo propósito de, paralelamente à tradução, ir refletindo sobre os problemas, as estratégias e as soluções encontradas, e – coisa que nunca fizera antes – também ir registrando o tempo que a tarefa me exigia. A única boa intenção que consegui realizar

[1] Em português, o texto completo do *Fausto* existe ainda na tradução brasileira de Jenny Klabin Segall [1899-1967], iniciada com a edição da Primeira Parte em 1946 e com várias reedições até hoje.

foi essa última: na margem dos cadernos onde foi nascendo a versão portuguesa aparecem registrados os dias em que trabalhei no *Fausto*, por vezes apenas algumas horas, outras vezes dias inteiros. Do resto, desisti ao segundo dia, porque me apercebi imediatamente de que a atenção sistematizadora da reflexão teórica e os mecanismos e as intuições da recriação poética funcionam em ondas muito diferentes e, no fundo, são incompatíveis (seria como alguém que, para andar, estivesse a cada passo a pensar qual o pé que deveria mover, e por que razão o faria). Desisti do metadiscurso, talvez também porque ele, naquela situação particular, me exigiria um esforço em última análise absurdo e contraproducente, para além do dispêndio, mais libidinal (e quase físico) do que mental, pedido pela reescrita criativa que uma tradução deste texto deve ser, tem de ser.

E tem de o ser por razões que o próprio original desde logo nos põe à vista, e o tradutor tem de seguir. Em primeiro lugar, os níveis de discurso muito diversos que uma obra como esta contém. A língua de Goethe, contrariamente ao que acontece com outros autores alemães seus contemporâneos, é espantosamente maleável e moderna. A minha tentativa procura, por isso, orquestrar um *Fausto* em português para o uso de hoje, a partir do reconhecimento e da reprodução desses vários tipos de discurso, que, de um modo algo simplificado, se poderiam reduzir a três tipos de paisagem textual dominantes: o coloquial (excepcionalmente vivo e atual para um texto em grande parte ainda do século XVIII), com frequentes momentos de paródia, sátira, humor, boçalidade, singeleza (a oscilação constante de registros é uma das marcas mais evidentes do *Fausto*); o lírico e contemplativo, um registro cuja transposição é frequentemente facilitada pela interiorização da nossa própria tradição literária no que se refere às formas poéticas e à linguagem; e o filosófico e reflexivo, que em Goethe é muitas vezes temperado por uma linguagem mais imagética e sensível do que conceitual (e isso pode ser uma vantagem para a versão para uma língua como o português).

A não ser que tenha de fazer desde logo uma versão de palco (coisa que o original também não foi), qualquer tradutor do *Fausto* vê o seu trabalho orientado num sentido que não será apenas nem o da fluência da dicção, nem o da fidelidade formal, mas qualquer coisa em que os dois aspectos convirjam, e que o próprio texto lhe sugere, pelo fato de se tratar essencialmente de um "drama para leitura" (*Lesedrama*) – sem ser necessariamente um "drama de gabinete". O *Fausto* é, de fato, em muitos pormenores, um texto concebido para a leitura, apela intencionalmente à imaginação teatral do leitor e à sua capacidade de suprir o que não é dito. As suas virtualidades de "grande texto" tornam-se mais evidentes quando o lemos em voz alta, configurando corretamente as falas de acordo com as características das formas e dos versos em que foram vazadas. Goethe leu muitas vezes, nos círculos de Weimar, todas as versões da obra, até aquela última vez, no mês de janeiro de 1832, pouco antes de sua morte, quando, entre os dias 2 e 29, e apenas para a nora, Ottilie, e para si próprio, foi lendo toda a Segunda Parte, antes de selar definitivamente o manuscrito para publicação póstuma. Os efeitos prosódicos particulares de cada uma das dezenas de formas diferentes usadas, as passagens, mais sutis ou mais abruptas, de umas para outras, as infrações calculadas aos esquemas métricos e rimáticos, a adequação funcional – aspecto fundamental para a manutenção das formas na tradução – desses diferentes estilos às personagens e às situações – tudo isso é de tal modo constitutivo da unidade intrínseca deste genial fragmento, que toda tradução em prosa não pode ser mais que um arremedo de aproximação desse mundo *poético* onde encontramos toda a panóplia de formas da poesia épica, dramática e lírica desde a Antiguidade. A diversidade das formas métricas é, no *Fausto*, muito mais do que uma questão técnica, não tem nada de exibicionismo virtuosista, nem é mero formalismo. Em Goethe, as formas trazem consigo uma auréola histórico-cultural, reminiscências que são recuperadas com intenções muito claras e que transformam os metros em parte integrante da mensagem poética. O Terceiro Acto da Segunda Parte é o exemplo mais paradigmático desse uso funcional das formas, com a entrada fulgurante (e surpreendente, num texto que até aí, com exceção de uma pequena cena da Primeira Parte, usara durante milhares de versos sempre a rima) de Helena que fala em solenes trímetros iâmbicos e brancos, a medida da tragédia ática. As cenas integram várias formas de verso, e tornam indissociável a dicção e o sentido de todo o ato (o casamento simbólico da Grécia com a Germânia, do mundo antigo com o medieval), no momento genial em que Helena progressivamente descobre o fascínio da rima e ensaia as primeiras falas nessa forma para ela nova, em que os versos, para seu espanto, *se casam* (vv. 9369 ss.). Mas essa adequação funcional está presente desde o início: no tom solene e elegíaco da oitava rima da "Dedicatória"; na insuperável ductilidade da mais camaleônica das formas de verso no *Fausto*, o madrigal tantas vezes ouvido na boca de Mefistófeles, que acompanham o seu sarcasmo, a sua ironia, a sua dialética; no *Knittelvers* (o verso popular e irregular medieval) da abertura da Primeira Parte, num Fausto ainda preso ao mundo, já não antigo, mas pré-moderno, da superstição e da magia (vv. 354 ss.); nos ritmos livres da conversa com Margarida sobre a religião, que marcam o caráter livre e herético da profissão de fé panteísta (vv. 3415 ss.); no verso curto e encantatório das falas dos Espíritos; nas quadras de Linceu (vv. 9218 ss.) e do próprio Fausto (vv. 9442 ss.), em tensão com os referidos trímetros de Helena e o verso branco do Coro, anunciando, no próprio metro, o seu destino trágico.

A tradução foi-se então fazendo a partir de uma convicção: a de que a natureza dos originais dita o caminho da sua tradução. Por isso, esta tinha de ser uma tradução poeticamente fiel, e não uma mera "tradução de serviço". A questão é, naturalmente, sempre a de saber até que ponto isso é possível, particularmente quando nos confrontamos com a vastidão de sentido(s), o labirinto de símbolos, a floresta de formas que é o *Fausto*. Nem sempre essas formas têm correspondências ou tradição em português, e nesses casos (como naqueles em que Goethe introduz deliberadamente irregularidades em certas medidas ou esquemas rimáticos regulares) o trabalho será mais aproximativo, e o resultado eventualmente mais estranho (mas é também para trazer o outro até mim que serve a tradução). Muitas vezes, porém, as formas são comuns a todas as literaturas europeias, as tradições e as fontes são as mesmas, e o texto da tradução poderá então soar estranhamente familiar aos nossos ouvidos. Em qualquer dos casos, a minha preocupação maior foi a de chegar a uma versão que possa ser lida hoje, o mais fluentemente que me foi possível (e o texto, mesmo o mais cerrado da Segunda Parte, quase sempre o permite – desde que a leitura saiba seguir o desenvolvimento da estrofe ou da fala), mas com a consciência de que não se poderia nem deveria perder a *classicidade* inerente a uma obra como esta. E as duas coisas estão, de fato, já no original, que é, como poucos textos do seu tempo e da sua língua, vivo e moderno (sobretudo na Primeira Parte), e ao mesmo tempo de uma classicidade por vezes esmagadora e hierática (mais na Segunda Parte), com cargas simbólicas e efeitos alegóricos fora do alcance do leitor médio de hoje.

Alguns princípios (muito gerais) e algumas intuições (muito pessoais) me guiaram nesta empresa. Embora presentes desde o início, eles se tornaram para mim mais conscientes ao chegar ao célebre "monólogo da tradução" (vv. 1220-1237), no momento em que Fausto se propõe, também ele, verter para a sua língua o Evangelho de S. João. Aí, constatei que tudo o que eu pudesse pensar e escrever sobre a tradução estava nesse breve fragmento que remete para alguns dos pressupostos e algumas das contingências que se me afiguram como próprios do ato de traduzir, que subjazem certamente a esta tradução do *Fausto*, e que resumo ainda, acompanhando linha a linha o monólogo:

– Os textos, nomeadamente os ditos "grandes", pedem para ser traduzidos (v. 1220), há neles uma lei, um princípio de tradutibilidade cuja consequência só pode ser a da aceitação da sua traduzibilidade, isto é, da possibilidade de serem postos noutras línguas (isso quer obviamente dizer que acredito nas potencialidades da tradução, e da tradução de textos poéticos).

– A tradução é um ato carregado de boas intenções (v. 1221) e de resultados sempre imprevisíveis, e por isso mesmo infernal! Mas, apesar de alguns desses bons propósitos se perderem pelos labirintos da linguagem, o ato compensa, e compensa duplamente: quando o resultado final se pode ler, e porque a tradução é isso mesmo, um exercício compensatório.

– A tradução é, por excelência, um processo de leitura rigorosa e de escrita aproximativa, como dizem várias linhas do monólogo (vv. 1225, 1227, 1230, 1235). Traduzir é ainda – e Fausto reconhece isso ao esbarrar num termo de atmosfera semântica saturadíssima, como é o *Logos* do Evangelho – um ato de interpretação ativa, mas que não pode ser leviana (não há sentidos autorais *a priori*, apenas construção de sentidos através da leitura/escrita, mas no caso dos textos clássicos essa construção está muito mais espartilhada, e desde logo também facilitada, e não pode escolher arbitrariamente os seus materiais).

– A palavra (Verbo) é, só por si, uma base de sustentação insustentável para qualquer tradução: isso não quer dizer que não se traduzam palavras, mas que a palavra poética nunca se reduz ao mero conceito cristalizado (nem mesmo, como acontece aqui, quando se trata de encontrar a correspondência para um único conceito aparentemente fixado). Traduzem-se palavras e discursos "animados" (que respiram, que têm uma atmosfera própria, uma melodia, uma forma de sentido) e em situação (temporal, local e subjetiva). Quando Fausto/Goethe, na Alemanha do século XVIII, verte *Logos* por "Ação", isso corresponde a um ato filológico voluntarista, marcado por uma ideologia. E também a minha tradução traz, hoje, as marcas de uma ideologia, ao menos linguística e literária.

– O sentido ("Pensamento", em alemão *Sinn*) não é "quem tudo move e cria" numa tradução literária, não é ele o *primum movens* que nos guia: o objetivo a ser alcançado é sempre a forma de um sentido (Goethe escreve num dos paralipômenos ao *Fausto*: "O conteúdo traz consigo a forma, a forma nunca existe sem conteúdo"), ou o sentido investido de uma força performativa, de um princípio organizativo das palavras, que está acima e fora de cada uma delas (é *Energeia* e "Ação").

– A tradução é, como se vê pelo percurso do pensamento de Fausto ao longo do monólogo, uma traição, uma bela infidelidade – bela e necessária, para afirmar o que de próprio há em mim frente ao apelo do Outro, o que no Outro há de próprio, e que eu não posso nem devo apagar. O Verbo, que para os gregos era um *Logos* sincrético, pode transformar-se tanto no *verbum* latino mais funcional e gramatical como na "Ação", indispensável ao dinamismo do espírito fáustico. O fragmento demonstra como a tradução é uma arte dúctil, um jogo múltiplo de passagens sutis. O ato inaugural da criação, o dizer para que se faça, é uma tradução, ou o seu arquétipo (do mesmo modo que Babel será a condição e o estigma de um pensamento mais funcional que mítico sobre a tradução, e o Pentecostes o momento utópico em que a tradução voltaria a ser inútil, ou seria "automática"). Tal como nas origens, a tradução é uma cosmogonia, criação de um cosmos a partir de outro cosmos (que na fase inicial, de leitura, é ainda um caos), um fazer (ofício) informado pelo sopro de um qualquer Espírito (das múltiplas Vozes da memória e do inconsciente linguístico e cultural do tradutor) que preside ao ato (v. 1228) – mas tudo isso, é claro, com muito suor!

Como tantas outras passagens deste texto riquíssimo, o "monólogo da tradução" é um poço sem fundo, um pequeno tratado dessa arte das passagens sempre com outras possibilidades, sempre com alternativas latentes. E os quatro conceitos que o estruturam – Palavra, Sentido, Força/Energia, e Ação – sugerem uma progressão dinâmica que nos leva da concepção mais estática da tradução até o "fazer", no sentido mais criativo ("poiético") do processo. As poucas linhas deste monólogo bastariam provavelmente para mostrar como o *Fausto* de Goethe é um desses textos ditos "grandes". A teoria literária nunca soube, ou nunca quis, explicar bem o que torna grandes os chamados "grandes textos". Mas eles existem, e ainda bem para quem se aventura a traduzi-los. Porque eles em geral defendem, mais do que os medíocres, a precária e vulnerável posição do tradutor: são generosos, abrem-se a múltiplas soluções, em vez de, por mesquinhez monossêmica ou falta de imaginação, nos fecharem logo muitas das portas que podem levar a um trabalho eventualmente criativo na nossa própria língua.

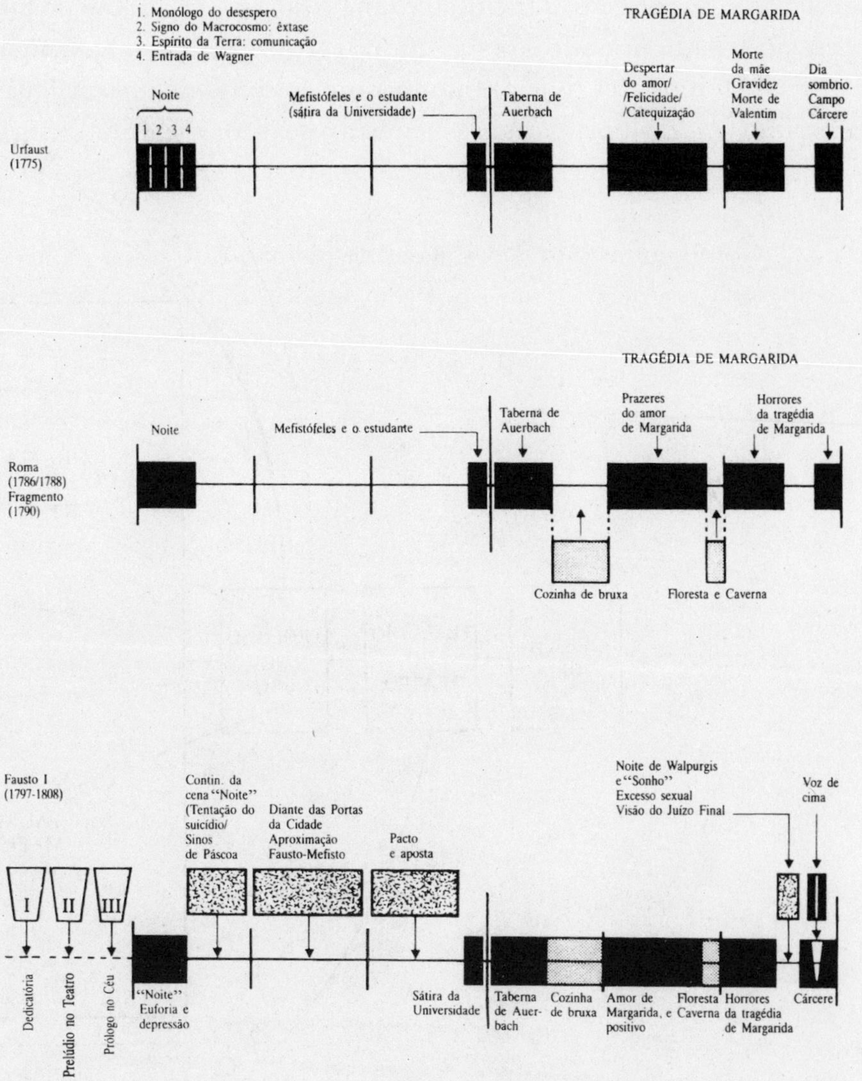

PLANO DA GÉNESE DO FAUSTO I

Fausto II (1825-1831)

1.º Acto	2.º Acto	3.º Acto	4.º Acto	5.º Acto
1827-30	1826-30	1826	1831	1825-31

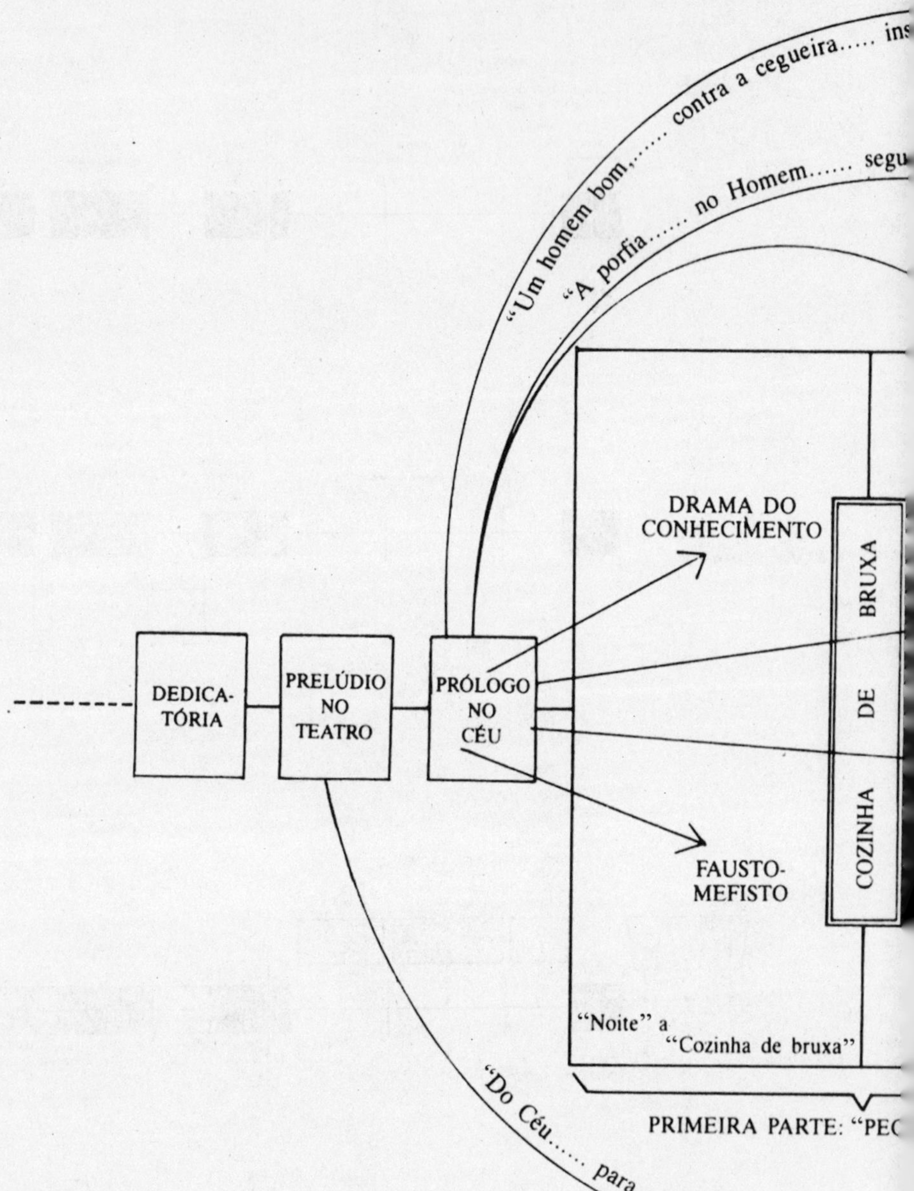

ESTRUTURA DO FAUSTO I e II

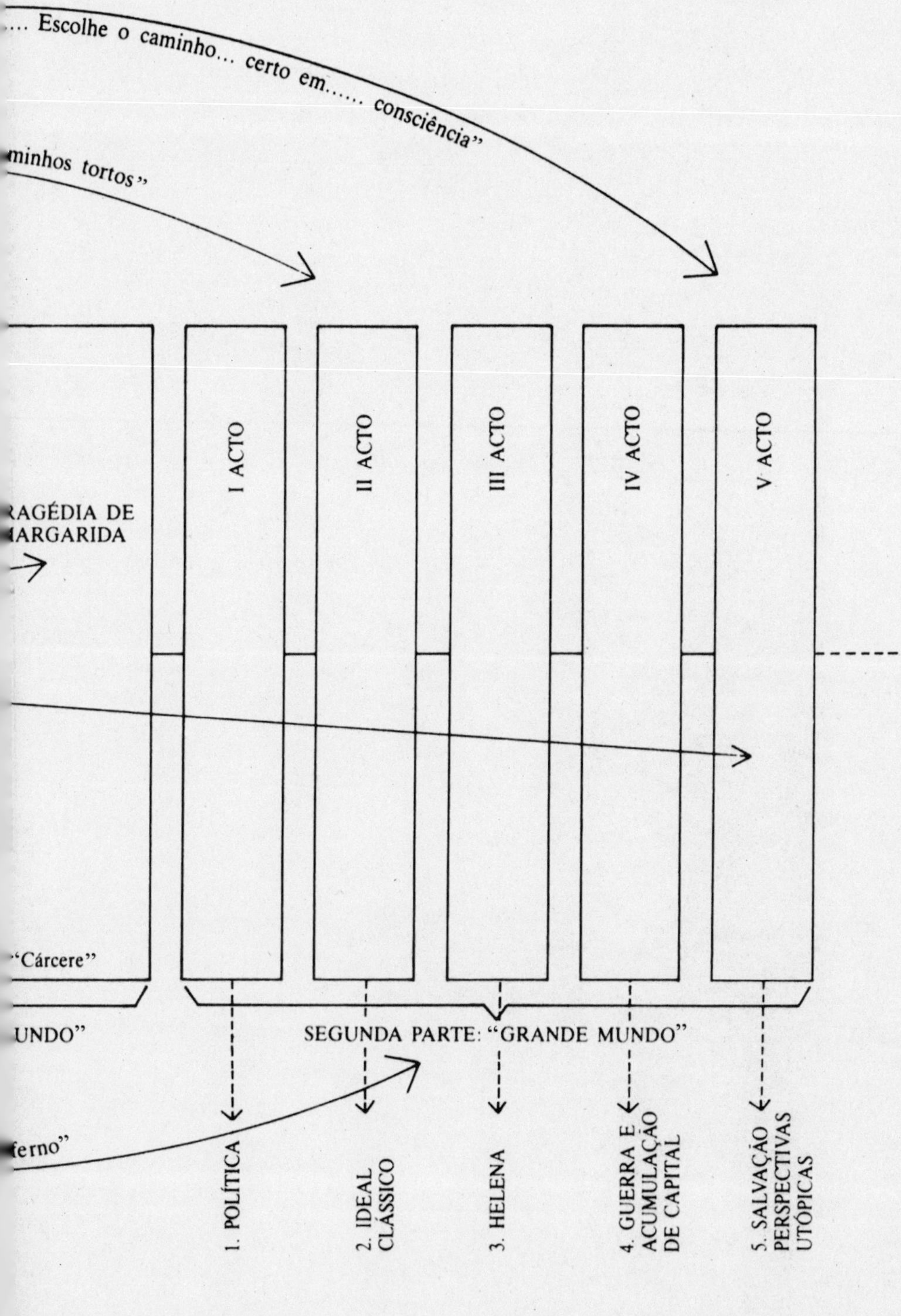

.... Escolhe o caminho... certo em...... consciência"
minhos tortos"
RAGÉDIA DE
MARGARIDA
I ACTO
II ACTO
III ACTO
IV ACTO
V ACTO
"Cárcere"
UNDO"
SEGUNDA PARTE: "GRANDE MUNDO"
ferno"
1. POLÍTICA
2. IDEAL CLÁSSICO
3. HELENA
4. GUERRA E ACUMULAÇÃO DE CAPITAL
5. SALVAÇÃO PERSPECTIVAS UTÓPICAS

FAUSTO

UMA TRAGÉDIA

DEDICATÓRIA

Surgis de novo, figuras fugidias
Que ao turvo olhar vos mostrastes outrora.
Cabem em meu coração tais fantasias?
Serei capaz de vos reter agora?
Quereis entrar! Seja, reinai sem peias,
Vós, que subis das brumas da memória;
A minha alma renasce, emocionada
Pelo sopro mágico da vossa cavalgada.

Trazeis imagens de outra felicidade,
E ressurge muita sombra querida;
Voltam primeiros amores, velha amizade,
Como uma antiga lenda, meio perdida;
Renasce a dor, a mágoa insiste e invade
A errância labiríntica da vida,
E nomeia os amigos que a má sorte
Privou de gozos e entregou cedo à morte.

Não ouvem os meus cantos de agora
As almas para quem primeiro cantei;
Disperso o grupo da primeira hora,
Mudos os ecos que então despertei.
A turba ignota o meu canto devora,
E nem com seu aplauso me alegrei;
E os que os meus versos amaram a fundo,
Se ainda vivem erram por esse mundo.

E apossa-se de mim uma olvidada
Saudade desse reino calmo e grave

Dos Espíritos, e a minha ciciada
Canção, eólia harpa, é voo de ave;
Estremeço, ao pranto a lágrima ajuntada
O peito austero torna leve e suave:
O que possuo dilui-se na distância,
E o que fugira ganha forma e substância.

PRELÚDIO NO TEATRO

Director. Poeta Dramático. Actor Cómico.

DIRECTOR:

Vós dois, cujo conselho sempre
Em apertos e apuros me acompanha,
Dizei-me: nestas terras de Alemanha,
A nossa empresa que futuro tem pela frente?
Quero o público aqui bem animado,
Pois ele vive e a nós nos faz viver.
Estão montados os postes e o tabuado,
E toda a gente grande festa quer ter.
Já estão a postos, de sobrolho no ar,
Esperando o milagre que lhes vamos dar.
Sei bem do povo ganhar o favor;
Mas nunca estive em tão grande embaraço:
O que vêem não será do melhor,
Mas leram mais do que imaginar posso.
Que iremos dar-lhes hoje de novo e vivo,
De divertido e pleno de sentido?
Pois se há coisa que eu goste de ver,
É a multidão que acorre ao nosso piso,
E não se importa de mil penas sofrer
Para passar os portões do paraíso;
De dia ainda, nem quatro horas são,
Já lutam para chegar à bilheteira,
Como em tempo de fome por um pão,
Quase se matam por uma cadeira.
Milagre assim, com um público tal,
Só o poeta o faz. Amigo, vale?

POETA:

Ah, não me fales dessa turba sem rosto!
Estiola o espírito ante a sua imagem.
Esconde-me esse tropel, que a contragosto
Nos arrasta numa grande voragem.
Não, leva-me ao refúgio que foi posto
No céu para o poeta e sua miragem,
Onde Amor e Amizade, com divina mão,
Cultivam o bem-estar do coração.

Ah, o que aí de mais fundo nos nasceu,
O que a boca balbuciou, expectante,
O que aqui fracassou e ali venceu,
Leva-o, devora-o o caótico instante.
Só quando a roda dos anos o poliu
Surge enfim já perfeito e imponente.
A aparência brilha, mas não dura,
Só o autêntico terá vida futura.

ACTOR CÓMICO:

Vida futura! Sempre essas larachas!
Se eu me ocupasse do futuro, quem achas
Que iria divertir nosso presente?
Ele quer distracção, e distracção terá,
Que a presença viva de um rapaz decente
Também é qualquer coisa — ou não será?
Quem souber dar-se com graça e agrado,
Não é o público que o há-de azedar;
Prefere até um círculo alargado
Para mais seguramente o emocionar.
Coragem, pois, mostrai vossa mestria:
Razão, engenho, sentimento, paixão
Deixai soar, e os coros da fantasia,
E que a loucura não falte, atenção!

DIRECTOR:

E, acima de tudo, muita acção!
Quem cá vem é para ver, quer sensação.
Se lhe enchermos o olho com enredos,
A multidão fica de boca aberta,
E vós ganhais com isso fama a rodos,
Sois homem de sucesso, pela certa.
A massa só pela massa se conquista,
Cada um colhe aí o que lhe agrada.
Quem muito oferece, a cada um assiste,
E toda a gente sai daqui encantada.
Dais uma peça? Então dai-a em pedaços!
Com tal guisado não tereis fracassos:
É fácil de servir, de imaginar.
De que vos serve um todo apresentar?
O público desmembra-o sem remorsos.

POETA:

E não vedes como é vil tal mister?
Como é indigno do artista que se preza?
A fancaria de um amador qualquer
É para vós lei, já vejo, não vos lesa!

DIRECTOR:

Essa censura a mim pouco me afecta:
Quem quiser atingir a sua meta
Tem de servir-se da melhor ferramenta.
Lembrai-vos que esta massa não é cinzenta,
Pensai, ao escrever, a quem fazeis assédio!
Alguns vêm trazidos pelo tédio,
Outros comeram que nem animais,
E quem me parece mais sem remédio
São os que vêm de ler os jornais.
Vêm por vir, como para as mascaradas,
Só a curiosidade os faz voar;

As damas pavoneiam-se, enfeitadas,
E representam sem se fazer pagar.
Com que sonhais nos píncaros da poesia?
Que vos alegra na casa cheia de gente?
Vede os mecenas! Desta fidalguia
Metade é bronca, metade é indiferente.
Depois da peça, este quer jogar cartas,
Outro, uma noite louca com uma pega.
E para tal gente ides bater às portas
Das musas, pobres tolos? Já chega!
Ouvide bem: dai mais e sempre mais,
E assim o alvo não ireis errar.
Procurai confundir, que contentar
Os homens não conseguireis...
Que é isso agora? Arrebatamento ou dor?

POETA:

Procura outro escravo para te servir!
Deve então o poeta infringir
Por ti sem pejo o sagrado direito
De ser homem, da Natura o favor?
Como põe ele os corações a arder?
E os elementos, como os molda a seu jeito?
Não será a harmonia que lhe mana
Da alma e o mundo ao seu coração chama?
Enquanto a Natureza fia o fio
No seu fuso infinito, indiferente,
E um sem-número de seres em desvario
Se faz ouvir, dissonante e demente —
Quem anima e divide a sempre igual
Sequência e a dá ritmicamente?
Quem sagra a parte no rito universal,
E a faz vibrar em acordes imponentes?
Quem desenfreia a fúria das paixões?
Quem põe em fogo nas almas os poentes?

Quem esparge na Primavera os botões
De belas flores nas veredas dos amantes?
Quem faz de folhas sem significado
Coroas de glória, para o valor distinguir?
Quem garante o Olimpo, para os deuses unir?
O génio humano, no poeta revelado.

ACTOR CÓMICO:

Usai então essa força de magia,
E conduzi os negócios da poesia
Como quem vive aventura de amor.
Guia-nos o acaso, ao sentir e esperar
Segue-se, passo a passo, o envolvimento;
Cresce o prazer, mas logo há desencanto,
Mal nos esquecemos, e a dor entra no lance,
E sem darmos por isso… é um romance.
Vamos pôr tal espectáculo em cena,
Descei ao fundo da vida humana plena!
Todos a vivem, conhece-a pouca gente,
E onde a apanhardes é que ela é interessante.
Imagens vivas, com pouca claridade,
Muita ilusão e um grãozinho de verdade —
Ingredientes da poção perfeita
Que todo o mundo edifica e deleita.
Então, da juventude a flor mais bela
Acorrerá à peça, a ouvir sabedoria,
E as almas mais sensíveis bebem nela
Doce alimento da melancolia;
Vibrará então esta ou aquela corda,
E o que lhes vai nos corações acorda.
Esses estão inda livres para rir e para chorar,
Gostam das emoções, alegra-os a ilusão;
O homem feito é mau de contentar,
Mas os que crescem sempre gratos serão.

POETA:

Para isso terás de me trazer
Os anos do meu próprio devir,
Quando uma fonte de canções a nascer
Brotava em mim sem se extinguir,
Quando névoas me escondiam o mundo
E inda o botão milagres prometia,
Quando eu as mil flores colhia
Que enchiam o vale até ao fundo.
Não tendo nada, bastante tinha então:
A sede de verdade e o gosto da ilusão.
Dá-me de novo as paixões sem temor,
A funda e dolorosa felicidade,
Do ódio a força, o poder do amor:
Traz-me de volta a minha mocidade!

ACTOR CÓMICO:

Da mocidade, amigo, precisas tu, e bem,
Quando o inimigo te aperta na peleja,
Se, insinuantes, a ti se prenderem
Mulher ou moça que se veja,
Quando da meta que só o esforço alcança
A coroa de louros já te acenar,
Quando, depois de desvairada dança,
As noites em festins fores afogar.
Mas fazer vibrar com graça e ânsia
As cordas da conhecida lira,
E perseguir em fantasia e errância
O alvo da nossa própria mira —
Essa é, velhos senhores, vossa missão,
E isto em nada vos afecta a dignidade.
A idade não nos torna infantis, não,
Descobre em nós crianças de verdade.

DIRECTOR:

Por hoje, de palavras já basta,
Acção é o que agora quero ver!
Enquanto torneais a prosa gasta
Coisas mais úteis podem acontecer.
De que serve falar da inspiração,
Se ao pusilânime ela nunca aparece?
Se é de poetas a vossa condição,
É a poesia que comandar merece!
Sabeis bem do que nós carecemos,
Um trago forte é tudo o que queremos;
Preparem sem demora essa poção
Que o que hoje não se fizer, amanhã será vão,
Nem um dia vamos desperdiçar.
E agora já a vossa decisão
O possível pela trança há-de agarrar,
Para depois o não deixar escapar
E prosseguir, que essa é sua missão.

Bem sabeis como os nossos empresários
Põem em cena o que lhes passa pela cabeça;
Por isso, não poupemos nesta peça
Nem máquinas, nem truques, nem cenários.
Usemos as duas luminárias,
Em estrelas sejamos generosos,
Não falta água, fogo, montes rochosos,
Nem tão-pouco aves e alimárias.
Vamos abrir-vos neste humilde barracão
A perspectiva de toda a Criação,
Seguindo em ritmo certo o curso eterno,
Do Céu para a Terra e desta para o Inferno.

PRÓLOGO NO CÉU

O Senhor. As Falanges Celestes. Depois Mefistófeles.
Adiantam-se os Três Arcanjos.

RAFAEL:

Seguindo antigo ritmo, o Sol
Com as esferas canta uma canção,
E fecha o seu ciclo ancestral
Ao passo sonoro do trovão.
Vê-lo dá aos anjos vigor:
Insondável é o seu mistério;
O enigma da Obra maior
É como o do dia primeiro.

GABRIEL:

E com espantosa celeridade
Gira a Terra no seu esplendor;
À edénica claridade
Segue-se a noite e seu terror;
Em largas vagas espuma o mar,
Descendo ao fundo dos penhascos,
E rocha e mar vai arrastar
O ciclo célere dos astros.

MIGUEL:

Furacões rugem à porfia,
Do mar à terra, da terra ao mar;
Irados, formam a cadeia
De ecos profundos em redor.

Chameja o raio arrasador
No trilho antes do trovão.
Teus mensageiros, porém, Senhor,
Veneram-Te na paz da Criação.

OS TRÊS:

Ver-Te dá aos anjos vigor,
Insondável é o Teu mistério,
E o esplendor da Obra em redor
É como o do dia primeiro.

MEFISTÓFELES:

Já que outra vez, Senhor, a nós desceste,
Para saber o que há por cá de novo,
E como sempre com bons olhos me viste,
Assim me vês agora entre o Teu povo.
Perdão, que altos discursos não sei ter,
E pela assembleia vou ser escarnecido;
Meu tom patético far-te-ia rir,
Se o riso não tivesses já esquecido.
De sóis e mundos nada sei nem direi;
Que os homens se atormentam, disso sei.
O pequeno deus do mundo não mudou,
Desde o dia primeiro mui singular ficou.
Viveria melhor, se não fosse enganado
Pelo lampejo da luz com que o haveis dotado;
Razão lhe chama, e serve-lhe afinal
Para ser mais bicho que qualquer animal.
Parece-me, perdoe-me Vossa Graça,
Uma dessas cigarras que esvoaça,
Pernilonga, armada em saltitão,
Entoando na erva sempre a mesma canção.
Se ao menos se ficasse pelo prado!
Mas quer meter o nariz em todo o lado!

O SENHOR:

Só tens notícias dessas para me dar?
Vens cá acima só para recriminar?
Não há na Terra nada do teu agrado?

MEFISTÓFELES:

Senhor, não há! Está tudo num tal estado
Que metem dó os homens nesse vale de misérias:
Já nem aos pobres me apraz fazer pilhérias.

O SENHOR:

Conheces Fausto?

MEFISTÓFELES:

— O Doutor?

O SENHOR:

— Meu criado!

MEFISTÓFELES:

De modo estranho esse louco Vos serve!
Não é da Terra o que ele come e bebe.
Fervilha nele a febre da distância,
Vive meio consciente da loucura;
Pede as mais belas estrelas sua ânsia,
Do mundo os maiores prazeres procura,
E nem o que à mão tem, nem a distância
Satisfazem esta alma insegura.

O SENHOR:

Se é certo que hoje me serve em confusão,
Em breve eu o trarei à claridade.
Verdeja a árvore, e sabe o hortelão
Que flor e fruto hão-de vir com a idade.

MEFISTÓFELES:

Vai uma aposta? Eu Vos digo, em verdade,
Que o haveis de perder! Basta eu poder
Conduzi-lo bem à minha vontade.

O SENHOR:

Enquanto na Terra ele viver
Não te impeço de o tentares convencer.
A porfia no Homem segue caminhos tortos.

MEFISTÓFELES:

Fico-Vos muito grato, pois os mortos
São coisa que nunca me interessou.
A faces frescas e sãs antes me dou.
Com cadáveres não quero ter nenhum trato:
Sou como o gato correndo atrás do rato.

O SENHOR:

Pois bem, farás como entenderes!
Afasta essa alma da fonte original
E leva-a, se vencê-la puderes,
Para os escuros caminhos do mal.
E envergonhar-te-á esta evidência:
Um homem bom, contra a cegueira instante,
Escolhe o caminho certo em consciência.

MEFISTÓFELES:

Aceito! O fim não está distante.
A minha aposta deixa-me confiante.
Se meu intento alcançar finalmente,
Permitireis que exulte em alto brado.
Ele há-de comer pó, e de bom grado,
Como minha prima, a famosa Serpente.

O SENHOR:

Fica à vontade, e vem quando quiseres;
Nunca odiei os seres da tua casta.
De todos os espíritos negadores
É o Maligno o que menos me agasta.
A acção do Homem depressa se atenua,
Em pouco tempo já quer repouso inteiro,
É bom, por isso, mandar-lhe um companheiro
Que o espicaça e incita e como diabo actua.
Mas vós, os veros filhos do divino,
À beleza animada cantai vosso hino!
O que está em devir e eternamente vive
Vos prenderá nos doces laços do amor,
E vós fixai o fenómeno livre
E fugaz em pensamento fundador.

O Céu fecha-se e os Arcanjos dispersam-se.

MEFISTÓFELES (*só*):

Apraz-me visitar o grande velho
Às vezes; com tão alto Senhor temo
Romper. E até dá gosto vê-lo
Falar tu cá tu lá com o próprio demo.

Primeira Parte
da Tragédia

NOITE

Num quarto gótico, acanhado e de abóbada alta, Fausto, inquieto, sentado à banca de trabalho.

FAUSTO:

Aqui estou eu: Filosofia,
Medicina e Jurisprudência,
E para meu mal até Teologia
Estudei a fundo, com paciência.
E reconheço, pobre diabo,
Que sei o mesmo, ao fim e ao cabo!
Chamam-me Mestre, Doutor, sei lá quê,
E há dez anos que o mundo me vê
Levando atrás de mim a eito
Fiéis discípulos a torto e a direito —
E afinal vejo: nosso saber é nada!
É de ficar com a alma amargurada.
Sei mais, é claro, que todos os patetas,
Mestres, doutores, escribas e padrecas;
Nem escrúpulos nem dúvidas eu temo,
E não receio nem Inferno nem demo —
Mas não me resta réstia de alegria,
Nem me iludo com vã sabedoria,
Nem creio que tenha nada a ensinar
À humanidade, que a possa salvar.
Também não tenho bens nem capitais,
Nem glórias ou honras mundanais.
Até um cão desta vida fugia!
Por isso me entreguei à magia,

Para ver se por força da mente
Tanto mistério se abre à minha frente;
Para que não tenha, com o fel que suei,
De dizer mais aquilo que não sei;
Para conhecer os segredos que o mundo
Sustentam no seu âmago mais fundo,
Para intuir forças vivas, sementes,
E largar as palavras indigentes.

Ah, viesses tu, doce luar,
Envolver minha última dor!
Tu, que por noites adentro
Esperei a esta banca, atento:
Sobre a livralhada babilónica
Vinhas, amiga melancólica!
Ah, pudesse eu por esses cumes
Andar sob teus brandos lumes,
Pairar em grutas com seres alados,
Ao teu crepúsculo errar pelos prados,
E, livre das névoas do saber,
Em teu orvalho renascer!

Horror! Estou ainda encarcerado,
Neste maldito antro abafado.
Até a luz celestial
Se turva ao entrar pelo vitral!
Por pilhas de livros limitado,
Que o pó recobre e as traças roem,
E até ao tecto abobadado
É só papel que fumos corroem;
À minha volta há caixas, redomas,
Instrumentos já não cabem mais,
Quinquilharias ancestrais —
É este o teu mundo! Um mundo lhe chamas!

E ainda estranhas que o coração
No peito se te aperte angustiado?
E que uma dor assim sem razão
Da vida te traga apartado?
Em lugar da viva Natura,
Das criaturas por Deus criadas,
Cercam-te a podridão mais escura,
Bichos mortos e humanas ossadas.

Foge para os campos abertos! Vamos!
E este livro do último selo,
Da própria mão de Nostradamus,
Não te chega como guia tê-lo?
O curso dos astros te revelará,
E se a Natureza bem te iniciar,
A luz da alma em ti se abrirá,
Como um espírito com outro a falar.
Em vão este seco cismar
Te mostrará os sinais sagrados:
Sinto-vos, Espíritos, a rondar,
Respondei-me, se tendes ouvidos!

Abre o livro e depara com o signo do Macrocosmo.

Ah, que volúpia de súbito invade
A tal vista todos os meus sentidos!
Sinto nova e sagrada felicidade,
Correr por nervos, veias, fogo vivo.
Estes sinais, foi um deus que os traçou?
Serenam-me o tumulto interior,
Meu pobre coração vão alegrar,
E num impulso que o mistério chamou
Expõem as forças da Natura em meu redor.
Serei um Deus? É tanta a luz em mim!
Nestes traços puros estou a ver

A Natureza activa abrindo-se ao meu ser,
E sei por que falou o sábio assim:
“A casa dos Espíritos inda aberta está,
E em ti nem razão nem alma mora!
Ergue-te, discípulo, e mergulha já
O peito terreno no rubor da aurora!”

Contempla o signo.

Como de tudo se tece o Todo,
E agem e vivem os seres no mundo!
Forças celestes vão encadeando
Os vasos de ouro, subindo e descendo!
Esparzindo bênçãos, sua asa cobre
A terra inteira, e nos céus já se ouve
Vibrar em harmonia todo o orbe!

Que espectáculo! Mas ai, só ilude e imita!
Como chegar-te ao fundo, Natureza infinita?
E a vós, seios, fontes de vida do Universo,
De quem depende a Terra inteira e o Céu?
Por vós, já seco, anseia o peito meu —
Vós brotais, vós nutris, e eu em dor imerso!

Folheia o livro, impaciente, e depara com o signo do Espírito da Terra.

Ah, com este sinal sinto que me renovo!
Génio da Terra, que perto te sinto!
Há uma força por mim subindo,
Há um fogo de vinho novo,
Sinto coragem para o mundo enfrentar,
A dor desta terra e o prazer,
Para com tempestades me bater
Sem temor do naufrágio e seu ranger.
Cresce uma nuvem sobre mim —

A Lua esconde a sua luz —
Desmaia a lâmpada!
Sobem vapores! — Faíscam raios vermelhos
Envolvendo-me a fronte — Sopra
Da alta abóbada um frio sopro
Que me envolve!
Sinto-te à minha volta, Espírito invocado.
Revela-te!
Ah, tenho o coração dilacerado!
Anseiam todos os meus sentidos
Por frémitos nunca vividos!
Meu coração é teu, não se intimida!
Mostra-te — nem que isso a mim me custe a vida!

Pega no livro e pronuncia misteriosamente o signo do Espírito. Irrompe uma chama avermelhada, o Espírito aparece na chama.

ESPÍRITO:
Quem me chama?

FAUSTO (*desviando o rosto*):
Horrenda visão!

ESPÍRITO:
Com tal poder a ti me atraíste,
A minha esfera tanto tempo hauriste,
E agora —

FAUSTO:
Ah, não te suporto, não!

ESPÍRITO:
Perdes o fôlego implorando que queres
Ver-me e ouvir-me, contemplar-me o rosto;
Acedo ao forte apelo, e é com gosto
Que aqui me tens! — Que mesquinhos temores

Te assaltam, super-homem? E esse grito
Da alma que gerou um mundo, feito
Para si, dele cuidou, e que tremeu
De alegria, pensando ser como eu?
Onde estás, Fausto, tu, cuja voz ouvi,
Ingente, voltando-se para mim?
És tu aquele que, no meu sopro envolto,
Como um verme apavorado e torto
No mais fundo de ti tremes então?

FAUSTO:
De ti, ó ígnea imagem, não me escudo!
Sou eu, sou Fausto, igual a ti em tudo!

ESPÍRITO:
Nas vagas da vida, vendavais de acção,
Me vês subir, descer,
Tecer fios neste pano!
Nascer e morrer,
Eterno oceano,
Alternando a trama,
A vida uma chama,
E sentado ao tear vibrante do Tempo
Teço à divindade o seu manto vivo.

FAUSTO:
Tu, que a vastidão do mundo envolves,
Génio da acção, que perto estou de ti!

ESPÍRITO:
Tu és igual ao espírito que entendes,
Não a mim! (*Desaparece.*)

FAUSTO (*prostrado*):
Não a ti?
A quem então?

Eu, imagem da própria divindade,
E nem a ti igual?
(*Batem à porta.*)
Oh, morte! O meu fâmulo — este bater
Vai pôr fim à suprema ventura!
Porque haveriam tais visões de ser
Assim perturbadas por esta secura?

Wagner, de roupão e barrete de dormir, com uma candeia na mão. Fausto volta-se, contrariado.

WAGNER:

Perdão! Ouvi-vos declamar;
Líeis decerto uma tragédia grega.
Vim até cá e quero aproveitar.
Pois hoje em dia essa arte pega.
Não poucas vezes se diz que um actor
Tem muito para ensinar a um prior.

FAUSTO:

E assim é, se o padre for farsante,
Como acontece, aliás, de vez em quando.

WAGNER:

Ah, quem vive em sua cela sem ver gente,
E mal ao mundo sai num dia santo,
Quem nunca o vê de perto, só em vão
Tentará conduzi-lo pela persuasão.

FAUSTO:

Nunca lá chegarás se o não sentires,
Se do fundo da alma não brotar
Para, de ânimo forte, convenceres
Os corações de quem te vem escutar.

Sedentários crónicos, juntando fragmentos,
Com restos alheios fazendo um guisado,
Soprais uma chama sem cor nem alento
De um monte de cinzas já meio apagado!
Crianças e macacos vos admirarão,
Se é o que vos apraz e isso quereis —
Mas se o discurso não vem do coração
Alma com alma jamais unireis.

WAGNER:

Uma boa tirada faz o orador;
Disso sei eu, mas falta-me o melhor.

FAUSTO:

Procura então um honesto proveito,
Não sejas bobo tangendo muito guizo!
Não há mister de grande arte nem jeito
Para se mostrar razão e são juízo;
Se na verdade tens algo para dizer
Não são palavras que te irão valer.
Esses vossos discursos tão brilhantes,
Adereços ocos de iludir os mortais,
São ventos áridos e rumorejantes
Soprando em secas florestas outonais!

WAGNER:

Deus meu! É longa a arte
E curta a nossa vida.
Não poupo esforços, mas sinto que ainda
A cabeça receia e o coração se parte.
Como é penoso aos meios apropriados
Chegar, para ir beber às fontes!
Fazemos meio caminho, mas já antes
Um pobre diabo tem os dias contados.

FAUSTO:

O pergaminho — será fonte sagrada
Onde de um trago a sede saciar?
O teu alívio será igual a nada
Se da própria alma te não brotar.

WAGNER:

Perdoai, mas dá grande prazer
No espírito dos tempos mergulhar,
Ver como antes de nós homens sábios pensaram
E a que ponto as nossas gerações chegaram.

FAUSTO:

Ah, sim! Até ao céu estrelado!
Meu caro amigo, os tempos do passado
Para nós um livro são, de sete selos.
O espírito dos tempos que se acende
Em vós é só a vossa própria mente,
Onde os tempos se mostram como em espelhos.
E então é que se vêem as misérias
Do mundo, e apetece fugir delas!
Trastes velhos, escórias deletérias,
Talvez solene farsa, como aquelas
Que, cheias de pragmáticos rifões,
Dão voz a marionetas e truões!

WAGNER:

Mas — e o mundo? A alma e a mente humanas?
Quem há que não aspire a conhecê-las?

FAUSTO:

Pois é, se conhecer a isso chamas…
Essas coisas, quem pode nomeá-las?
Os raros eleitos que um pouco as conheceram
E, loucos, abriram os seus corações,

À plebe revelando sentimentos, visões,
Esses sempre pelo fogo ou na cruz morreram.
Vai alta a noite, amigo, de maneira
Que vos peço: vamos aqui parar.

WAGNER:

Eu cá por mim velara a noite inteira,
Para convosco doutamente conversar.
Mas amanhã é Páscoa, e eu vou querer
Uma pergunta ou outra vos fazer.
Com grande zelo me entreguei ao estudo,
Sei muito já, mas quero saber tudo. (*Sai.*)

FAUSTO (*só*):

Estranha cabeça, que não perde a esperança,
Presa de temas ocos, transitórios,
Com mão ávida procurando tesouros
E exultando, se um simples verme alcança!

Ousa a voz de um tal homem ecoar
No espaço que mil espíritos encerra?
Seja! E agora até graças quero dar
Ao mais humilde dos filhos da Terra.
Ao desespero me vieste arrancar
Que ameaçava destruir-me a razão.
Ah, a visão foi tão espectacular
Que em face dela me senti um anão!

Eu, da divindade a imagem ideal,
Já frente ao espelho da eterna verdade,
Fruindo dos céus o brilho e a claridade,
E deixando para trás o ser mortal;
Eu, mais que querubim, que me julguei
Pelas veias da Natura já a correr
E, criador, me aventurei a imaginar

Que era um deus — tudo isso vou expiar!
Uma palavra fulminante… e claudiquei.

Sei bem que a ti me não posso igualar:
Se tive força para te invocar,
Força para te reter não encontrei.
No sublime sentir daquele instante,
Tão pequeno, tão grande me senti;
Mas tu me rejeitaste cruelmente,
No mar da vida humana me perdi.
Quem me guiará? Que rumo evitarei?
E aquele impulso, devo segui-lo ainda?
Ah, nossos actos, e nossas dores também,
Entravam toda a marcha desta vida.

Ao que o espírito engendra de mais alto
Matéria estranha mais e mais se apega;
Quando o bom da existência nos é dado,
Como erro e engano o melhor se nos nega.
E os sentimentos nobres que a vida geraram
Nos vórtices terrenos se enredaram.

Antes, em voo ousado, a imaginação
Subia até aos céus, plena de alento:
Hoje basta um estreito espaço para a ilusão
Se afundar nos abismos do tempo.
Logo o cuidado se aninha bem dentro
Do peito e traz secreto sofrimento;
Balança inquieto, estorva prazer e paz,
São sempre novas as máscaras que traz:
É casa e bens, mulher, os filhos que tiverdes,
Água, fogo, punhal, veneno, eu sei lá;
E tu tremes com medo do que nunca virá,
E choras sem cessar aquilo que não perdes.

Não sou igual aos deuses, bem o sinto;
Ao verme sou igual, em pó envolto,
Que no pó onde vive, indiferente,
É esmagado pelo pé do viandante.

Não será pó então o que em cem estantes
Nesta alta parede me limita?
E os trastes velhos, insignificantes,
Deste antro de traças que me aperta?
O que não tenho, aqui o hei-de encontrar?
E hei-de ler em mil livros porventura
Que os homens não deixaram de penar,
Que aqui e ali alguém feliz perdura?
Que outra coisa me diz, caveira, esse esgar,
A não ser que o teu cérebro, também perturbado,
Num lúgubre poente se pôs a procurar
O dia claro e errou na busca da verdade?
Vós, instrumentos, vós troçais de mim;
Rodas dentadas, cilindros, alavanca,
Sois a chave do portão que não abri:
É sábio o mecanismo, mas não levanta a tranca.
No seu mistério, não se desvela
A Natureza à luz do dia;
E o que ao teu espírito não revela
Não lho arrancas com maquinaria.
Velho utensílio que nunca utilizei,
Só estás aqui porque meu pai te queria.
E tu, velho pergaminho, que deixei
Enegrecer ao fumo da candeia.
Melhor seria gastares teus parcos bens
Do que, aqui preso, por tão pouco suares!
O que dos avós por herança tens,
Ganha-o de novo, para teu lhe chamares.
O que não se aproveita é carga que derreia,
Ao instante só serve o que o instante cria.

Mas que há ali que prende o meu olhar?
É este frasco um íman para os olhos?
De onde vem este brusco e claro luar,
Como no bosque escuro sopro de orvalhos?

Eu te saúdo, precioso balão,
E faço-te descer a esta mão!
Em ti dos homens venero arte e saberes.
Tu, quintessência das seivas do sono,
Subtil extracto de letal abandono,
Concede a este teu Mestre os teus favores!
Vejo-te, e a minha dor sinto acalmar,
Serena minha ânsia ao te tocar,
A torrente do espírito sustém sua voragem.
Sou levado para o mar alto sem escolhos,
A meus pés espraiam-se ondas em espelhos,
Um novo dia me chama a nova margem.

Desce um carro de fogo sobre mim
Em asas leves!
Sinto em mim a vontade
De seguir nova órbita sem fim,
Em novas esferas de pura actividade.
Ah, sublime viver, prazer divino!
Verme ainda há pouco, como os podes merecer?
Sim, é tempo de ao doce Sol terreno
Resoluto e firme costas voltar!
Ganha coragem e franqueia os portões
De que cada um foge mal os enxerga.
É tempo agora de mostrar com acções
Que brio humano aos deuses se não verga,
De encarar sem temor a gruta escura
Onde a imaginação a si própria se ateia,
E a passagem estreita enfim procura

Em torno a cuja boca o Inferno se incendeia;
Decide-te, sereno, a essa jornada,
Com risco embora de te afundares no Nada.

Vem então, taça pura de cristal!
Abandona esse teu estojo ancestral,
Onde estes anos te deixei ficar!
Cintilaste nas festas de meus pais,
Animando os sisudos comensais,
E aí de mão em mão te vi passar.
De teus ornatos a riqueza sem par,
As descrições em verso daquele que bebia,
O esvaziar de um trago a concha cheia,
Noites de juventude me vêm lembrar.
Hoje a vizinho algum hei-de legar-te,
E meu engenho não explora a tua arte.
Este é o filtro para logo embriagar;
Maré castanha enchendo a cavidade.
Eu, que te preparei, te escolho em liberdade,
Último trago na hora da verdade,
Para, em preclaro brinde, a aurora saudar.

Leva a taça à boca.
Repicar de sinos e coros.

CORO DOS ANJOS:

Cristo ressuscitou!
Jubila o mortal,
Que do fatal,
Pérfido, original
Erro se libertou.

FAUSTO:

Que profundos ecos, que sons cristalinos
Com tal força o cálice da boca me afastam?

Anunciais já, ó graves sinos,
A hora primeira da festa de Páscoa?
Vós, coros, cantais já o hino de esperança
Que anjos entoaram em acordes divinos
Nas trevas do Sepulcro, para a nova aliança?

CORO DAS MULHERES:

Com fragrantes ervas
Nós O perfumámos,
Suas fiéis servas,
Nós O amortalhámos;
Em faixas e panos
Alvos O envolvemos,
E agora choramos
Cristo, que perdemos.

CORO DOS ANJOS:

Cristo ressuscitou!
Glória à alma amante
Que da prova cruciante,
Árdua e edificante
Triunfou.

FAUSTO:

Que quereis aqui, vós, portentosos sons,
Que do céu vindes procurar-me no pó?
Soai antes onde há corações bons.
A mensagem bem ouço, porém falta-me a fé.
E o milagre é da fé o filho mais amado.
Àquelas esferas não ouso aspirar
De onde me vem a boa e doce nova;
Mas quando o som da infância se renova
À vida novamente quero voltar.
Então descia sobre mim a bênção
Do Céu, na paz do Sábado, serena,

E a voz dos sinos, de presságios plena,
E era um prazer fogoso a oração;
Um indizível anseio me impelia
A florestas e campos percorrer,
E entre lágrimas ardentes sentia
Que em mim um mundo começava a nascer.
O canto veio lembrar-me os jogos da infância,
Da Primavera a festa livre da alegria;
O ânimo infantil sustenta-me a lembrança
Que do derradeiro passo me desvia.
Ressoai, ressoai, doces hinos do Céu!
Lágrima, corre! Terra, aqui estou eu!

CORO DOS DISCÍPULOS:

Se da sepultura
O Senhor se ergueu
E vive na altura
Sublime do Céu;
Se no êxtase do devir
Chega ao gozo de criar:
Nós, que temos de sofrer
Na Terra iremos ficar.
Nós, os Seus, ficamos
Em desesperança;
Ah, Mestre, choramos-
-Te a bem-aventurança!

CORO DOS ANJOS:

Cristo ressuscitou,
Da corrupção mortal.
E assim nos livrou
Dos laços do Mal!
Para vós que O louvais
Com obras e O amais,
Fraternos vos dais,

Pelo mundo pregais
E o Céu anunciais,
Ele vem perto já:
O Mestre aí está!

DIANTE DAS PORTAS DA CIDADE

Grupos de passeantes de todas as camadas sociais,
saindo da cidade.

GRUPO DE APRENDIZES:
Aonde ides, com toda essa pressa?

OUTROS:
Vamos até ao pavilhão de caça.

OS PRIMEIROS:
Nós cá vamos para os lados do moinho.

UM APRENDIZ:
Ninguém quer ir à Estalagem do Lago?

O SEGUNDO:
O caminho para lá é que é o diabo!

O SEGUNDO GRUPO:
E tu?

UM TERCEIRO:
— Vou com eles, não fico sozinho!

QUARTO:
E a Burgdorf, quem é que vai comigo?
A cerveja é da boa, as moças nem vos digo,
E para brigas não há sítio melhor.

QUINTO:

Olhem só que pândego tu és!
Queres ser zurzido pela terceira vez?
Eu cá não vou, não gosto do lugar.

CRIADINHA:

Não, não! Por mim volto à cidade.

OUTRA:

Vês os choupos além? Ele está lá!

A PRIMEIRA:

E em que serve isso a minha felicidade?
Já sei que é só contigo que ele irá,
No baile é a ti que busca, se lá fores.
Que tenho eu a ver com os teus amores?

A OUTRA:

Mas olha que hoje vem acompanhado,
Disse-me que trazia o encaracolado!

ESTUDANTE:

Fico passado com os ares destas donzelas!
Amigo, anda, vamos atrás delas.
Uma cerveja forte, uma boa pitada,
E uma moça bem-posta, é o que me agrada.

BURGUESINHA:

Olha-me estes janotas! Quem diria?
É mesmo uma vergonha descarada:
Podiam ter tão boa companhia,
E correm cegos atrás de uma criada!

SEGUNDO ESTUDANTE (*para o primeiro*):

Calma, que vêm ali duas pombinhas.

Que encanto o seu vestir, que formosura!
E uma delas é a minha vizinha,
Tenho um fraquinho por esta criatura.
Naquele seu passinho, toque-toque,
Inda com elas nos levam a reboque.

O PRIMEIRO:

Deixa-te disso, manda as meninas embora!
Anda daí, senão perdes a caça!
A mão que ao sábado empunha a vassoura
É no domingo a que melhor te abraça.

BURGUÊS:

E o novo burgomestre? Eu cá não lhe acho graça!
O homem está pior cada dia que passa.
Que faz ele pela cidade e sua gente?
Não vão as coisas de mal a pior?
Mais do que nunca, temos de obedecer
E pagamos muito mais que antigamente.

MENDIGO (*cantando*):

Meus bons senhores, damas tão belas,
Assim bem-postos, de boas cores,
Dignai-vos ver minhas mazelas,
E aliviai as minhas dores!
Não me deixeis em vão queixar!
Se toda a gente hoje festeja,
Que feliz seja quem pode dar
E que a minha colheita se veja.

OUTRO BURGUÊS:

Não há nada melhor, nos dias do Senhor,
Que uma conversa de pelejas e guerras,
Se na Turquia, longe das nossas terras,
Os exércitos se chocam com fragor.

Um homem bebe o seu copo com gosto,
Vendo à janela as barcas que o rio traz;
À noite volta a casa bem-disposto,
Louvando os tempos de tréguas e a paz.

TERCEIRO BURGUÊS:

Deste o mote, vizinho, eu faço a glosa:
Eles que se abram as cabeças amiúde!
O mundo pode andar em polvorosa,
Desde que cá por casa nada mude.

VELHA (*para as burguesinhas*):

Ai, estas mocinhas, tão frescas, tão lindas!
Quem não se embasbaca ao vê-las, digam lá?
Pronto! Não se ponham assim desavindas,
Que o que vocês querem sei eu onde está!

BURGUESINHA:

Ágata, não pares, que eu não quero ser
Vista com tais bruxas na rua a falar!
Mas olha, foi ela quem me deu a ver
Pelo Santo André o meu futuro amor.

A OUTRA:

E o meu apareceu na bola de cristal,
Galhardo soldado em boa companhia;
Eu bem o procuro, mas, para meu mal,
Ele não se mostra, de noite nem dia.

SOLDADOS:

Castelos, muralhas,
Ameias no ar,
E moças esquivas
Em todo o esplendor

Eu vou conquistar!
A empresa é ousada,
Mas bem compensada!
E o clarim que toque
Para arregimentar
Soldados para a glória,
Guerreiros para morrer.
Isto é que é peleja!
Isto é que é viver!
Castelos e moças
Têm de se render.
A empresa é ousada,
Mas bem compensada!
E os soldados passam
Em marcha aprumada.

Fausto e Wagner.

FAUSTO:

Do gelo livres estão rio e represa,
Pelo doce e vivo olhar da Primavera;
No vale o verde é esperança, a sorte espera,
E o velho Inverno, tomado de fraqueza,
Para as agrestes montanhas se retira.
E daí manda apenas, já distante,
Em grãos de gelo chuva que não perdura
E se perde pelo prado verdejante;
Mas já o Sol o branco não atura,
Por toda a parte irrompe vida e força
E ele a tudo dá cor, tudo remoça;
Está nua ainda de flores a campina
Por isso o povo em festa ele ilumina.
Volta-te e olha do alto deste monte
Para a cidade que tens à tua frente.

Já vai saindo pela porta ensombrada
Um mar de gente garrida e animada.
Todos saem para o sol e seu calor,
Festejando o regresso do Senhor.
Ressuscitaram hoje eles também:
De casas baixas com quartos abafados,
De ofícios em que todos são reféns,
Da opressão de empenas e telhados,
De ruas estreitas, apertos e encontrões,
Da noite das igrejas, veneranda,
Saíram todos para a luz que o céu manda.
Olha! Olha só como estas multidões
Enchem, ligeiras, os campos e jardins,
Como no rio, largo e comprido, legiões
São embaladas em alegres bergantins!
Cheia de gente, quase a afundar-se, prenha,
Lá vai a última barca a deslizar.
E até mesmo nos carreiros da montanha
Há vestes coloridas a brilhar.
Já sinto a aldeia em todos seus ruídos,
É o céu do povo a entrar-me pelos ouvidos,
Grandes, pequenos, que dá gosto vê-lo:
Aqui, sim, sou homem, aqui posso sê-lo!

WAGNER:

Senhor Doutor, convosco passear
É uma honra, e muito me aproveita;
Mas eu nunca viria aqui parar,
Pois o que é rude jamais me deleita.
Rabecas, gritos e jogos de bola,
É tudo o que mais posso detestar;
Toda esta gente, possessa, se rebola,
E depois diz que é festa, que é cantar.

CAMPONESES *debaixo da tília.*
Danças e cantares.

Pronto para a dança está o pastor,
Jaleca, galão, fitas de cor.
É um brinco o seu trajar.
Já sob a tília o espaço é pouco,
E o povo dança como louco.
Gira, gira!
Torna a girar! E vira!
E a rabeca sem parar.

Num rompante entra, e é vê-lo
A tocar leve com o cotovelo
Na pastora a bailar.
Dá meia-volta a esperta moça
E diz: "Não te acho nenhuma graça!".
Gira, gira!
Torna a girar! E vira!
Vê lá se aprendes a estar!

Mas a roda girava perfeita,
Ora à esquerda, ora à direita,
E as saias no ar!
Fogo no corpo, rosto corado,
Depois o repouso, de braço dado.
Gira, gira!
Torna a girar! E vira!
Cotovelo e anca a roçar.

E não te chegues cá tão perto!
Ficou muita noiva de homem esperto
Já de mãos a abanar!
Mas ele lá a leva para um canto,
E da tília soa entretanto:

Gira, gira!
Torna a girar! E vira!
Canto e rabeca a tocar.

VELHO CAMPONÊS:

Senhor Doutor, já é bondade
Não desdenhardes neste dia
Descer até ao meio do povo,
Sendo homem de tal sabedoria.
Tomai então a rica taça
Que de bebida fresca enchi;
A vós a ergo, e é meu desejo
Que mais que a sede mate: por mim
Peço a Deus que as gotas que contém
Aos vossos dias se acrescentem.

FAUSTO:

Aceito a taça, e agradeço
Com os melhores votos o vosso apreço.

O povo junta-se em círculo à sua volta.

VELHO CAMPONÊS:

É sem dúvida uma boa coisa
Podermos ver-vos neste dia;
A vós, que nunca nos faltastes
Antes, nas horas da agonia!
Muitos dos que hoje aqui estão vivos
Foi vosso pai que os arrancou
À fúria dos febrões ardentes,
Quando com a peste acabou.
Então já vós, ainda moço,
Os enfermos íeis visitar;
Muitos mortos se viam sair,
Mas vós conseguistes escapar,

Passando das provas a pior;
A quem salva ajuda o Salvador.

TODOS:

Ao grande sábio vida e saúde,
Para que muitos anos nos ajude!

FAUSTO:

Venerai a bondade divina,
Que ajuda e a ajudar ensina.

Continua o seu caminho com Wagner.

WAGNER:

Calculo o que tu sentes, grande homem,
Ao ver o povo assim prestar-te preito!
Muito feliz deve ser quem
De seus dotes tira tal proveito!
Mostra-te o pai o seu rebento,
Gente pergunta, acorre, avança,
Pára a rabeca, queda-se a dança.
Tu passas, e em alas é vê-los,
Atiram os barretes ao vento,
E por pouco não caem de joelhos,
Como se passasse o Sacramento.

FAUSTO:

Uns passos mais, até à pedra, a descansar
Da nossa longa peregrinação.
Quanta vez, só, para aqui vim meditar,
Entregue ao jejum e à oração.
Cheio de esperanças, firme na fé,
Pensava conseguir do Pai Celeste,
Com mãos erguidas, lágrimas e até
Suspiros, o fim daquela peste.

Este aplauso que hoje sobre mim cai
Soa-me a escárnio. Ah, se tu pudesses
Ler na minha alma, e ver que filho e pai
Não foram dignos de louvores como esses!
Meu pai foi homem bom, de porte estranho,
Que honestamente, mas à sua maneira,
A Natureza e sua sacra esfera
Estudava com quimérico empenho;
Ele e o grupo dos iniciados,
Ensaiando velhos receituários,
Na sua negra cozinha encerrados
Procuravam fundir os contrários.
E o vermelho Leão, o pretendente
Ousado, em banho tíbio foi casado
À Flor-de-Lis, e o par, em fogo ardente,
De alcova em alcova transmutado.
Em espectro colorido então surgia
A jovem rainha no cristal.
Era o remédio: os doentes morriam
E ninguém perguntava quem escapou do mal.
E assim fomos ceifando nestes casais
E montes com as drogas infernais
Mais vidas do que a própria epidemia.
A muitos o veneno eu próprio fui servir:
Eles morreram, e eu fiquei para assistir
Ao louvor dos assassinos neste dia.

WAGNER:

Porque ficais assim atormentado?
Não bastará então que homem honesto
Exerça em consciência, e lesto,
Arte e ofício por seus pais legado?
Se, enquanto jovem, o teu pai honrares,
Dele a lição saberás receber;

E se, homem feito, a ciência aumentares,
Também teu filho a fará progredir.

FAUSTO:

Bem feliz é aquele que inda espera
Poder sair deste mar de enganos!
Mas o mais útil é o que se ignora,
E o que se sabe o que nos serve menos.
Mas não deixemos que tal melancolia
Nos venha perturbar tão bela hora!
Repara como o sol, ao fim do dia,
No verde e nas cabanas reverbera.
Nasce e apaga-se, mais um dia passou,
Noutros lugares vai nascer nova vida.
Ah, se com asas eu me erguesse em voo
Para segui-lo na sua rota infinda!
Veria então, no eterno poente,
O mundo em sono, a meus pés deitado,
Em fogo os cumes, o vale silente,
O arroio argênteo entrar no rio dourado.
Nada sustera então o périplo divino,
Nem os abismos das montanhas bravias:
Os meus olhos, em cálidas baías,
Caem de espanto no mar cristalino.
Mas pouco a pouco o deus vai-se afundando,
E nasce em mim novo deleite;
Sigo-lhe o rasto, a eterna luz bebendo,
À minha frente o dia, atrás a noite,
Em baixo as ondas, em cima a esfera etérea,
Um belo sonho, enquanto ele se esvai.
Mas às asas do espírito não vai
Juntar-se facilmente asa corpórea.
E, apesar disso, foi-nos dado à nascença
O querer mais longe e alto ir nossa alma,

Quando sobre nós a cotovia lança
Seu grito na tarde azul e calma;
Ou quando a águia, sobre altos abetos,
De asas estendidas vem pairando,
E sobre lagos e plainos desertos
O grou para a pátria vai voando.

WAGNER:

Horas tenho também de devaneio,
Mas tal aspiração nunca me veio.
Contente fica quem os campos olha;
Asas de pássaro nunca as hei-de invejar.
Mas outra coisa é o espírito a levar-
-nos de livro em livro, de folha em folha!
Assim se adoçam no Inverno as noites frias,
Os membros sentem o sopro abençoado,
E se um douto pergaminho folheias
Desce sobre ti o céu estrelado.

FAUSTO:

Não conheces mais que uma aspiração,
Da outra melhor é nada saber!
Duas almas tenho em meu coração,
Uma da outra a querer-se separar:
Uma apega-se, em paixão rasteira,
Com todos os seus órgãos à matéria;
A outra quer erguer-se da poeira
E subir ao reino da sua origem etérea.
Oh, se existem espíritos do ar
Que entre a Terra e o Céu têm assento
Que se dignem da nuvem de ouro descer
Para me dar nova vida e novo alento!
Ah, tivesse eu um manto de magia
Que a longes terras me pudesse levar!

Nem pela mais rica veste o ia dar,
Nem por manto real o trocaria!

WAGNER:

Não invoques a conhecida tropa
Que pelos ares em torrentes se espalha,
E em tecer perigos só se ocupa
Ao homem, que não tem quem lhe valha.
Do Norte lança o Espírito o seu dente
Sobre ti com mil línguas aceradas;
Outros, sedentos, vêm do Oriente
Arrancar-te os pulmões às dentadas;
Se do Meio-dia o deserto os manda
Fogo sobre a cabeça te lançar,
Já do Ocidente vem a fresca sarabanda,
Para logo gente e campos afogar.
São todo ouvidos, e enganam, traiçoeiros,
São bem mandados, e no mal bem se sentem;
Do Céu dizem ser mensageiros,
E têm voz de anjo quando mentem.
Mas faz-se tarde, e o mundo pardacento,
Já o ar esfria e fica nevoento!
É à noite que a casa sabe bem. —
Mas, porque paras, de olhos postos além?
Que há na penumbra que assim tanto te atrai?

FAUSTO:

Vês o cão negro que pela seara vai?

WAGNER:

Há muito já que o vi, parece-me normal.

FAUSTO:

Observa-o bem! Que vês no animal?

WAGNER:

Um cão-de-água que, como os demais,
O rasto de seu dono anda buscando.

FAUSTO:

Estás vendo como, em largas espirais,
Ele se acerca e a nós se vai chegando?
E se não erro, há um rasto de fogo
Que vai deixando à sua passagem.

WAGNER:

Mais que um cão-de-água preto ver não logro;
O que avistais é decerto miragem.

FAUSTO:

Parece que nos ata os pés com laços
Subtis e mágicos, para nos prender.

WAGNER:

Incerto e a medo segue nossos passos,
Por em vez de seu dono estranhos ver.

FAUSTO:

O círculo estreita, está quase a nossos pés!

WAGNER:

É cão e não fantasma o que aí vês.
Rosna e hesita, roja-se pelo chão,
E dá ao rabo. Tudo coisas de cão.

FAUSTO:

Vem cá! Chega-te e faz-nos companhia!

WAGNER:

É bicho brincalhão, e não há mania

Que lhe falte: se paras, fica à espera,
Se o chamas, agarra-se-te à perna;
Se algo perdes, ele o irá buscar,
Deita um pau à água, e ele o vai apanhar.

FAUSTO:

Tu deves ter razão. Eu é que tento
Ver Espírito onde há só adestramento.

WAGNER:

Ao cão, se foi bem ensinado,
Até um homem sábio é dedicado.
Não regateies então favores nem nada,
Ao distinto aluno da estudantada.

Entram pela porta da cidade.

GABINETE DE TRABALHO

FAUSTO (*entrando com o cão*):

Deixei campinas e prados
Que a noite profunda cobre,
Com terrores fundos, sagrados,
Desperta em nós a alma nobre.
Dormem os impulsos selvagens,
Cessa o ímpeto da acção,
Sinto já o amor dos homens
E de Deus no coração.

Pára com a correria! Quieto, cão!
Deixa a soleira! Que farejas aí?
Vai deitar-te atrás do fogão:
Aqui tens o meu melhor coxim.
Como no atalho do monte, lá fora,
Com teus pulos nos foste divertindo,
Os meus cuidados aceita em troca agora
E sê meu hóspede, discreto e bem-vindo.

Quando na cela acanhada
A luz de novo se vê,
Fica a alma iluminada,
Sabe o coração quem é.
Volta a falar a razão,
Renasce a esperança perdida,
E em nós cresce a aspiração
Aos rios e às fontes da vida.

Pára de rosnar, cão! Dos tons sagrados
Que do fundo da minha alma ressoam
Os teus sons de animal ora destoam.
Ao escárnio dos homens estamos habituados
Pelo que não entendem,
E a que resmunguem amiúde, incomodados,
Perante o Belo e o Bem;
E tu, cão, pões-te a rosnar também?
Mas ah, por mais que queira, minto
Se disser que paz na alma sinto!
Porque há-de a torrente secar tão cedo,
Deixando-nos da sede no degredo?
Isso é experiência que até de mais conheço.
Mas com tais carências posso eu bem,
Aprendemos a estimar o Além,
Para a revelação vai todo o nosso apreço;
E a sua chama não encontra alimento
Mais puro e belo que no Novo Testamento.
Abrir o arquitexto é uma tentação,
Para, com sentir puro e leal,
Verter o sagrado original
No meu tão amado idioma alemão.

Abre um volume e prepara-se para o trabalho.

"Ao princípio era o *Verbo*!", é o que está escrito.
Quem me ajuda? Logo aqui hesito!
Tanto não vale o verbo. Não,
Outra vai ter de ser a tradução,
Se bem me inspira o Espírito. Atento
E leio: "Ao princípio era o *Pensamento*".
Esta linha tem de ser bem pensada,
Para que a pena não corra apressada!
É o Pensamento que tudo move e cria?
Certo é: "Ao princípio era a *Energia*!".

Mas agora que esta versão escrevi,
Algo me avisa já para não parar aí.
Vale-me o Espírito, já vejo a solução,
E escrevo, confiante: "Ao princípio era a *Acção*!".

Se queres comigo a cela partilhar,
Cachorro, deixa de uivar,
E não ladres assim!
Que um companheiro igual a ti
Não o aturo por perto.
E um de nós, por certo,
Sairá deste quarto.
Lamento quebrar a hospitalidade:
Está aberta a porta, é tua a liberdade.
Mas que vejo afinal?
Pode isto ser coisa natural?
É realidade? É ilusão?
Como cresce e se alarga o cão!
Ergue-se, violento e forte,
De cão não tem a forma nem o porte!
Que assombração vim eu meter em casa?
Presas terríveis, os olhos em brasa,
É hipopótamo, e de que tamanho!
Espera, que já te apanho!
Contra essa raça semi-infernal
Só a chave de Salomão nos vale.

ESPÍRITOS (*no corredor*):

Preso lá dentro está um!
Ficai de fora, não entre nenhum!
Como a raposa no laço geme,
Um velho lince do Inferno ali treme.
Mas muita atenção!
Voem para cá, tornem a voar,
Subam e desçam no ar,

E ele sairá da prisão!
Se valer lhe podeis,
Não o abandoneis,
Que ele a todos nós
Muitos favores fez!

FAUSTO:

Para enfrentar o monstro obscuro
Dos Quatro vou usar o esconjuro:

Salamandra vai arder,
A Ondina ondear,
O Silfo desaparecer,
O Gnomo se esforçar.

Quem desconhecer
Os elementos,
O seu poder
E os seus portentos,
Mestre não será
Dos Espíritos que há.

Em chamas te apagas,
Salamandra!
Desfaz-te no eco das vagas,
Ondina!
Em brilho meteórico te abrasa,
Silfo!
Traz auxílio à casa,
Incubus! Incubus!
Mostra-te, acaba, sus!

Nenhum dos quatro — e esta! —
Está dentro da besta.
Ali está, quietinho, arreganhando o dente;

Ainda lhe não fiz mal suficiente.
Vou esconjurar-te
Com toda a minha arte.

Vens tu, camarada,
Do Inferno à desfilada?
Olha o sinal então
Que faz prostrar no chão
Os servos do chifrudo!

Vejam como incha, de pêlo hirsuto!

Maldito ser!
Sabe-Lo ler?
O Incriado,
Inominado,
Por todos os céus derramado,
Sacrilegamente trespassado?

Atrás do fogão, o gigante
Entumesce como um elefante,
Já dele o ar está repleto,
Vai-se esfumando em nevoeiro.
Não queiras subir até ao tecto!
Deita-te aos pés do mestre, rafeiro!
Vês que não é vã minha ameaça.
Queres que com santo lume em pó te faça?
Não esperes
Pela tripla luz que abrasa!
Não esperes
Das minhas artes a melhor!

MEFISTÓFELES (*enquanto a névoa se dissipa, sai de trás do fogão em traje de estudioso medieval vagante*):
Porquê o barulho? Estou ao vosso dispor!

FAUSTO:

Era esse então o segredo do cão!
Um bacharel vagante! O caso faz-me rir.

MEFISTÓFELES:

Ao douto mestre a minha saudação!
Fizestes-me suar as estopinhas!

FAUSTO:

Como te chamas?

MEFISTÓFELES:

— Mesquinha é a questão
Para quem tão pouco a palavra preza,
Para quem, longe de toda a ilusão,
Procura a essência só da Natureza.

FAUSTO:

No vosso reino, meu caro, lê-se em geral
No nome a essência, tal e qual.
Pelos títulos vos conhece quem queira:
Deus das moscas, do mal, pai da mentira.
Está bem, quem és então?

MEFISTÓFELES:

— Da força uma parcela
Que sempre quer o Mal e o Bem faz nascer dela.

FAUSTO:

Esse enigma, como o hei-de interpretar?

MEFISTÓFELES:

Eu sou o Espírito que só sabe negar!
E com razão: tudo o que nasce e vês
É digno apenas de morrer outra vez.

Melhor seria, pois, nada nascer.
Assim, tudo o que no vosso dizer
É pecado, ruína, em suma, o Mal —
Esse é o meu elemento original.

FAUSTO:
Tu dizes-te uma parte, e eu inteiro te lobrigo!

MEFISTÓFELES:
Singela é a verdade que te digo.
Se esse pequeno e néscio mundo, o Homem,
Geralmente por um todo se toma —
Eu sou parte da parte que a princípio tudo era,
Uma parte da treva que a luz gera,
A luz altiva que agora, em acesa luta,
À Noite-mãe o primado disputa;
Mas em vão, pois embora esforçada,
Ela aos corpos permanece agrilhoada.
Dos corpos irradia, beleza aos corpos dá,
Um corpo basta para travar-lhe a jornada;
E a minha esperança é que, não tarda nada,
Também ela com os corpos morrerá.

FAUSTO:
Conheço agora tua ilustre missão!
Como no que é grande não tens mão,
Tentas a tua sorte cá em baixo.

MEFISTÓFELES:
E mesmo aí, sabe Deus, é o diacho!
O que se opõe ao Nada, o Ser
Deste mundo tosco que estás a ver,
Por mais que faça, e pouco não é,
Não vejo jeito de nele tomar pé;
Ondas, borrascas, fogos, terramotos —

E terra e mar continuam intactos!
E os homens e os bichos, essa raça maldita?
A esses nem consigo chegar:
Quantos não levei já a enterrar!
E sempre sangue fresco gera nova vida.
E a coisa não pára, é de espumar!
De toda a terra, da água, do ar
Germinam sementes aos milhares,
No húmido ou no seco, quente ou frio!
Não fora a chama, e não teria meio
De ser diferente de tantos outros seres.

FAUSTO:
À força então que, como rio,
Sagrada, cria activamente,
Opões do diabo o punho frio
Que em vão cerras perfidamente!
Muda de vida, deixa-te disso,
Filho do Caos, ó estranha figura!

MEFISTÓFELES:
Ainda havemos de pensar mais nisso,
Voltaremos ao assunto noutra altura!
Dais-me licença que me vá embora?

FAUSTO:
Não vejo porque tens de perguntar.
Já te conheço. A partir de agora,
Quando te apraza, vem-me visitar.
Tens a janela, tens a porta, e não
Recusas decerto a chaminé.

MEFISTÓFELES:
Confesso, há um pequeno senão

Que me impede de sair por meu pé:
O sinal druídico na soleira…

FAUSTO:
Ah, foi no pentagrama que esbarraste?
Mas diz-me, infernal criatura,
Se ele te impede, como foi que entraste?
Como foi tal Espírito enganado?

MEFISTÓFELES:
Olhai de perto: não está bem desenhado,
Uma das pontas, a que dá para fora,
Está um pouco aberta, como vês.

FAUSTO:
Melhor coisa nunca o acaso fez!
Tu és então meu prisioneiro agora?
É um sucesso que a sorte forjou!

MEFISTÓFELES:
O cão não deu por nada quando entrou,
Mas agora a coisa não é para rir:
Está preso o diabo, e não pode fugir.

FAUSTO:
Não te serve a janela para esse efeito?

MEFISTÓFELES:
Para o demo e os espectros há um preceito:
Por onde entraram voltam a sair.
À primeira são livres, à segunda obedecem.

FAUSTO:
Pois até os infernos leis conhecem?
Gosto dessa! Talvez até possamos
Firmar convosco um pacto seguro!

MEFISTÓFELES:

Do prometido tudo terás, juro,
E do que é teu nada te roubamos.
Mas essa é uma história mais comprida,
E dela falaremos brevemente;
Agora peço-te encarecidamente
Que desta vez me concedas saída.

FAUSTO:

Espera, fica, não te vás já embora,
E vê se um belo conto inda me contas.

MEFISTÓFELES:

Eu volto em breve, deixa-me ir agora!
Depois, como quiseres, farás perguntas.

FAUSTO:

Tu próprio foste cair no laço,
Eu não pus armadilhas nem fiz manha.
Mas não vou largar o diabo quando o caço,
Que outra vez tão depressa não se apanha!

MEFISTÓFELES:

Se isso te agrada, estou disposto a dar-
-te companhia, para que só não fiques;
Mas com uma condição: a de ocupar
Dignamente teu tempo com meus truques.

FAUSTO:

Aceito a ideia, seja como queres,
Desde que as artes nos tragam prazeres!

MEFISTÓFELES:

Os teus sentidos, meu amigo, ganharão
Mais numa hora que em todo o ramerrão
Daquilo que num ano fizeres.

O que os subtis Espíritos te cantam,
As formas belas que te encantam,
Não são um jogo de magia vã.
O teu olfacto se irá deliciar,
E o palato poderás deleitar,
E o teu sentir se maravilhará.
Não há mister de qualquer iniciação:
Estamos aqui, começai então!

ESPÍRITOS:

Abri-vos, altas
Abóbadas escuras!
Que entrem, mais puras
Ondas de azul
Neste covil!
Que as nuvens escuras
Se dissimulem!
Estrelas cintilem,
Sóis de doçura
Nele brilhem!
Legião etérea,
Beleza empírea,
Círculo ondulando
Passa pairando.
Ânsias, afectos,
Sobem mais altos;
Fitas aos ventos,
Panejamentos,
Cobrem os campos,
Cobrem folhagens
Onde os amantes,
De si esquecidos,
Se dão sem limites.
Renques, folhagens!
Rebentos vivos!

Cachos pendentes
Caem na cuba,
Esmaga-se a uva,
Corre em torrente
Vinho espumante,
Vem saltitante
De pedra em pedra,
Deixa as alturas,
Barrancos cegos,
Desce à planura,
Entra nos lagos.
Nos verdes prados
Bandos alados
Bebem prazer,
Voam para o Sol,
Ilhas de fogo,
Que a baloiçar
Jogam um jogo
Com as ondas do mar;
Em coro ouvimos
Júbilo, e vemos
Sobre as campinas
As dançarinas
Fazer romagem
Pela paisagem.
Umas trepando
A colinas nuas,
Outras nadando
Pelas lagoas,
Pairando ainda;
Todas para a Vida,
Para os céus distantes
De estrelas amantes,
Santas mercês.

MEFISTÓFELES:

Já dorme! Estou contente, rapaziada,
Surtiu efeito a arenga delicada!
Agradeço o concerto desta vez.
Ainda não és homem para o diabo prender!
Embalem-no em sonhos e façam-mo cair
No brando mar de onde o delírio emana;
Mas para a magia da soleira vencer
Hei mister de um dente de ratazana.
Não preciso de longos esconjuros,
É só dar a ordem à que ouço entre estes muros.
O senhor de ratazanas e de ratos,
De moscas, percevejos, de piolhos e sapos,
Ordena-te que saias da toca
Para roeres esta soleira com a boca,
No sítio onde com óleo a aspergiu —
Vejo que já do buraco saiu!
Mãos à obra! A ponta que me arresta
Está mesmo aí à frente, nessa aresta.
Uma dentada mais… Pronto, já está!
E agora, Fausto, sonha. — Eu volto já…

FAUSTO (*despertando*):

Sou novamente presa da ilusão?
E vai-se assim a chusma de fantasmas?
Em sonhos, Fausto, vês o diabo e pasmas
Do ardil que te fez perder um cão?!

GABINETE DE TRABALHO

Fausto. Mefistófeles.

FAUSTO:
Batem? Entre! Alguém me vem amofinar!

MEFISTÓFELES:
Sou eu.

FAUSTO:
— Entra!

MEFISTÓFELES:
— Três vezes tem de ser!

FAUSTO:
Entra lá!

MEFISTÓFELES:
— Assim é que é falar!
Acho que vamos dar-nos bem;
E para mandar as tuas cismas para o Além
À fidalga me fui ataviar:
Gibão vermelho, de orla dourada,
A capa de seda engomada,
A pluma de galo no chapéu,
Não esquecendo, é claro, a longa espada.
Aconselho-te a que faças como eu,
E te aperaltes, sem que falte nada,

Para, liberto, já de seguida
Aprenderes a conhecer a vida.

FAUSTO:

Em nenhum hábito deixarei de sentir
A dor da vida estreita que levar.
Sou muito velho para só querer brincar,
E muito novo para sem ânsia existir.
Que tem o mundo hoje para me oferecer?
A renúncia! Deves renunciar:
É essa a eterna ladainha
Que a todos nos ouvidos ecoa
E que, uma vida inteirinha,
Uma voz rouca sem fim apregoa.
Acordo de manhã numa agonia,
E lágrimas amargas só me traz
O tempo que decorre, e em cada dia
Nem um desejo só me satisfaz;
Até do prazer o antegozo
Me estraga com espírito invejoso,
E do sopro criador da alma activa
Com mil esgares hostis também me priva.
E depois, quando a noite nos envolve
E eu no leito caio, angustiado,
Também então a inquietação revolve
Os sonhos que me deixam aterrado.
A divindade que em meu peito mora
Pode agitar-me a alma até ao fundo;
Em minhas forças manda, mas lá fora
Não tem poder sobre as rodas do mundo.
E assim a existência me é um peso,
A morte ansiada, a vida um ódio imenso.

MEFISTÓFELES:

Mas nunca a morte foi hóspede desejado.

FAUSTO:

Feliz quem, no esplendor da vitória,
Com louros de sangue por ela é coroado,
Ou por ela, depois de dança em glória,
Dos braços da amada é arrancado!
Ah, tivesse, ante o Espírito do Além,
Caído em êxtase, sucumbido eu!

MEFISTÓFELES:

E, no entanto, naquela noite alguém
Um certo líquido escuro não bebeu...

FAUSTO:

Parece que espiar é para ti um prazer.

MEFISTÓFELES:

Sem ser omnisciente, sei muito, podes crer.

FAUSTO:

Se desse turbilhão tamanho
Me tirou som doce e antigo,
Com felizes ecos de antanho
Crenças infantis iludindo,
Maldigo hoje tudo o que enreda
A alma em falsa sedução
E com lisonja a cega e encerra
Neste antro de desolação.
Maldita seja a douta opinião
Em que a si próprio o espírito se enleia!
Maldita da aparência a ilusão
Que todos os sentidos incendeia!
Maldito o que no sonho é hipocrisia
Da glória o logro, e dos nomes afamados!
Maldita a posse, que nos lisonjeia,
De mulher, filhos, charrua, criados!

Maldito seja Mamon e o ouro
Com que nos leva a acções desvairadas,
E nos entrega ao ócio duradouro,
Ajeitando-nos bem as almofadas!
Maldita do amor a bem-aventurança!
Maldita da uva a suma essência!
Maldita a fé e maldita a esperança!
E maldita mil vezes a paciência!

CORO DOS ESPÍRITOS:

Ai de ti! Ai!
Deste cabo dele,
Do belo mundo,
Com punho de ferro,
E ele vai ao fundo!
Um semideus fê-lo em pedaços!
Nós levamos
Os escombros para o Nada nos espaços,
E lamentamos
Que essa beleza morra.
Tu, poderoso
Entre os filhos da Terra,
Glorioso
O voltarás a erguer,
Constrói-o na tua consciência!
Para nova existência
Desperta,
Sentidos alerta,
E um novo cantar
Irá nascer!

MEFISTÓFELES:

Dos meus alunos
São os mais pequenos.

Ouve o conselho que sábios te dão,
Para o prazer e a acção!
Desse mundão,
Fora da solidão
Onde sangue e ideia gelam,
Para ti apelam.

Deixa esses jogos, deita as mágoas para trás,
Que, tal abutre, a vida te consomem;
Na pior sociedade sentirás
Que entre os homens também tu és homem.
Mas não me entendas mal. Não quero
Lançar-te para o meio da ralé.
Não sou grande, mas se acaso é
Tua vontade unir-te a mim, espero
Teus passos nesta vida guiar
E ao teu serviço me colocar.
Dispõe de mim inteiro.
Sou já teu companheiro;
E se for do teu agrado,
Teu lacaio serei, e teu criado!

FAUSTO:

E em paga, não esperas favores meus?

MEFISTÓFELES:

Para isso nem ainda o prazo está à vista.

FAUSTO:

Não, não! Eu sei que o diabo é egoísta
E nunca, nem por amor de Deus,
A outrem um serviço presta.
Diz claramente qual é a condição;
Um servo como tu põe em perigo este chão.

MEFISTÓFELES:

Aqui ao teu serviço quero ficar,
Obedecendo sem olhar para trás;
Quando *lá* nos voltarmos a encontrar
Tu o mesmo me farás.

FAUSTO:

O mundo de lá pouco me importa a mim;
Se a este primeiro tu puseres fim,
Talvez outro depois venha a surgir.
É desta Terra que vêm meus prazeres,
Este Sol ilumina as minhas dores;
Se um dia deles separado me vires,
Então que seja o que tem de ser.
Já não quero saber dessas quimeras,
Se nessa vida haverá ódio e amor,
E se também lá nessas esferas
Um "em cima" e "em baixo" pode haver.

MEFISTÓFELES:

Sendo assim, não tens nada a perder.
Faz o contrato, e em breve irás ver,
Maravilhado, do que sou capaz eu:
Dar-te-ei o que homem algum jamais viu.

FAUSTO:

Que tens tu, pobre diabo, para me dar?
O espírito de um homem, no seu alto aspirar,
Alguém da tua laia o compreenderia?
Tens tu comida da que não sacia?
Tens ouro vermelho que, dia após dia,
Como mercúrio na mão se te derrete?
Jogo em que se não ganha, só se perde?
Uma moça que, em meu peito aninhada,

Ao vizinho se entrega com olhares?
O divino prazer da glória ansiada
Que, como meteoro, se esvai nos ares?
Mostra-me o fruto podre antes que o colha,
E árvore que todo o dia reverdeça!

MEFISTÓFELES:

Tal incumbência fácil se me antolha,
E não temo dar-te riqueza dessa.
Mas há um tempo, amigo, vai por mim,
Em que só queremos paz e boa mesa.

FAUSTO:

Se um dia, acomodado, na cama da preguiça
Me deitar, que esse seja o meu fim!
Se um dia a tua lisonja me cegar,
A ponto de parar minha porfia,
Se com gozos me puderes enganar
Que seja esse o meu último dia!
Queres apostar?

MEFISTÓFELES:

— Aceito!

FAUSTO:

— Então está dito!

Se alguma vez ao momento disser:
Fica, tu que és tão belo!
Serás então livre de me prender,
Afundar-me-ei sem agravo nem apelo!
Que se ouça então o sino derradeiro,
Cesse o serviço que aceitei de ti,
Pare o relógio e caia o ponteiro,
E que chegue o meu tempo então ao fim!

MEFISTÓFELES:

Pensa bem! Nós não o esqueceremos.

FAUSTO:

Terás todo o direito de o lembrar;
Não foi de ânimo leve que nos excedemos.
Serei escravo no dia em que parar,
Se teu, se de outro, é questão de somenos.

MEFISTÓFELES:

Hoje mesmo, no banquete doutoral,
Vos servirei, como é meu dever.
Mas como há viver e morrer,
Umas linhas vos peço. Não leveis a mal!

FAUSTO:

Até escritura pedes, meu pedante?
Sabes o que é um homem, e palavra de gente?
Não te basta a palavra falada
Que compromete toda a minha vida?
Não flui o mundo como uma enxurrada?
Porque há-de a mim atar-me o prometido?
Mas está-nos no sangue essa ilusão —
Quem facilmente dela se livrará?
Feliz quem traz a fé no coração,
De sacrifício algum se arrependerá!
Escrito e selado, porém, é um papão
O pergaminho que o mundo temerá.
Morre a palavra na ponta da pena,
Pois cera e couro são quem mais ordena.
Que queres de mim, Espírito do mal?
Mármore, bronze, pergaminho, papel?
Com pena escreverei? Buril? Cinzel?
Aqui te dou liberdade de escolha.

MEFISTÓFELES:

Para quê essa retórica, a centelha
Tão inflamada e um excesso tal?
Serve qualquer papel que à mão tiveres,
Se com um pingo de sangue assinares.

FAUSTO:

Faça-se a farsa como tu quiseres,
Se isso te dá um gozo especial.

MEFISTÓFELES:

O sangue é seiva como outra não há.

FAUSTO:

Não tenhas medo, que eu não quebro o pacto!
Toda a minha força, e a ânsia que me dá,
É o que prometo neste acto.
A excessiva soberba enfatuou-me,
Sou como tu, e vejo-o com clareza.
O sublime Espírito desdenhou-me,
À minha frente fecha-se a Natureza.
Quebrado foi o fio do pensamento,
Enoja-me todo o conhecimento.
Nas profundezas da sensualidade
Irei apaziguar paixões ardentes!
Que em véus mágicos densos e envolventes
As maravilhas se me abram sem idade!
Lancemo-nos no turbilhão do tempo,
No ritmo dos acontecimentos!
Alternem a dor e o prazer,
E também, como melhor puderem,
Fracassos e vitórias então:
Só se é homem no delírio da acção.

MEFISTÓFELES:

Nem medida nem fim tem vosso agir.
Em todo o lado podereis petiscar,
De passagem qualquer coisa apanhar:
Que vos faça proveito o que vos aprouver.
Mas deitai mão de tudo, sem nada perder!

FAUSTO:

Vê se me entendes: não falo de prazer.
À vertigem me entrego, gozo pungente,
Ódio amoroso, dor reconfortante.
A minha alma, curada a sede de saber,
Abrir-se-á agora a toda a provação,
E no mais íntimo de mim quero viver
O destino de toda a humana geração;
Em espírito abarcar alturas, profundezas,
Encher o peito de alegrias, tristezas,
E assim meu ser ao seu Ser alargar,
Para no fim, como ela, soçobrar.

MEFISTÓFELES:

Ah, crê em mim, que há muitos milhares de anos
Este osso duro venho roendo:
Do berço à cova não é para seres humanos
O fermento que Ele foi amassando!
Esse Todo — sou eu quem to diz —
É para um só Deus que assim o quis;
Seu é o reino da perpétua luz,
A nós lançou-nos nas trevas da agonia,
E vós não tendes mais que noite e dia.

FAUSTO:

Mas eu quero!

MEFISTÓFELES:

— Isso é que é falar!

Uma coisa só me mete medo:
A vida é curta, a arte um longo enredo.
Melhor seria alguém vos ensinar.
Aliai-vos a um poeta que amiúde
Deixe a fantasia brotar-lhe como fonte,
Para que tudo o que é nobre virtude
Se derrame sobre a vossa áurea fronte:
Do leão a coragem,
Do cervo a celeridade,
De Itália o fogo da vertigem,
Do Norte a tenacidade.
Que ele vos revele com fidúcia
Como se casam grandeza e astúcia,
E quais os planos que vos levarão
À mocidade e ao fogo da paixão.
Conhecesse eu também sujeito assim,
Dom Microcosmo lhe punha de anexim!

FAUSTO:
Que sou eu afinal, se nem a mim
Os sóis da humanidade são consentidos,
A que aspiram todos os meus sentidos?

MEFISTÓFELES:
Tu és… aquilo que és, ao cabo e ao fim.
Podes coroar-te de aneladas perucas,
Pôr nos pés coturnos de alturas loucas,
E ficas como és, igual a ti.

FAUSTO:
Sinto que em vão acumulei em mim
Toda a riqueza do humano entendimento,
Mas quando paro e me sento, por fim,
Não jorra da minha alma novo alento;
Nem a altura de um cabelo me elevei,
Nem do infinito mais me aproximei.

MEFISTÓFELES:

Meu caro, vedes as coisas de momento
Como o geral as costuma ver;
Temos de fazer tudo com mais tento,
Senão vai-se-nos da vida o prazer!
C'os diabos! Eu bem sei que mãos e pés,
E cabeça e traseiro, tudo isso é teu!
Mas o que eu gozo, diz-me, por quem és:
É isso porventura menos meu?
Se eu puder pagar seis garanhões,
As suas forças são minhas, não vês?
Corro ligeiro, sou homem de brasões,
Como se tivesse vinte e quatro pés.
Ânimo, pois! Manda o cuidar embora,
E vem comigo pelo mundo fora!
Ouve bem: quem se mata a especular
É como besta em charneca, sedenta,
Que um espírito maligno faz girar
No meio de um prado de erva sumarenta.

FAUSTO:

E começamos como?

MEFISTÓFELES:

— É sair já
Deste antro de martírio onde alguém está
Há anos a fingir que vive a vida,
E a entediar-se a si e à rapaziada.
Deixa isso para o teu vizinho Pança!
Porquê matares-te assim a malhar palha?
O que melhor tua ciência alcança
Não o dizes a esta canalha.
Já ouço mais um deles no corredor!

FAUSTO:

Nem pensar, recebê-lo nesta hora!

MEFISTÓFELES:

Pobre rapaz, já está farto de esperar!
Não podemos assim mandá-lo embora.
Dá-me a toga e o capelo, sem demora,
Que esse disfarce fica-me a matar.

Muda de roupa.

Deixa-o comigo, e toca a andar!
Num quarto de hora faço-lhe a lavagem.
E tu prepara-te para uma bela viagem!

Fausto sai.

MEFISTÓFELES (*com a toga comprida de Fausto*):

Menospreza a razão e a ciência,
Da humanidade a mais alta potência,
Deixa-te só guiar pelo génio da patranha,
Com suas obras de magia e manha,
E tenho-te na mão, sem condições —
Foi-lhe o destino aquele ânimo dar,
Que o impele a avançar sem restrições,
E com esse seu sôfrego aspirar
Ignora terreais deleitações.
Pela vida louca o vou arrastar,
Pelo que há de mais fútil e mesquinho,
E ele há-de estrebuchar, pedir, teimar,
E, ávido, ver o pão e o vinho
Ante os sedentos lábios recuar;
Refrigério nunca lhe será concedido,
E inda que ao diabo se não quisesse dar,
Ainda assim já estaria perdido.

Entra um estudante.

ESTUDANTE:

Curta é aqui a minha permanência,
Mas venho cheio de reverência
Para conhecer e prestar meu preito
Ao homem a quem todos têm respeito.

MEFISTÓFELES:

Muito me apraz a vossa cortesia!
Vedes um homem como outros hoje em dia.
Para além de mim, quem mais conheceis?

ESTUDANTE:

Peço-vos que de mim vos ocupeis!
Venho cheio de vontade e de virtude,
Dinheiro bastante e muita juventude;
Minha mãe bem me queria reter,
Mas eu tenho aqui tanto para aprender!

MEFISTÓFELES:

Estais no lugar certo, e é certa a hora.

ESTUDANTE:

Para ser franco, ia-me já embora:
Esta sala, alta e fechada,
É lugar que não me agrada.
É um espaço tão acanhado,
Não se vê árvore nem prado,
E nestes bancos, nesta plateia,
Vai-se-me ouvido, vista e ideia.

MEFISTÓFELES:

É só porque não estais habituado.

Também a criancinha não aceita
A princípio o peito de bom grado,
Mas em breve com a mama se deleita.
A pouco e pouco, o seio da sapiência
Irá ganhando também vossa apetência.

ESTUDANTE:

Feliz me deitarei no seu regaço;
Mas para lá chegar, dizei, que faço?

MEFISTÓFELES:

Antes disso gostaria de saber
Que Faculdade ides escolher.

ESTUDANTE:

Quero ser um sábio consumado
E ter o domínio acabado
De Terra e Céu, e a Natureza
E as ciências compreender.

MEFISTÓFELES:

Melhor caminho não podíeis ter;
Mas só este seguireis, com firmeza.

ESTUDANTE:

Estou de corpo e alma nesta aventura;
Mas algum tempo livre e distracção
Me serão concedidos, porventura,
Nos belos dias de festa do Verão.

MEFISTÓFELES:

Usai o tempo, que passa a correr,
Mas com ordem vereis como o ganhar.
Por isso, amigo, vos quero sugerir

Collegium Logicum, para começar.
Aí, a mente será bem adestrada,
Em botas espanholas espartilhada,
Para que agora, prudente e com tento,
Se arraste pelos trilhos do pensamento,
E não cirande a torto e a direito,
Como fogos-fátuos, de qualquer jeito.
Em certos dias vos irão ensinar
Que o que até hoje costumáveis fazer
Espontaneamente, qual comer e beber,
A "Um, dois, três" deve obedecer.
A fábrica de ideias não é senão
Como a peça de um mestre tecelão,
Onde um pedal põe mil fios em movimento,
As lançadeiras andam num vaivém,
Os fios correm sem os ver ninguém,
Um gesto produz mil cruzamentos.
O filósofo, com a prova, entra em cena,
E contestar não vos vale a pena:
O primeiro é assim, o segundo é assado,
E logo o terceiro e quarto está traçado;
E se não fora assim, o primeiro e segundo,
Terceiro e quarto não seriam de todo.
Sempre os pupilos vi isto admirarem,
Sem com isso tecelões se tornarem.
Quem o vivo visa entender, descrever,
O espírito começa por matar,
Com as partes todas em sua mão fica,
Falta-lhe apenas… o espírito que as liga!
A Química chama-lhe *Encheiresin naturae*,
Escarnece de si, e nem sabe porquê.

ESTUDANTE:

Não estou a entender-vos muito bem.

MEFISTÓFELES:

Esperai, que a luz inda aí vem,
Quando aprenderdes a tudo reduzir
E a classificar como é mister.

ESTUDANTE:

Deixais-me tolo e confuso com essa!
Parece que uma mó me gira na cabeça.

MEFISTÓFELES:

De seguida, e antes mesmo de tudo,
Da Metafísica deveis fazer o estudo!
E aí esforçai-vos por captar os arcanos
Que não cabem em cérebros humanos;
Para o que aí entra, e também para o que não,
Uma palavra pomposa há sempre à mão.
Mas no primeiro semestre será melhor
Fazerdes tudo com ordem e rigor.
Tereis por dia de lições cinco horas,
E ao primeiro toque entrareis, sem demoras!
Não sem antes vos terdes preparado,
Parágrafo a parágrafo estudado,
Para depois poderdes ver bem
Que ele só diz o que o livro já tem.
Tomai apontamentos, no entanto,
Como se vos ditasse o Espírito Santo!

ESTUDANTE:

Duas vezes não tereis de dizê-lo!
Acho tudo muito útil, para ser franco:
Que o que um homem possui, preto no branco,
Tranquilo para casa pode levá-lo.

MEFISTÓFELES:

Mas escolhei-me então a Faculdade!

ESTUDANTE:

Com a Jurisprudência não me entendo.

MEFISTÓFELES:

E não vos levo a mal, pois estou vendo
Qual é dessa ciência a qualidade.
As leis e os direitos lá se vão
Transmitindo, qual doença a alastrar,
Passam de geração em geração
E, sorrateiros, de lugar para lugar.
Razão dá em absurdo, benefício em mal-estar;
Se tens pais e avós, que triste fado o teu!
Do direito que connosco nasceu,
Desse, ai de nós!, ninguém quer saber.

ESTUDANTE:

A tais palavras cresce a minha aversão.
Ditoso aquele que ouve a vossa lição!
Estou a ponto de escolher Teologia.

MEFISTÓFELES:

Induzir-vos em erro, isso eu não queria,
Mas essa ciência é um terreno
Em que é difícil evitar caminho errado.
Há nela escondido tanto veneno,
Que do remédio mal pode ser separado.
O melhor neste caso é que um só vos adestre,
E que jureis pela palavra do mestre.
Se às palavras vos aterdes, no geral,
Entrareis pelo mais seguro portal
Das certezas no santuário perfeito.

ESTUDANTE:

Mas a palavra há-de ter seu conceito.

MEFISTÓFELES:

Pois sim, mas um homem não se atrapalha;
Justamente quando o conceito falha,
Aí vem a palavra dar um jeito.
Disputa-se com palavras apenas,
Com palavras se constroem sistemas,
Nada a fé nas palavras derrota,
A uma palavra não se rouba nem um jota.

ESTUDANTE:

Perdoai as perguntas sem fim,
Mas peço a vossa mercê me defina
Que ciência é a Medicina,
Numa ou duas palavras, só para mim.
Três anos é tão pouco, quando penso,
Deus meu, num campo tão imenso!
Uma douta indicação já basta
Para o caminho adiante iluminar.

MEFISTÓFELES (*aparte*):

Este tom assim seco já me agasta,
Vou pôr o diabo de novo a declamar.
(*Em voz alta.*)
Da Medicina o espírito é fácil de entender:
Pequeno e grande mundo há que estudar,
Para depois o deixar andar
Como Deus quer.
É vã toda a pesquisa delirante,
Cada um só aprende o que pode aprender;
Mas aquele que agarra o instante,
Esse é um homem a valer.
Vejo que tendes boa parecença,
Audazes modos não vos faltarão,
E se em vós próprio tiverdes confiança,
As outras almas em vós confiarão.

E sobretudo as fêmeas aprendei a levar;
O rosário de seus males palpáveis,
Inumeráveis,
Num só ponto os haveis de curar;
E se puserdes um ar de honradez,
Tê-las-eis todas de uma vez.
Um título começará por lhes mostrar
Que a vossa arte é o supremo dos arcanos;
As boas-vindas lhes dareis ao apalpar
Mil curvas por que outros esperam anos.
Tomai-lhes o pulso com perícia
E com olhares de fogo e de malícia
Lhes sentireis a cintura delgada
Para ver como está espartilhada.

ESTUDANTE:

Já vejo o como e o quando! Era o que eu queria.

MEFISTÓFELES:

Cinzenta, amigo, é toda a teoria,
E verde a árvore de ouro da vida.

ESTUDANTE:

Parece um sonho! Será que posso ainda
Vir importunar-vos outro dia,
Beber a fundo vossa sabedoria?

MEFISTÓFELES:

O que eu puder, com muito gosto o faço.

ESTUDANTE:

Não é desta ainda que me despeço;
Neste meu álbum, pois acho que o mereço,
Do vosso favor um sinal vos peço!

MEFISTÓFELES:

Pois não!

ESTUDANTE (*lê*):

Eritis sicut Deus, scientes bonum et malum.

Fecha o álbum respeitosamente e despede-se.

MEFISTÓFELES:

Vai, segue a minha prima, a Serpente, e o seu dito,
Que a parecença com Deus inda há-de pôr-te aflito!

Entra Fausto.

FAUSTO:

E agora, aonde vamos?

MEFISTÓFELES:

— Aonde quiseres,
Para o pequeno e o grande mundo veres.
Ah, que alegria e que proveito
Não tirarás do curso, à borla feito!

FAUSTO:

Mas com uma barba já de tanto ano
Falta-me o ar do homem mundano.
A experiência não vai resultar;
No mundo não me sei comportar.
Sinto-me tão pequeno, confrontado
Com os outros, estou sempre embaraçado!

MEFISTÓFELES:

Meu bom amigo, tudo se há-de arranjar;
Confia em ti, e aprenderás a arte de viver.

FAUSTO:

E como vamos sair desta casa?
Que é dos cavalos, criados, carruagem?

MEFISTÓFELES:

Basta abrir o meu manto, como asa;
Nele pelos ares faremos a viagem.
E espero que tu, nesta aventura ousada,
Não leves a trouxa atafulhada.
Vou preparar um arzinho inflamável,
Que da Terra nos faz subir, prestável.
E assim, leves, fácil é a subida;
Os meus parabéns pela tua nova vida!

TABERNA DE AUERBACH EM LEIPZIG

Um pequeno grupo de bebedores em festa.

FROSCH:

Ninguém bebe? Ninguém diz uns chistes?
Já vos ensino a ficar de caras tristes!
Hoje está tudo que nem palha molhada!
Que é da vossa chama, rapaziada?

BRANDER:

A culpa é tua. Hoje não há maneira
De fazeres porcaria ou asneira!

FROSCH (*deitando-lhe um copo de vinho na cabeça*):

Aí tens as duas!

BRANDER:

— Javardo a dobrar!

FROSCH:

Já que mo pediram, não o vou negar!

SIEBEL:

Vai já para a rua quem aqui brigar!
É cantar de roda, é beber, berrar!
Upa! Olá! Hei!

ALTMAYER:

— Ai, que estou perdido!
Algodão, que ele rebenta-me o ouvido!

SIEBEL:

A voz do baixo só faz o seu efeito
Quando o som ecoar do tecto.

FROSCH:

Acho bem! E rua, quem levar a mal!
Olarilolé!

ALTMAYER:

— Olarilolé!

FROSCH:

Goelas afinadas! E venha o coral!
(*Canta.*)
O santo e sagrado Império Romano
Como é que ainda se tem de pé?

BRANDER:

Escárnio de cantiga! Ui, política é!
Cantiga sem jeito! Agradece a Deus, mano,
Não teres de pensar no Império Romano!
Para mim já é um ganho não ser
Nem imperador nem chanceler.
Mas um chefe não nos pode faltar;
Por isso um Papa vamos eleger.
E bem sabeis qual é a qualidade
Que elege o homem e finda a rivalidade.

FROSCH (*canta*):

Sobe, sobe, rouxinol no ar,
A amada mil vezes me vai saudar.

SIEBEL:

Saúdes à amada? Nem o quero ouvir!

FROSCH:

Saúdo-a e beijo-a, e não o vais impedir!
(*Canta.*)
Abre o ferrolho! Noite cerrada.
Abre o ferrolho! Que o amante se afoite.
Fecha o ferrolho! É madrugada.

SIEBEL:

Pois sim, canta e louva a amante na noite!
Há-de vir a hora em que vou rir.
Se eu entrei, também a ti vai abrir.
Que o seu amante seja um génio mau à solta,
E os dois na encruzilhada vão gozando;
E um bode velho, que do Blocksberg volta,
Lhe berre as boas-noites galopando!
Rapaz a sério, que ver se possa,
É desperdício para tal moça.
Serenata? Bem pode esperar por ela!
Vou é partir-lhe os vidros da janela!

BRANDER (*batendo na mesa*):

Silêncio! Silêncio! Ouçam o que eu digo!
Senhores, vejam lá se eu não sei viver!
Gente apaixonada tenho aqui comigo,
E segundo a praxe, e como bom amigo,
Uma serenata lhes vou oferecer.
Aí vai a cantiga! É nova, atenção!
E repitam todos bem forte o refrão!
(*Canta.*)
Numa cave havia um rato
Que só manteiga comia,
Tinha um bandulho tão farto,
Que nem Lutero o vencia.
Pôs veneno a cozinheira,
Estreitou-se-lhe a vida inteira,
Como a quem morre de amores.

CORO (*jubilante*):

Como a quem morre de amores.

BRANDER:

Anda às voltas, entra e sai,
De toda a poça bebia,
Toda a casa arranha e rói,
Nada o livra da agonia;
O pobre bicho, assustado,
Deu saltos, ficou cansado,
Como quem morre de amores.

CORO:

Como quem morre de amores.

BRANDER:

Em pleno dia, a tremer,
À cozinha foi parar;
Cai no lume, a estrebuchar,
Arfava que era um dó ver.
Ri a cozinheira então:
“Bufa a última canção,
Como quem morre de amores!”

CORO:

Como quem morre de amores.

SIEBEL:

Como os alarves se riem sem tino!
É uma arte que faço com primor,
Esta de aos pobres ratos dar veneno!

BRANDER:

Pelo que vejo, gozam do teu favor.

ALTMAYER:

Olhem-me só o careca pançudo!
A desgraça fá-lo manso e fraternal;
Até descobre no rato barrigudo
O seu próprio retrato ao natural.

Entram Fausto e Mefistófeles.

MEFISTÓFELES:

O que em primeiro lugar quero fazer
É, numa roda alegre como esta,
Mostrar-te como é fácil viver.
Para esta gente todo o dia é de festa.
A graça é pouca, mas muito é o prazer,
Cada um no seu círculo vai girando,
Quais gatos novos, com o rabo brincando.
Se a dor de cabeça não apertar,
E enquanto o taberneiro lhes der fiado,
Está tudo bem-disposto e sem cuidado.

BRANDER:

Estes chegaram de viagem mesmo agora,
Têm ares estranhos, vê-se que são de fora;
Nem uma hora há que estão aqui.

FROSCH:

Leipzig não tem igual! Tens razão, é assim!
É um pequeno Paris, faz gente com maneiras.

SIEBEL:

Quem achas que será esta gente?

FROSCH:

Deixa-os comigo, que com um copinho,
Como quem arranca dente de leite,

Nabos lhes tirarei do pucarinho.
Que são de casa nobre, é evidente,
Têm um ar altivo e descontente.

BRANDER:

São charlatães de feira, ia apostar!

ALTMAYER:

Talvez.

FROSCH:

— Olha só como lhes dou a volta.

MEFISTÓFELES (*para Fausto*):

Nunca o diabo fareja, esta malta,
Nem quando ele a mão lhes vai deitar.

FAUSTO:

Saudações, senhores!

SIEBEL:

— Obrigado, igualmente!

(Baixinho, olhando de lado para Mefistófeles.)

Não coxeia de um pé, este tratante?

MEFISTÓFELES:

Podemos sentar-nos deste lado?
Em vez da boa pinga, que não há,
A companhia nos distrairá.

ALTMAYER:

Pareceis-me estar bem acostumado.

FROSCH:

Saístes de Rippach tarde, não?
Ceastes inda à noite com o senhor João?

MEFISTÓFELES:

Desta vez passámos sem entrar.
Mas outro dia estivemos a conversar.
Falou muito dos primos, e são tantos!
A todos manda muitos cumprimentos.

Inclina-se para Frosch.

ALTMAYER:

Ora aí tens! Ele percebe!

SIEBEL:

— É esperto!

FROSCH:

Já lhe passo a perna, podes estar certo!

MEFISTÓFELES:

Ouvi há pouco — ou estou errado? —
Belas vozes cantando em coro!
Sob este tecto abobadado
O canto ecoa bem sonoro.

FROSCH:

Sereis vós por acaso um virtuoso?

MEFISTÓFELES:

Ah, não! É fraca a voz, mas grande o gozo.

ALTMAYER:

Uma cantiga, então!

MEFISTÓFELES:

— Uma? Até mais!

SIEBEL:

Mas queremos coisa de primeira apanha!

MEFISTÓFELES:

Acabámos de chegar de Espanha,
A bela terra do vinho e das canções.
(*Canta.*)
Um rei outrora havia,
Tinha uma grande pulga…

FROSCH:

E esta? Uma pulga! Estão a ouvir?
Belo hóspede daí me há-de sair!

MEFISTÓFELES (*canta*):

Um rei outrora havia,
Tinha uma grande pulga,
Como a um filho lhe queria,
Bem mais do que se julga.
O alfaiate, chamado,
À sua presença vem:
"Veste-me este morgado,
Faz-lhe calças também!"

BRANDER:

E que o alfaiate se não esqueça
De tirar bem as medidas à obra,
E se tem amor à cabeça,
Que não tenha a calça a menor dobra!

MEFISTÓFELES:

Com sedas e veludos
Lá foi aperaltada,

Com fitas nos vestidos
E uma cruz pregada;
E logo ali foi feita
Grã-ministra com estrela.
A pulgaria atreita
Na corte agora é vê-la!

Na corte a fidalguia
Andava incomodada;
Rainha e companhia
Mordida e picada,
E sem poder esmagá-las,
E nem sequer se coçam!
Nós é logo a esmagá-las
E a afogá-las, se picam.

CORO (*jubilante*):

Nós é logo a esmagá-las
E a afogá-las, se picam.

FROSCH:

Bravo! Bravo! Até empolga!

SIEBEL:

Assim fosse com toda a pulga!

BRANDER:

Afina-me os dedos e caça o bichinho!

ALTMAYER:

Viva a liberdade! E viva o vinho!

MEFISTÓFELES:

De bom grado bebera à liberdade,
Se o vinho fosse de melhor qualidade.

SIEBEL:

Não nos agrada ouvir essa verdade!

MEFISTÓFELES:

Se o não tomasse o patrão por afronta,
Esta ilustre roda ia provar
O que na nossa adega há de melhor.

SIEBEL:

Adiante! O taberneiro fica por minha conta!

FROSCH:

Arranjai-nos boa pinga, e loas vos cantaremos.
Mas prova curta não queremos;
Pois quem juízo fizer
A boca cheia há-de ter.

ALTMAYER (*em voz baixa*):

São do Reno, é o que eu acho agora.

MEFISTÓFELES:

Uma verruma!

BRANDER:

— Vossa Mercê que intenta?
Tendes acaso as pipas já lá fora?

ALTMAYER:

Está ali um cabaz com ferramenta.

MEFISTÓFELES (*pega na verruma. Para Frosch*):

Dizei então, que casta há-de ser?

FROSCH:

Como é? Tendes tal variedade de mosto?

MEFISTÓFELES:

A cada um consoante o seu gosto.

ALTMAYER (*para Frosch*):

Ah, meu velho, já te estás a lamber!

FROSCH:

Bom, se posso escolher, seja do Reno então!
Da pátria ainda vem o que de melhor nos dão.

MEFISTÓFELES (*fazendo um buraco na borda da mesa, em frente de Frosch*):

Venha um pouco de cera para os tampões.

ALTMAYER:

Isto soa-me a truque de aldrabões.

MEFISTÓFELES (*para Brander*):

E vós?

BRANDER:

— Champanhe é o que quero beber,
Daquele que mais espuma fizer.

Mefistófeles faz um furo; entretanto,
um deles fez tampões de cera e tapa os buracos.

BRANDER:

Há que escolher o que é estrangeiro às vezes,
O que é bom nem sempre está à mão.
Um Alemão de gema não gosta dos Franceses,
Mas bebe-lhes os vinhos, pois então!

SIEBEL (*enquanto Mefistófeles se aproxima do seu lugar*):

Confesso que o mais seco não me atrai,
Dai-me do doce como deve ser!

MEFISTÓFELES (*faz um furo*):

Para vós vai já correr um bom tocai.

ALTMAYER:

Não, meus senhores! Pelo que estou a ver,
Desde o princípio de nós só troçais.

MEFISTÓFELES:

Que é isso? Com tão nobres comensais
Seria arriscada proeza!
Depressa! Dizei com franqueza:
Que vinho vos apraz beber?

ALTMAYER:

Já chega de perguntas! Um qualquer!

Depois de furados e fechados todos os buracos:

MEFISTÓFELES (*com gestos estranhos*):

Cachos tem o pé da vinha,
O bode cornos na pinha;
Se o vinho é sumo e a cepa é lenho,
Também a mesa pode dar vinho.
Um fundo olhar à Natureza!
É um milagre, tende a certeza!

E agora é tirar a rolha e beber!

TODOS (*tirando os tampões e enchendo os copos com o vinho escolhido*):

Oh, fonte, como é bom ver-te correr!

MEFISTÓFELES:

Mas nem um pingo deveis entornar!

Bebem todos repetidas vezes.

TODOS (*cantando*):

Sentimo-nos melhor que canibais,
Como quinhentos porcos, ou até mais!

MEFISTÓFELES:

Tem rédea solta o povo, vede que felicidade!

FAUSTO:

Por mim, ia-me já embora.

MEFISTÓFELES:

Presta atenção, a bestialidade
Vai revelar-se toda agora.

SIEBEL (*bebe sem precaução, o vinho entorna-se e inflama-se no chão*):

Aqui d'El-Rei, o inferno pegou fogo!

MEFISTÓFELES (*exortando a chama*):

Acalma-te, elemento amigo, vamos!
(*Para Siebel.*)
Foi só uma amostra do fogo do purgatório.

SIEBEL:

Que é isto? Espera que já vais ver, finório!
Parece que não sabeis quem somos.

FROSCH:

Nem penseis em repetir a proeza!

ALTMAYER:

Vamos mas é livrar-nos desta gente!

SIEBEL:

Pois quê, ainda tendes o desplante
De fazer bruxaria à nossa mesa?

MEFISTÓFELES:

Quietinho, seu borracho!

SIEBEL:

— Pau de vassoura!
Ainda vens para aqui chamar-nos nomes?

BRANDER:

Vai bordoada! Espera que já comes!

ALTMAYER (*arranca um dos tampões da mesa, sai um jacto de fogo*):

Estou a arder! Estou a arder!

SIEBEL:

— Feitiçaria!
A ele! É fora-da-lei! Avia, avia!

Puxam das facas e avançam sobre Mefistófeles.

MEFISTÓFELES (*com um gesto grave*):

Falso ver, falso falar
Mudam sentido e lugar!
Cá e lá ides estar!

Quedam-se todos, espantados, olhando uns para os outros.

ALTMAYER:

Que terra é esta? Onde estamos, irmão?

FROSCH:

Vinhas! Estou a ver bem?

SIEBEL:

— E uvas mesmo à mão!

BRANDER:

E vejam-me esta cepa aqui debaixo
Das parras verdejantes! E que cacho!

Agarra Siebel pelo nariz. Os restantes fazem o mesmo uns aos outros e erguem as facas.

MEFISTÓFELES (*com o mesmo gesto de antes*):

Desvenda-lhes os olhos, ilusão!
Vejam só como o diabo escarnece de vocês.

Desaparece com Fausto, e os companheiros separam-se bruscamente.

SIEBEL:

Que houve?

ALTMAYER:

— Que foi?

FROSCH:

— É o teu nariz, não vês?

BRANDER (*para Siebel*):

E o teu, tenho-o aqui na mão!

ALTMAYER:

Que golpe! Tenho as pernas a tremer!
Uma cadeira, que vou desfalecer!

FROSCH:

Mas digam lá, o que é que aconteceu?

SIEBEL:

Onde está o malandro? Se o apanho,
Não vai sair daqui como nasceu!

ALTMAYER:

Vi-o bem: num tonel deste tamanho
Da adega a cavalo saiu...
Parece que tenho chumbo nos pés
(*Voltando-se para a mesa.*)
E o vinho, correrá ainda uma vez?

SIEBEL:

Tudo mentira, logro e ilusão.

FROSCH:

Ia jurar que era vinho, e do bom.

BRANDER:

Então e as uvas, também foi tudo peta?

ALTMAYER:

E venha alguém dizer-me que os milagres são treta!

COZINHA DE BRUXA

Sobre uma lareira baixa, um grande caldeirão ao lume. Dos vapores que dele sobem nascem formas diversas. Uma macaca, acocorada junto do caldeirão, vai tirando a espuma para que ele não transborde. O macaco e os macaquinhos estão sentados ao pé dela, aquecendo-se. As paredes e o tecto estão enfeitados com os mais singulares instrumentos de bruxaria.

Fausto e Mefistófeles.

FAUSTO:

A panóplia da bruxa causa-me ódio
E asco! Prometes-me achar remédio
No meio da confusão desta loucura?
Com uma velha me hei-de aconselhar?
E pode esta nojenta cozedura
Do corpo uns trinta anos me tirar?
Ai de mim, se tu és assim tão pobre!
Já a esperança toda se desfaz.
A Natureza, ou um espírito nobre,
Não encontraram um bálsamo eficaz?

MEFISTÓFELES:

Meu caro, falas que nem um livro aberto!
Para te rejuvenescer há um meio natural;
Mas esse livro é outro, esperto,
E um capítulo muito especial!

FAUSTO:

Quero saber qual.

MEFISTÓFELES:

— Seja! Um meio que sem
Dinheiro nem médico nem bruxa se obtém:
Vai já para o campo trabalhar,
Põe-te a lavrar e a cavar,
Mantém-te, e ao teu pensamento,
Num círculo bem limitado,
Que seja puro teu alimento,
Vive com o gado, sem pensar que é desdita
Seres tu próprio a adubar tua seara;
É este o melhor meio, acredita,
De oitenta anos te tirar da cara!

FAUSTO:

Não estou habituado, e não será agora
Que vou de enxada ao ombro campos fora.
Para essa vida estreita não me puxa…

MEFISTÓFELES:

Então já vês — tens de ir à bruxa!

FAUSTO:

Mas tem de ser por força essa megera?
Quero que tu mesmo a poção acrontes!

MEFISTÓFELES:

Que belo passatempo que era!
No entretanto construía mil pontes.
A obra não requer arte e ciência
Apenas: pede também paciência.
São precisos anos e um génio lento,
E só com o tempo se apura o fermento.
E depois, tanto ingrediente!
São coisas que nem dá para imaginar!

O diabo ensinou-a, certamente,
Mas não é o diabo que a deve aprontar!
(*Avistando os animais.*)
Olha-me só, que raça delicada:
Este é o criado, esta a criada!
(*Para os animais.*)
A patroa, pelos vistos, foi passear?

OS ANIMAIS:

Está no jantar,
Saiu pelo seu pé,
Pela chaminé!

MEFISTÓFELES:

Quanto tempo anda ela na festança?

OS ANIMAIS:

O tempo de aquecermos pata e pança.

MEFISTÓFELES (*para Fausto*):

Então? Não os achas um amor?

FAUSTO:

A coisa mais nojenta que já vi!

MEFISTÓFELES:

Não me digas! Olha que este teor
De conversa é o que mais me agrada a mim!
(*Para os animais.*)
Digam lá, suas múmias danadas,
Que papa é essa que mexem com a pá?

OS ANIMAIS:

Cozinhamos umas sopas aguadas.

MEFISTÓFELES:

Público então não vos faltará!

O MACACO (*chega-se a Mefistófeles e faz-lhe festas*):

Lança o dado, amigo,
E faz-me já rico.
Deixa-me ganhar!
Cruel é o destino,
Tivesse eu dinheiro
E teria tino!

MEFISTÓFELES:

Que feliz o macaco ficaria
Se pudesse jogar na lotaria!

Entretanto, os macaquinhos pequenos foram brincando com uma grande bola, e agora fazem-na rolar para a frente.

O MACACO:

É assim o mundo:
Sobe e cai fundo,
Sem parar rola;
É vidro a tinir,
Não tarda a partir!
Oca é a bola.
Brilha muito aqui,
Mais ainda ali:
Está viva e rebola!
Filho bem-amado,
Vê se tens cuidado,
Senão morrerás!
É barro vidrado,
E em cacos se faz.

MEFISTÓFELES:

E o crivo, tem que função?

O MACACO (*tirando-o da parede*):

Se fosses ladrão,
Para te reconhecer.
(*Corre para a macaca e fá-la olhar pelo crivo.*)
Olha pelo crivo!
Vês o ladrão
Sem o nome dizer?

MEFISTÓFELES (*aproximando-se do lume*):

E esta panela?

MACACO E MACACA:

Estúpida balela!
Confunde a panela
Com o caldeirão!

MEFISTÓFELES:

Que bicho magano!

O MACACO:

Senta-te com o abano
Neste cadeirão!

Obriga Mefistófeles a sentar-se.

FAUSTO (*que durante este tempo esteve em frente de um espelho, ora aproximando-se, ora recuando*):

Que vejo? Que divina aparição
Se me mostra neste espelho de magia?
As tuas leves asas, Amor, queria,
Para me levarem a essa região!
Mas ah, se não ficar tão longe dela,

Se aproximar-me mais inda quiser,
Envolta em névoa só a posso ver —
De uma mulher a imagem mais bela!
Pode a mulher assim tão bela ser?
E nesta pose reclinada hei-de vê-la
A quintessência dos céus me revelar?
Haverá neste mundo coisa igual?

MEFISTÓFELES:

Se um Deus lida seis dias como um escravo,
Para no fim a si próprio dizer "Bravo!",
Com certeza não se há-de sair mal.
Desta vez podes vê-la até fartar;
Hei-de arranjar-te peça deste corte,
E feliz aquele que tiver a sorte
De como noivo para casa a levar.

Fausto continua a olhar para o espelho. Mefistófeles, estirando-se na cadeira e brincando com o abano, prossegue.

Aqui estou eu sentado no trono como um rei,
O ceptro já o tenho, a coroa inda não sei.

OS ANIMAIS (*que até agora fizeram toda a espécie de gestos confusos e bizarros, trazem uma coroa a Mefistófeles no meio de grande chinfrineira*):

Fazei o favor
De com sangue e suor
A coroa grudar!

Passam desajeitadamente a coroa de mão em mão, e partem-na em dois pedaços, com os quais vão saltando.

Já tinha de ser!
É falar e ver,
Ouvir e rimar…

FAUSTO (*voltando-se para o espelho*):

Ai de mim, isto é de enlouquecermos!

MEFISTÓFELES (*apontando para os animais*):

Até eu quase entro em turbilhão.

OS ANIMAIS:

Se bem nos sairmos
E se conseguirmos,
Ideias serão!

FAUSTO (*como acima*):

Parece que me quer arder o peito!
Vamos sair daqui, e quanto antes!

MEFISTÓFELES (*na mesma posição*):

Nisto pelo menos há que prestar-lhes preito:
São poetas sinceros, estes tunantes!

O caldeirão, que a macaca até agora tinha esquecido, começa a transbordar; levanta-se uma labareda, que sobe pela chaminé. A bruxa desce por entre as chamas, no meio de pavorosa gritaria.

A BRUXA:

Ai! Ai! Ai! Ai!
Bicho danado! Porca malvada!
Esquece o caldeirão, e a ama chamuscada!
Malvada, ai de ti!
(*Vendo Fausto e Mefistófeles.*)
Mas que é isto aqui?
E aqueles ali?
Quem vos mandou cá?
Vindes disfarçados?
Fogo dos danados
Vos asse os costados!

Leva a escumadeira ao caldeirão e lança chamas sobre Fausto, Mefistófeles e os animais. Estes começam a ganir.

MEFISTÓFELES (*virando o abano que tem na mão, e batendo nos vidros e panelas*):

Trás, catrapás!
Em papas já estás!
Os vidros em cacos!
Gozo de macacos,
É o ritmo, harpia,
Para tua melodia.

(*Enquanto a bruxa recua, cheia de fúria e de espanto.*)

Não me reconheces, horrenda carcaça?
Teu amo e senhor para ti não é nada?
Não me tenho em mim que a ti não te faça
Em postas e a toda a tua macacada!
Pelo gibão vermelho já não tens respeito?
Nem a pena de galo te pode alertar?
Acaso escondi a cara de algum jeito?
Terei de dizer quem sou ao chegar?

A BRUXA:

Perdoai-me, senhor, a rude saudação!
Os cascos de cavalo, aonde estão?
E os vossos corvos, onde foram parar?

MEFISTÓFELES:

Por esta vez inda escapas, vá lá,
Pois é verdade que há muito tempo já
Não nos vemos, nem te vim visitar.
A civilização, que o mundo vem polindo,
Até o próprio diabo vai tocando.
O nórdico avejão mudou os contornos:

Onde vês tu garras, rabo, cornos?
E quanto ao pé, que não posso dispensar,
É pouco social. Dadas estas premissas,
Como tanto galã passei a usar
Umas barrigas de perna postiças.

A BRUXA (*dançando*):
A razão e o juízo perco já,
Ao ver Dom Satanás de novo cá!

MEFISTÓFELES:
Mulher, esse nome não usarás!

A BRUXA:
E porque não? Que foi que ele vos fez?

MEFISTÓFELES:
Entrou no fabulário há muito tempo,
Mas aos homens não serviu de exemplo:
Livraram-se do mau, mas os maus ficam — vês?
Senhor Barão acho que não está mal,
Pois sou fidalgo como outros o são.
E se duvidas que tenho sangue azul
Aqui te mostro já o meu brasão.

Faz um gesto obsceno.

A BRUXA (*rindo desmedidamente*):
Hah! Hah! É mesmo o vosso jeito!
Um maganão, como sempre a preceito!

MEFISTÓFELES (*para Fausto*):
Amigo, vê se aprendes, toma tento!
Para as bruxas é este o tratamento.

A BRUXA:

Ora dizei, senhores, em que posso ajudar?

MEFISTÓFELES:

Um bom copo da poção que tu sabes!
Da mais antiga, se bem me percebes;
Os anos dão-lhe força a dobrar.

A BRUXA:

Com muito gosto! Tenho aqui um frasquinho
De que até eu vou bebendo um golinho,
E que não tem pontinha de fedor;
Eu própria um copinho vos sirvo.
(*Em voz baixa.*)
Mas se ele sem preparo o for beber,
Nem uma hora, bem sabeis, fica vivo.

MEFISTÓFELES:

É um bom amigo. Veremos se o anima
O que a tua cozinha melhor tem.
Traça o teu círculo, diz o esconjuro também,
E enche-lhe a taça até acima!

A Bruxa faz gestos bizarros, traça um círculo e coloca nele objectos estranhos; entretanto, os vidros começam a tinir e os caldeirões a ressoar, fazendo música. Por fim, vai buscar um grande livro, põe os macacos dentro do círculo, e estes servem-lhe de estante e seguram nas tochas. Acena a Fausto, para que se aproxime.

FAUSTO (*para Mefistófeles*):

Ouve lá, onde é que isto vai parar?
A panóplia de doidos, o logro alvar,
E esta palhaçada delirante,
Detesto-os, e conheço-os já bastante.

MEFISTÓFELES:

Qual quê! É tudo só para rir!
Não sejas tão austero, homem!
Este teatro, ela tem de o fazer,
Para que o filtro te aproveite bem.

Obriga Fausto a entrar no círculo.

A BRUXA (*começa a ler, declamando com grande ênfase*):

Ouve, por quem és:
Do um fazes dez
E o dois e o três
Tal qual deixarás,
E rico serás.
Perderás o quatro!
Cinco e seis serão,
Diz a bruxa então,
Sete e oito, e a conta
Assim fica pronta:
E o nove é um,
E o dez é nenhum.
Está feita da bruxa a tabuada comum.

FAUSTO:

Acho que a velha está a delirar.

MEFISTÓFELES:

Vai levar tempo até ela acabar.
O livro é todo assim, sei a charada;
Perdi muito tempo com o relambório,
Pois a contradição bem acabada
Tem mistério para o sábio e para o simplório.
É velha e é nova a arte, como vês,
E uma moda que não tem idade
A de, com três e um e um e três,

Espalhar o erro em vez da verdade.
E assim meio mundo ensina e tagarela:
Com idiotas ninguém perde tempo.
E a gente pensa que, sem mais aquela,
Ao ouvir palavras escuta pensamentos.

A BRUXA (*continuando*):

A grande potência
Da alta ciência
Do mundo escondida!
E a quem não pensar
Ela se irá dar,
Sem esforço adquirida.

FAUSTO:

Que diz ela com este desaforo?
Tenho a cabeça a ponto de estoirar.
Parece que estou a ouvir um coro
De cem mil idiotas a falar.

MEFISTÓFELES:

Já chega, ó Sibila venerável!
Traz a tua poção e sê prestável,
Enchendo até acima a taça:
Ao meu amigo não causará desgraça,
Pois é longa, para não falar no título,
A sua folha de serviço neste capítulo.

A Bruxa deita a poção numa taça, no meio de grande cerimonial; quando Fausto a leva à boca surge uma pequena chama.

MEFISTÓFELES:

Emborca-me isso! Tudo, vá!
Verás como o peito se te inflama.
Com o diabo é tu cá, tu lá,
E assusta-te assim uma chama?

A Bruxa desfaz o círculo. Fausto sai.

E agora sai! Não podes parar.

A BRUXA:

Bom proveito vos faça este meu trago!

MEFISTÓFELES (*para a Bruxa*):

E se de mim quiseres algum favor,
Pois na noite de Walpurgis to pago.

A BRUXA:

Levai esta canção! Cantai-a, e na hora
Sentireis um efeito especial.

MEFISTÓFELES (*para Fausto*):

Vamos, depressa! Agora o meu papel
É guiar-te. Suar é essencial,
Para que o filtro penetre, dentro e fora.
Depois te ensinarei como o ócio é precioso,
E logo sentirás, em íntimo gozo,
Como Cupido em ti se mexe e aflora.

FAUSTO:

Deixa-me inda no espelho uma vez vê-lo,
Aquele corpo soberbo de mulher!

MEFISTÓFELES:

Não, não! Dentro em breve o modelo
De toda a mulher, vivo, irás ver.
(*Em voz baixa.*)
Com a poção no corpo, se te acena
Qualquer mulher, nela verás Helena.

RUA

Fausto. Margarida, passando.

FAUSTO:

Minha bela senhora, poderia
Eu oferecer-vos meu braço e companhia?

MARGARIDA:

Bela não sou, muito menos senhora,
E para casa posso bem ir sozinha.

Desembaraça-se dele e afasta-se.

FAUSTO:

Meu Deus, como a moça é bonita!
Nunca vi nada assim na minha vida.
A virtude e o decoro que tem,
A par daquele arzinho de desdém!
Os lábios rubros, a frescura da face,
É quadro que uma vida se não esquece.
Tocou-me bem fundo o coração
O modo como os olhos põe no chão;
E aquele tom brusco e de pudor —
É mesmo um achado encantador!

Entra Mefistófeles.

FAUSTO:

Ouve, quero aquela moça, e para já!

MEFISTÓFELES:
Qual delas?

FAUSTO:
— Acabou de passar!

MEFISTÓFELES:
Aquela ali? Vem do padre. Vê lá,
Que dos pecados acabou de a livrar!
Passei bem perto do confessionário
E vi que é um anjo inocente
Que por nada se foi a confessar.
Sobre ela não tenho poder.

FAUSTO:
Mais de catorze anos deve ter.

MEFISTÓFELES:
Já falas como o João Conquistador,
Que deseja desfrutar toda a flor
E imagina que não há-de haver
Honra e favor que não possa colher;
Mas as coisas nem sempre são assim.

FAUSTO:
Mestre Decências, deixai-me vós a mim
Em paz com costumes e leis!
De uma vez por todas vos quero dizer:
Se esta doce figura de mulher
Esta noite em meus braços não dormir,
À meia-noite voltamos a ser dois!

MEFISTÓFELES:
Sê realista, deixa as fantasias!
Preciso pelo menos quinze dias
Só para apurar a hora de intervir.

FAUSTO:

Tivesse eu sete horas de vagar,
E do diabo não ia precisar
Para tal criaturinha seduzir.

MEFISTÓFELES:

Até pareceis um francês a falar.
Mas, por quem sois, não vos agasteis:
Com tais pressas, que gozos esperais?
Esse prazer nem se pode comparar
Ao outro, se antes preparares
Com toda a gama de preliminares
A boneca, para a deixar bem a ponto,
Como de Itália ensina tanto conto.

FAUSTO:

Tenho apetite de qualquer maneira.

MEFISTÓFELES:

Agora sem rancor nem brincadeira:
Claramente vos digo que com essa
Beldade as coisas não vão tão depressa.
Se vais de assalto a presa não apanhas;
Vamos ter de lançar mão de artimanhas.

FAUSTO:

Traz-me desse tesouro qualquer cousa,
Leva-me ao santuário onde repousa!
Traz-me um lenço que durma no seu seio,
Uma liga do amor em que me ateio!

MEFISTÓFELES:

Para verdes como o vosso servidor
Quer aliviar a vossa dor,
Não perderemos nem mais um momento,
Hoje mesmo pisareis seu aposento.

FAUSTO:

E vê-la-ei então? E vai ser minha?

MEFISTÓFELES:

Não! Estará em casa da vizinha,
E entretanto vós podeis, sozinho,
No ambiente que a envolve regalar-vos
Com os futuros gozos que vai dar-vos.

FAUSTO:

Podemos ir?

MEFISTÓFELES:

— É cedo, tens de esperar.

FAUSTO:

Arranja-me um presente para levar!
(*Sai.*)

MEFISTÓFELES:

Já quer presentes? Bravo! É certa a vitória!
Conheço uns sítios que são mesmo indicados
E uns tesouros antigos enterrados —
Vou ter de refrescar a minha memória.
(*Sai.*)

À TARDINHA

Um quarto pequeno e asseado.

MARGARIDA (*entrançando e prendendo o cabelo*):

Daria qualquer coisa para saber
Quem é o senhor que hoje pude ver!
Que bem-parecido! Era uma beleza!
E vem de casa nobre, com certeza;
Vi logo! Tinha-o na testa escrito —
Senão não seria tão atrevido.
(*Sai.*)

Mefistófeles. Fausto.

MEFISTÓFELES:

Entra, vá, entra! Mas devagarinho!

FAUSTO (*depois de uma pausa de silêncio*):

Peço-te que me deixes sozinho!

MEFISTÓFELES (*farejando*):

Nem toda a moça vive em tal alinho.
(*Sai.*)

FAUSTO (*olhando em volta*):

Bem-vinda seja a luz crepuscular
Que neste santuário entra e descansa!

Toma meu coração, doce pena de amor,
Tu, que te entregas ao orvalho da esperança!
Como tudo respira quietude
Aqui, e ordem e sã confiança!
Nesta pobreza, quanta plenitude!
Neste cárcere, que bem-aventurança!
(*Deixa-se cair na cadeira de couro junto da cama.*)
Acolhe-me, ó tu, que na dor e na esperança
Em teus braços gerações recebeste!
Quantas vezes abrigo não deste,
Trono paterno, a bandos de crianças!
Talvez a minha amada, por gratidão
Ao Menino Jesus na tenra infância,
Aqui tenha beijado ao avô a seca mão.
Sinto, donzela, aqui rumorejar
O teu espírito de ordem e harmonia
Que dia a dia, maternal, te vem mostrar
Como na mesa a toalha hás-de pôr,
Como no chão deves espalhar a areia.
Oh, mão amada! Divina te diviso
Fazendo da choupana um paraíso!
E aqui?
(*Levanta uma cortina da cama.*)
Do tremor da volúpia sou tomado!
Ficaria aqui horas! Natureza,
Aqui formaste em sonhos de leveza

Este anjo incarnado!
Aqui dormia, o calor da vida
Alimentando o tenro seio da menina,
E aqui, pura e sagrada, era tecida
E acabada a imagem divina!

E tu? Que foi que aqui te trouxe?
Sinto uma emoção tão funda e doce!

Que buscas? Porque te pesa o coração?
Pobre Fausto! Não te conheço, não!

Será encanto mágico a pairar?
Ainda há pouco era todo desejo,
E ora em sonho de amor esvair me vejo!
Estou à mercê de forças que há no ar?

E se ela entrasse neste preciso instante,
Que preço não pagavas pela ousadia!
Ficava assim pequeno o João Grande,
E, derretido, aos pés lhe cairia!

MEFISTÓFELES (*entrando*):
Despacha-te, que já a vejo entrar!

FAUSTO:
Vamos, vamos! Nunca mais voltarei!

MEFISTÓFELES:
Trouxe-te um cofrezinho, que desviei
Bem recheado, de um outro lugar.
Acho bem que aqui no armário o ponhas,
E ela perde a cabeça, ia jurar.
Meti lá dentro um par de coisinhas
Para uma outra conquistar —
Mas mulher é mulher, e jogo é jogo.

FAUSTO:
Não sei se devo…

MEFISTÓFELES:
— Resolve isso logo!
Acaso com o tesouro quereis ficar?
Vossa lascívia então aconselharia

A não nos estragar mais este dia
E a poupar-me a mim esforço maior.
Que éreis sovina nunca pensaria!
Dou tratos ao miolo, ando esfalfado —
(*Põe o cofrezinho no armário e volta a fechá-lo.*)
Depressa! Vamos embora! —
Para que a pequena, na hora
Certa, esteja preparada a vosso grado,
E vós com um ar
De quem na sala de aula vai entrar
E vê, sombras vivas, de repente,
Física e Metafísica à sua frente!
Vamos embora!
(*Saem.*)

MARGARIDA (*com uma candeia*):
Está tão abafado, tão pesado o ar,
(*Abre a janela.*)
E lá fora nem por isso está calor.
Não sei o que tenho, sinto a cara em brasa…
Oxalá a mãe volte já para casa.
Sinto um arrepio da cabeça aos pés —
Que coisa mais tola e medrosa és!

Começa a cantar, enquanto se vai despindo.

Houve outrora em Tule um rei
Até à morte constante.
Uma taça de ouro de lei
Lhe deu, ao morrer, a amante.

Nada tinha de melhor,
Nos banquetes lhe servia,
Toldava-se-lhe o olhar
De cada vez que bebia.

E quando a hora chegou
Contou seus reinos, e então
Aos herdeiros tudo legou,
Só a taça de ouro não.

Senta-se à mesa real,
Dos seus barões rodeado,
No alto paço ancestral
Junto ao mar edificado.

Ergueu-se o rei e bebeu
Último trago de vida.
E a sagrada taça deu
De herança à maré profunda.

Viu-a cair, mergulhou
No mar até se perder;
O olhar se lhe nublou,
Nunca mais pôde beber.

Abre o armário para guardar a roupa, e dá com o cofrezinho.

Como veio cá parar tal relicário?
Tenho a certeza que fechei o armário.
Que terá dentro? Caso extraordinário!
Talvez o trouxessem de penhor
E minha mãe deu dinheiro por ele.
Tem uma chavinha presa num cordel —
Vou abri-lo. Acho que é melhor!
Que é isto? Deus do céu! Olha só!
Nunca tal coisa vi na minha vida!
Estas jóias! Com elas pode até
Uma fidalga mostrar-se em grande dia.
A gargantilha, que tal me ficaria?
Tanta riqueza de quem será, meu Deus?

Enfeita-se com as jóias e vê-se ao espelho.

Se ao menos os brincos fossem meus!
Fica-se logo com outro parecer.
De que servem beleza e mocidade?
É tudo muito lindo, mas a verdade
É que por isso só não nos vão querer;
Quase com dó nos louvam, esses nobres.
Tudo para o ouro tende,
Tudo do ouro depende.
Pobres de nós, pobres!

PASSEIO

Fausto, pensativo, anda para cá e para lá.
Mefistófeles vem juntar-se a ele.

MEFISTÓFELES:

Por todo o amor traído! Pelo infernal elemento!
Falta-me a praga certa para o momento!

FAUSTO:

Que é isso? Que mosca te mordeu?
Estás com uma cara que nunca vi em gente!

MEFISTÓFELES:

Ao diabo me entregava neste instante,
Se o próprio diabo não fosse eu!

FAUSTO:

Soltou-se-te na cabeça alguma peça?
Ficas bem a berrar como fúria possessa!

MEFISTÓFELES:

Vê só: a jóia, que era para a Margarida,
Levou-a um padre, foi à vida!
Pois não é que à mãe a vai mostrar!
E a mulher logo começa a se inquietar:
Tem um nariz para finas sensações,
Passa a vida a cheirar o livro de orações,
Fareja qualquer peça e não se engana,
Sabe se é coisa sacra, se profana;

Neste adereço sentiu logo, já se vê,
Que muita bênção não havia por ali.
"Minha filha", exclamou, "posse indevida
Perturba a alma, consome-nos a vida.
À mãe de Deus as jóias consagremos,
E com o maná dos céus nos alegremos!"
Pôs a Margaridinha ar amuado,
Pensou: "Ora esta! É cavalo dado,
E ímpio não será certamente
Quem aqui as veio pôr galantemente."
A mãe um padre logo foi chamar
E, depois de o caso lhe contar,
Mostrou as jóias. "É coisa que se veja",
Disse. "Eu melhor não agiria.
Quem mais ganha é quem renuncia.
Tem um bom estômago a Santa Madre Igreja,
Já engoliu muito país e região,
E até hoje não se lhe viu indigestão;
Só a Igreja é capaz, filhas amadas,
De digerir riquezas mal ganhadas."

FAUSTO:

Coisas dessas não são assim tão raras:
Judeus e reis fazem-nas de caras!

MEFISTÓFELES:

Dito isto leva anéis, colar, fivela,
Como se fossem reles bagatela,
Para agradecer não tem gestos nem vozes,
Como se levasse um cabaz de nozes,
Recompensas celestes prometeu —
E muito edificadas as deixou.

FAUSTO:

E Margarida?

MEFISTÓFELES:

— Lá está, em agonia,
Sem saber o que quer, nem que fazer,
Pensando nas jóias noite e dia,
E ainda mais em quem as foi lá pôr.

FAUSTO:

O seu desgosto dá-me grande pesar.
Arranja-me outra jóia para lhe dar!
Não era lá grande coisa a primeira.

MEFISTÓFELES:

Claro, para o senhor é tudo brincadeira!

FAUSTO:

Anda lá, faz as coisas a meu grado,
E vê se te atiras à vizinha do lado!
Deixa de ser lesma, é o que te peço,
E trata de arranjar um novo adereço!

MEFISTÓFELES:

Sim, meu senhor, com todo o prazer.

Sai Fausto.

MEFISTÓFELES:

Um tonto destes em menos de nada
Sol, Lua e estrelas iria queimar
Para dar fogo de vista à sua amada.
(*Sai.*)

A CASA DA VIZINHA

MARTA (*só*):

Deus perdoe ao meu homem, coitado,
Por nunca me ter bem tratado!
Anda por esse mundo, não diz nada,
E eu sozinha, na palha enviuvada.
Eu, que nunca desgostos lhe dei,
Eu, que, sabe Deus, sempre o amei.
(*Chora.*)
Talvez já esteja morto! Oh, maldição —
Se ao menos tivesse a certidão!

Entra Margarida.

MARGARIDA:

Senhora Marta!

MARTA:

— Que é, Margaridinha?

MARGARIDA:

Não me tenho nas pernas! Então não é
Que no meu armário de ébano está
Pela segunda vez uma caixinha,
E com coisas tão lindas que arrepia,
Muito mais ricas que as do outro dia.

MARTA:

Não digas nada à mãe, senão
Conta tudo outra vez na confissão.

MARGARIDA:

Olhe só! Então, que me diz?

MARTA (*pondo-lhe as jóias*):

Oh, criatura mais feliz!

MARGARIDA:

Mas não posso deixar que alguém me veja
Com elas na rua ou na igreja!

MARTA:

Vens cá a casa as vezes que quiseres,
Pões aqui em segredo as jóias que são tuas,
Passeias frente ao espelho para te veres,
E fazemos o gostinho ao dedo as duas;
Depois, nalguma festa, e ocasião havendo,
A pouco e pouco as iremos mostrando:
Hoje a pérola na orelha, amanhã o colar;
Inventa-se uma história, a mãe nem vai notar.

MARGARIDA:

E os cofrezinhos, quem os terá trazido?
É tudo muito estranho e sem sentido!
(*Batem à porta.*)
Jesus! E se é a minha mãe?

MARTA (*olhando pela cortininha*):

É um forasteiro. Entrai!

Entra Mefistófeles.

MEFISTÓFELES:

Queiram as senhoras perdoar
A liberdade de assim, sem mais, entrar.
(*Recuando respeitosamente diante de Margarida.*)
A Dona Marta Schwerdtlein está?

MARTA:

Sou eu. E o senhor, que o traz por cá?

MEFISTÓFELES (*baixinho, para ela*):

Já vos conheço agora, era o que queria;
Hoje tendes visita de cerimónia.
Desculpai a liberdade que tomei,
Logo à tarde por cá passarei.

MARTA (*em voz alta*):

Deus nos valha, filha! Ouviste bem?
Este senhor por fidalga te tem!

MARGARIDA:

De uma pobre donzela não passo.
É bondade vossa, se por acaso
Outra pareço; as jóias não são minhas.

MEFISTÓFELES:

A impressão não vem só das joiazinhas;
São as maneiras, a altivez do olhar.
Sinto-me tão feliz por aqui estar!

MARTA:

Que notícias trazeis? Gostaria...

MEFISTÓFELES:

Eu dar-vos melhores novas bem queria!
Espero que por isto não vá passar tormentos:
O vosso homem morreu, e manda cumprimentos.

MARTA:

Morreu, dizeis? Essa jóia? Ai de mim!
Morto, o meu homem? Passo-me já aqui!

MARGARIDA:
Vizinha, não fiqueis desesperada!

MEFISTÓFELES:
Ouvi então a história desgraçada.

MARGARIDA:
Por isso é que não hei-de nunca amar;
A perda acabaria por me matar.

MEFISTÓFELES:
A alegria e a dor formam um par.

MARTA:
Mas contai-me como se finou!

MEFISTÓFELES:
Em Pádua foi a enterrar,
Perto de Santo António ficou;
E nesse solo consagrado
Em frio leito jaz eternizado.

MARTA:
E fora isso, nada mais me trazeis?

MEFISTÓFELES:
Sim, um pedido, bem pesado e grave:
Que trezentas missas encomendeis.
De resto, nada que os bolsos me entrave!

MARTA:
O quê? Nem uma jóia, um presente,
O que na sacola traz o artesão
Guardado como recordação,
E que o faz passar fome e esmolar?

MEFISTÓFELES:

Madame, lamento profundamente,
Também ele não viveu a esbanjar
Seu dinheiro, muito se arrependeu
E mais ainda sua sorte chorou.

MARGARIDA:

Ah, que triste é a sorte dos mortais!
Muito réquiem por ele hei-de rezar.

MEFISTÓFELES:

Merecíeis já casamento achar,
Boa menina, e gentil, que sois!

MARGARIDA:

Oh, não! É cedo, por enquanto.

MEFISTÓFELES:

Se marido não for, serve entretanto
Um galã; não há dádiva mais pura
Que ter nos braços tão doce criatura.

MARGARIDA:

É costume que a nós não nos apraz.

MEFISTÓFELES:

Costume ou não, o certo é que se faz!

MARTA:

Mas contai!

MEFISTÓFELES:

— No leito o vi, já a acabar,
Que de esterco não era, mas em chão
De palha podre; morreu como cristão,
Dizendo que mais tinha para pagar.

"Ah, como me odeio", disse, "e ao vício
Que me fez largar mulher e ofício!
Só a recordação quase me mata.
Se ela me perdoasse ainda em vida!"

MARTA (*chorando*):
Era um bom homem! Não fiquei ressentida.

MEFISTÓFELES:
"Mas Deus sabe: a culpa dela é bem mais grada."

MARTA:
Quê? Até com os pés para a cova inda mentia?

MEFISTÓFELES:
Delirava decerto na última agonia,
Se alguma coisa eu percebo disso.
"Não tinha tempo", dizia, "para passear-me,
Primeiro filhos, depois pão tinha de dar-lhe,
E pão mais do que para a boca era preciso,
E sem o meu quinhão em paz poder comer."

MARTA:
Terá ele esquecido fidelidade, amor,
E o que lhe aturava noite e dia?

MEFISTÓFELES:
Não, pensou em tudo na sua agonia.
"Quando saí de Malta", acrescentou,
"Por eles eu rezei com devoção;
E foi-nos o céu propício então,
Pois nosso barco navio turco apanhou
Do Grã-Sultão, que um tesouro trazia.
A coragem foi recompensada

E eu recebi também, como devia,
A minha parte da carga apresada."

MARTA:
E como? E onde? Será que o enterrou?

MEFISTÓFELES:
Quem sabe por onde o vento o dispersou!
Uma bela moça por ele se interessou,
Quando o pássaro por Nápoles andava;
E tantas provas de amor ela lhe deu
Que até nas últimas dela se lembrava.

MARTA:
O patife! Roubar os próprios filhos!
Nem tanta miséria e dissabor
Da má vida lhe foram empecilhos!

MEFISTÓFELES:
Por isso, vede, foi desta para melhor.
Se eu estivesse no vosso lugar,
Por decência um ano me enlutava,
E logo outro marido procurava.

MARTA:
Meu Deus! Tão depressa não vou achar
Neste mundo outro a ele igual!
Não podia haver doido mais varrido,
Vida de vagabundo era com ele,
Mulheres alheias, sempre bem bebido,
E aquele maldito vício do jogo.

MEFISTÓFELES:
Bom, as coisas teriam andado

Se também ele, por seu lado,
Tivesse fechado os olhos um pouco.
Com essa condição, vos juro,
Trocaria convosco o anel de ouro!

MARTA:
Vejo que connosco vos divertis!

MEFISTÓFELES (*aparte*):
Vai sendo altura de me pôr a andar!
Esta até o diabo à letra ia tomar.
(*Para Margarida.*)
E o vosso coração, que diz?

MARGARIDA:
Senhor, não vos entendo.

MEFISTÓFELES (*aparte*):
— Santa inocência!
(*Em voz alta.*)
Adeus, minhas senhoras!

MARGARIDA:
— Adeus!

MARTA:
— Tende paciência,
Gostaria de ter um atestado
Provando que ele morreu, foi enterrado.
À boa ordem sempre fui atreita,
Quero que a notícia saia na gazeta.

MEFISTÓFELES:
Pois não! Com duas testemunhas, mulher,
Atesta-se a verdade num lugar qualquer.

Trouxe um companheiro, a fina-flor,
Que comigo ao juiz irá depor.
Logo o trarei.

MARTA:

— Oh, sim, trazei-o cá!

MEFISTÓFELES:

E a menina, também aqui estará?
É um belo moço, muito viajado,
E tem para as damas um jeito delicado.

MARGARIDA:

Corava de vergonha, só de o olhar!

MEFISTÓFELES:

Nem diante de rei deveis corar.

MARTA:

No meu jardim, lá atrás da casinha,
Vamos esperar pelos senhores logo à tardinha.

RUA

Fausto. Mefistófeles.

FAUSTO:

E então? Está para breve? A coisa avança?

MEFISTÓFELES:

Ora bravo! Já estais a arder?
Não tarda nada, a Margarida é vossa.
À tarde, na vizinha Marta, a ireis ver:
A mulher é a perfeita companheira
Para este serviço de alcoviteira!

FAUSTO:

Óptimo!

MEFISTÓFELES:

— Mas vamos ter de a compensar!

FAUSTO:

Favor com favor se há-de pagar.

MEFISTÓFELES:

É só dar testemunho avalizado
De que os ossos do marido finado
Jazem em Pádua em santo local.

FAUSTO:

Que esperto! Vamos ter de lá ir!

MEFISTÓFELES:

Sancta Simplicitas! Onde já se viu tal?
Só tendes de atestar, sem mais saber.

FAUSTO:

Se não arranjas outra, o plano foi ao ar!

MEFISTÓFELES:

Ó santo homem! Estais mesmo mal!
É a primeira vez na vossa vida
Que falso testemunho dais?
De Deus, do mundo, e sei lá que mais
Do que ao homem na mente e alma vai,
Não tendes dado definição convicta,
De fronte altiva, peito ousado?
Se a consciência inquirirdes, atento,
Confessareis que disso sabeis tanto
Como da morte deste desgraçado!

FAUSTO:

És e serás mentiroso e sofista.

MEFISTÓFELES:

Porque conheço o mundo, salta à vista!
Pois amanhã, com a honra devida,
Não irás seduzir a pobre Margarida
E jurar-lhe todo o amor da tua vida?

FAUSTO:

De todo o coração.

MEFISTÓFELES:

— Está muito bem!
Depois já no amor fiel e eterno te vejo,
Na força irresistível do desejo —
E isto, vem do coração também?

FAUSTO:

Deixa-te disso! Vem, sim! Quando sinto
E um nome procuro para o sentimento,
Sem o encontrar nesse labirinto,
E com os sentidos sonho tudo sem excepção,
E das mais altas palavras lanço mão,
E a esta chama em que me consumo
Infinita e eterna, sim, eterna, chamo —
É tudo um jogo de infernal fingimento?

MEFISTÓFELES:

Tenho afinal razão!

FAUSTO:

— Ouve bem isto,
E poupa-me os pulmões:
Se queres ter razão, e se uma língua tens,
Razão terás, está visto!
Mas vem daí, e a conversa aqui travo;
A razão tem-na tu — afinal, eu sou escravo.

JARDIM

Margarida pelo braço de Fausto, Marta com Mefistófeles, passeando.

MARGARIDA:

O senhor é amável, sinto-o bem,
Desce até mim só para me confundir.
Habitua-se quem anda em viagem
Por delicadeza a pouco pedir;
Sei bem que a homem tão experiente
Não basta minha conversa indigente.

FAUSTO:

Uma palavra, um olhar teu tocam mais fundo
Que toda a sabedoria do mundo.

Beija-lhe a mão.

MARGARIDA:

Deixai isso! Como a podeis beijar?
É tão feia e tão rude, a minha mão!
O que eu não tive já de trabalhar!
A mãe não me dá tréguas, não!
(*Passam.*)

MARTA:

E o senhor, anda sempre em viagens?

MEFISTÓFELES:

A isso obrigam o dever e o negócio.

Com que pena deixamos certas paragens!
Mas não se pode ficar aí no ócio!

MARTA:

Nos anos mais fogosos inda andamos
Bem a correr por esse mundo a eito;
Mas aos maus anos depressa chegamos,
E ir para a cova solteiro, convenhamos,
A ninguém nunca fez proveito!

MEFISTÓFELES:

Vejo já vir esse futuro horrendo.

MARTA:

Precavei-vos então enquanto é tempo!
(*Passam.*)

MARGARIDA:

Pois, longe da vista, longe do coração!
Para vós é hábito a delicadeza,
Tendes muitos amigos, com certeza,
Todos mais entendidos do que eu sou.

FAUSTO:

Minha querida, o que de entendido é chamado
É só vaidade e vistas estreitas.

MARGARIDA:

— Que dizeis?

FAUSTO:

Que a inocência e a singeleza jamais
Se conhecem a si e ao seu valor sagrado!
Que modéstia, humildade, os dons supremos
Que a Natureza com amor distribui…

MARGARIDA:

Pensai vós em mim um momento ao menos,
Que eu para pensar em vós muito tempo terei.

FAUSTO:

Estais muito só então?

MARGARIDA:

Sim. Não é nenhum casarão,
Mas alguém tem de a tudo deitar mão.
Criada não temos; eu cozinho, varro,
Faço malha, coso e corro
De manhã à noite; e a mãe é sempre
Tão exigente!
Não precisava de viver assim a gente.
Bem mais que outros podia ter folgança:
Meu pai deixou-nos uma boa herança,
A casinha e uma horta à saída da vila.
Agora a minha vida é mais tranquila:
Meu irmão é soldado,
A minha irmãzinha morreu.
Muito trabalho a menina me deu;
Mas voltaria a tê-lo de bom grado,
Tinha-lhe tanto apego.

FAUSTO:

— Um anjo igual a ti.

MARGARIDA:

Criei-a eu, era tão dada a mim!
Nasceu depois da morte de meu pai,
Já julgávamos perdida a mãe,
Tal foi o estado em que ficou;
Mas depois, lentamente, lá recuperou.
Nessa altura nem podia pensar

Em dar à coitadinha de mamar;
E fui eu que a criei, sozinha,
A leite e água: posso dizer que é minha.
Nos meus braços e no meu colo riu,
Começou a espernear, depois cresceu.

FAUSTO:

Deve ter sido uma grande ventura.

MARGARIDA:

Mas também muita hora de amargura.
De noite, o berço ficava
Junto da minha cama: mal ela se mexia,
Eu acordava.
Ou tinha de beber, ou comigo dormia,
Quando chorava, lá me ia eu levantar,
Embalando-a no quarto, a passear,
E de manhã cedinho já tinha que lavar;
Depois à praça, ao fogão, cozinhar,
E sempre assim, vendo os dias passar.
Falta às vezes o ânimo nesta vida,
Mas melhor sabem depois sono e comida.
(*Passam.*)

MARTA:

Pobres de nós, mulheres, estamos tão mal:
Os solteirões não se deixam converter.

MEFISTÓFELES:

Tudo depende de vós, ou de outra igual,
Serdes capazes de me convencer.

MARTA:

Mas dizei-me, senhor, inda nada encontrastes?
Para o vosso coração cadeado não achastes?

MEFISTÓFELES:

Lar e mulher honrada, o ditado o diz,
Pagam-se a peso de ouro e de rubis.

MARTA:

Quero dizer: nunca desejastes ninguém?

MEFISTÓFELES:

Em toda a parte me receberam bem.

MARTA:

Perguntava se amastes alguém a valer.

MEFISTÓFELES:

Com as damas nunca se deve brincar.

MARTA:

Ora, não me entendeis!

MEFISTÓFELES:

— Lamento muito então!
Mas compreendo… a vossa abnegação.
(*Passam.*)

FAUSTO:

Conheceste-me, anjo do meu coração,
Quando há pouco no jardim entrei?

MARGARIDA:

Não vistes? Pus logo os olhos no chão.

FAUSTO:

E perdoas a liberdade que tomei?
E o que se permitiu minha ousadia
Quando da catedral saías no outro dia?

MARGARIDA:

Era a primeira vez, fiquei perturbada;
Ninguém tinha nada que me apontar.
E pensei: Será que ele viu no teu andar
Qualquer coisa imprópria ou mais ousada?
Parece que ao primeiro olhar
Uma moça como eu decidiu namorar.
O que me deu, confesso, não sei,
Para logo em mim achardes só favor;
Só sei que comigo me zanguei
Por convosco me não poder zangar.

FAUSTO:

Meu amor!

MARGARIDA:

— Posso?

Colhe um malmequer e começa a arrancar as folhas, uma a uma.

FAUSTO:

— Que é isso? Um ramalhete?

MARGARIDA:

É só um jogo.

FAUSTO:

— Qual?

MARGARIDA:

— Não troceis! Ide!

Desfolha o malmequer, murmurando.

FAUSTO:

Que murmuras?

MARGARIDA (*a meia-voz*):

— Bem-me-quer, mal-me-quer…

FAUSTO:

Oh, anjo em figura de mulher!

MARGARIDA (*continuando*):

Bem-me-quer… mal… bem… mal-me-quer…

(Arrancando a última folha, num grito de pura alegria.)

Bem-me-quer!

FAUSTO:

— Minha vida! É um divino oráculo
O que essa flor te diz: que ele te quer bem!
Entendes o que isso é, que ele te quer bem?

Pega-lhe nas mãos.

MARGARIDA:

Sinto um calafrio!

FAUSTO:

Não estremeças! Deixa que este olhar
E o calor desta mão te digam
O que inefável é:
A entrega total e o sentir
Um êxtase que tem de ser eterno!
Eterno, sim! Seu fim seria desespero.
Um fim não! Não, sem fim!

Margarida aperta-lhe as mãos, liberta-se e foge. Ele fica um momento absorto e depois segue-a.

MARTA (*chegando*):

Já cai a noite.

MEFISTÓFELES:

— É, e nós temos de ir.

MARTA:

Bem gostaria que pudésseis ficar,
Mas esta terra é mesmo de fugir.
Parece que ninguém tem que fazer
Nem noutra coisa pensa
Que não seja espiar a vizinhança.
Cais nas bocas do mundo, estás perdida.
E o nosso parzinho?

MEFISTÓFELES:

— Voou por aquela
Álea além.

MARTA:

— Ele parece gostar dela.

MEFISTÓFELES:

E ela dele também. É assim a vida.

UM CARAMANCHÃO

Margarida entra a correr, esconde-se atrás da porta, leva as pontas dos dedos aos lábios e espreita pelas frestas.

MARGARIDA:
Lá vem ele!

FAUSTO (*entrando*):
— A fazer-me negaças, seu diabinho?
Apanhei-te!
(*Beija-a.*)

MARGARIDA (*abraçando-o e retribuindo o beijo*):
— Que imenso amor te tenho!

Mefistófeles bate à porta.

FAUSTO (*batendo o pé*):
Quem é?

MEFISTÓFELES:
— Amigo!

FAUSTO:
— Que animal!

MEFISTÓFELES:
— São horas!

MARTA (*entrando*):
É tarde já, senhor.

FAUSTO:
— Levo-te aonde moras?

MARGARIDA:
Não, que a minha mãe… Adeus!

FAUSTO:
— Temos de ir já?
Adeus!

MARTA:
— Até à vista!

MARGARIDA:
— Passai por cá!

Fausto e Mefistófeles saem.

MARGARIDA:
Santo Deus! O que um homem como aquele
Não é capaz de pensar e discorrer!
E eu envergonhada à frente dele,
Sem saber mais que "Sim" dizer.
Sou uma pobre tola que faz rir,
Não sei o que ele em mim foi descobrir.
(*Sai.*)

FLORESTA E CAVERNA

FAUSTO (*só*):

Sublime Espírito, que tudo concedeste
Do que pedi! Também não foi em vão
Que a face em fogo para mim voltaste.
Por reino a portentosa Natureza
Me deste, e força para a sentir e gozar.
Não só ao frio olhar de espanto a abres;
Permites que também o seio profundo
Lhe veja, como o peito de um amigo.
Fazes passar a cadeia dos vivos
Ante meus olhos, e dás-me a conhecer
Em bosques, água e ar os meus irmãos.
E quando na floresta a tempestade
Ruge e brama e o pinheiro na sua queda
Esmaga ramos e troncos dos vizinhos,
E com cavo fragor ressoa o monte,
Então levas-me à caverna segura,
A mim próprio me mostras, e aí se abrem
Secretas maravilhas do meu peito.
E quando ao meu olhar a clara Lua
Se ergue, serena, vejo então surgir
Das paredes rochosas, do orvalho,
Alvas visões de antanho, a mitigar
O gozo austero da contemplação.

Que nada ao homem de perfeito é dado,
Sinto-o agora! A este meu prazer,
Que dos deuses mais e mais me aproxima,
Quiseste vir juntar o companheiro

Que não dispenso, embora insolente
E frio me humilhe, e a nada reduza
Teus dons com o sopro da sua palavra.
Cada vez mais atiça o fogo vivo
Que no meu peito arde pela bela imagem.
E assim salto do desejo para o gozo
E no gozo aspiro a novo desejo.

MEFISTÓFELES (*entrando*):
Não estais farto de tal vida levar?
Como é possível que isto vos agrade?
Acho bem que se queira experimentar,
Mas depois tem de vir novidade!

FAUSTO:
Bem podias outra coisa fazer,
Em vez de me amolar o dia inteiro!

MEFISTÓFELES:
Está bem! Deixo-te descansar,
Mas não me venhas com esse ar tão sério.
Contigo, louco, bruto, sem maneiras
Como és, não há muito a fazer!
Lida um homem dias, noites inteiras,
E o que lhe agrada e o que não quer
Nunca na cara se lho pode ler!

FAUSTO:
É esse mesmo o tom que te convém!
Inda quer gratidão por me maçar!

MEFISTÓFELES:
E como irias tu, meu Zé-Ninguém,
Sem mim tua vida fazer?
Por muito tempo tratei de te curar

Dos delírios da imaginação;
E se eu não fosse, já tu devias estar
Fora deste planeta há um tempão.
Porque é que em cavernas, fendas sujas,
Te vens enterrar como as corujas?
Porque sorves de pedra e musgo bolorento
Como um sapo o teu alimento?
Belo passatempo, sim senhor!
Inda tens no corpo o velho doutor.

FAUSTO:

Alguma vez tu entenderás
O novo alento que a solidão me traz?
Pudesses tu sequer imaginá-lo,
E o diabo em ti me não deixaria gozá-lo.

MEFISTÓFELES:

Deve ser um prazer celestial!
No relento da noite em monte e vale,
Para Terra e Céu em êxtase abraçar,
Inchar até se julgar Deus; revolver
As entranhas da Terra numa visão,
Sentir no peito os seis dias da Criação,
Em força altiva não sei o quê fruir,
E em êxtase de amor com tudo se fundir,
Desaparecida toda a essência terrena,
Para com a intuição suprema (*faz um gesto*) —
Não sei como — concluir.

FAUSTO:

Metes-me nojo!

MEFISTÓFELES:

— Não vos deve agradar;
Podeis pudicamente praguejar.

A castos ouvidos não se diz
O que um casto coração torna feliz.
Enfim, concedo-lhe o favor
De a si próprio alguma vez mentir;
Mas não ides aguentar muito tempo.
Já andas outra vez deprimido,
E se isto dura serás absorvido
Pela loucura, a angústia e o tormento.
Chega! A tua querida está lá dentro,
E tudo lhe parece escuro e estreito.
Tu já não lhe sais do pensamento,
Tem por ti um amor infinito.
Primeiro veio-te a paixão às golfadas,
Como ribeiro que transborda com o degelo;
No coração lha lançaste, coitada,
E depois resolveste secá-lo.
Melhor seria, pois, se agora,
Em vez de nas matas reinar,
Fosse vossa senhoria recompensar
O amor da pobre criatura.
O tempo para ela não tem fim,
Põe-se à janela, vê as nuvens passar
Até a muralha alcançar.
"Se eu fosse um passarinho!": canta assim
Dias, noites a fio.
Às vezes anda alegre, as mais das vezes triste,
Outras em lágrimas banhada,
Depois calma — parece —,
E sempre apaixonada.

FAUSTO:

Ah, serpente, serpente!

MEFISTÓFELES (*aparte*):

Apanho-te, valente!

FAUSTO:

Maldito! Vai-te! Cala a boca
E não me fales dessa bela mulher!
Não me venhas o desejo trazer
Do doce corpo à mente já meio louca!

MEFISTÓFELES:

Em que ficamos? Ela acha que fugiste,
E pelo menos em parte é o que fizeste.

FAUSTO:

Estou perto dela, por longe que possa estar,
Jamais a esquecerei, a vou perder;
Até já invejo o corpo do Senhor
Quando os lábios dela o vão beijar.

MEFISTÓFELES:

Ora, amigo! E eu? Não vos hei-de invejar
O par de gémeos entre rosas a pastar?

FAUSTO:

Alcoviteiro!

MEFISTÓFELES:

— Bonito! Vós a insultar, eu a rir!
O Deus que menino e menina criou
Logo esse nobre ofício inventou
De ensejo para encontros descobrir.
Mas vamos, que coisa mais desgraçada!
Vós ides para o quarto da vossa amada,
E não para a morte.

FAUSTO:

Que são prazeres do céu nos seus enleios?
Quero sentir o calor dos seus seios!

Pesa-me a culpa da sua má sorte.
Não sou o fugitivo? O vagabundo?
O monstro sem descanso nem ensejo,
Queda-de água rugindo lá no fundo
Dos escarpados abismos do desejo?
E ela sozinha, criança inocente
Na cabana alpina a meia encosta:
O seu pequeno mundo, onde se sente
Como esse lar lhe basta.
E a mim, que Deus abandonou,
Não me bastou
Os penedos arrancar
Para os despedaçar!
Também ela e a sua paz tinha de destruir!
Quiseste, Inferno, esta vítima ter!
Vem, diabo, a esta angústia pôr fim!
O que há-de ser, que seja agora mesmo!
Que o seu destino desabe sobre mim
E rolemos juntos para o abismo!

MEFISTÓFELES:

Como ele ferve e arde novamente!
Vai lá e consola-a, cabeçudo!
Ela, coitada, não vê nada à frente,
E ele já anteviu o fim do mundo.
Viva quem tem coragem para aguentar!
Para ser diabo pouco te falta, espero.
E no mundo não há coisa mais alvar
Do que um diabo que entra em desespero.

O QUARTO DE MARGARIDA

MARGARIDA (*fiando, sozinha*):

Paz não tenho já,
Coração de chumbo,
Nada neste mundo
Ma devolverá.

Ausente o amigo,
Tudo é um jazigo,
O mundo é, sem ele,
Amargo qual fel.

O meu pobre tino
Está desatinado,
Minha pobre alma
Feita em mil bocados.

Paz não tenho já,
Coração de chumbo,
Nada neste mundo
Ma devolverá.

A ver se ele vem
À janela estou,
Saio de minha casa,
Atrás dele vou.

O seu porte altivo,
A nobre figura,

Sorriso nos lábios,
Nos olhos ternura;

E nas suas palavras
Que encanto não vejo!
O toque da mão
E, ai!, o seu beijo!

Paz não tenho já,
Coração de chumbo,
Nada neste mundo
Ma devolverá.

O meu seio só quer
Sentir seus abraços;
Ah, pudesse eu tê-lo
Sempre nos meus braços,

Beijá-lo até
Eu mais não poder,
Inda que em seus beijos
Eu fosse morrer!

O JARDIM DE MARTA

Margarida. Fausto.

MARGARIDA:

Henrique, prometes?

FAUSTO:

— O que eu puder!

MARGARIDA:

Ora diz lá, tens religião?
És um bom homem, mas quer-me parecer
Que não ligas muito à devoção.

FAUSTO:

Deixa lá isso! Sabes que me és muito querida,
Que por quem amo daria sangue e vida;
Igreja e crença a ninguém quero roubar.

MARGARIDA:

Mas isso não basta, temos de acreditar!

FAUSTO:

Temos?

MARGARIDA:

— Ah, se eu tivesse poder sobre ti!
Tu nem os sacramentos respeitas, já vi.

FAUSTO:

Respeito, sim.

MARGARIDA:

— Mas sem convicção.
Há muito que não vais à missa, à confissão.
Acreditas em Deus?

FAUSTO:

— Quem pode, meu amor, dizer:
"Eu acredito em Deus"?
Se o fores a padres e sábios perguntar,
Em resposta ouvirás os escárnios seus
Para quem pergunta.

MARGARIDA:

— Não acreditas, afinal?

FAUSTO:

Anjo do céu, não me interpretes mal!
Quem o pode nomear?
E quem confessar:
Eu creio nele?
Quem pode sentir
E ousar dizer:
Não creio nele?
O que tudo contém,
O que tudo sustém,
Não contém, não sustém
Ele a ti, a mim, a si próprio?
Não se abre o arco do céu lá em cima?
E a terra firme não se estende cá em baixo?
E não sobem, olhando-nos propícios,
Eternamente os astros?
Não te vejo eu, olhos nos olhos, a ti,

E não sentes tu tudo afluir-te
Ao coração e à mente?
E não actua tudo isso em eterno mistério,
Invisivelmente visível a teu lado?
Enche desse sentir o coração imenso,
E quando a transbordar em êxtase o tiveres
Nomeia-o então como quiseres:
Felicidade! Amor! Coração! Deus!
Para isso não tenho nome
Algum! O sentimento é tudo!
Nome é rumor e fumo
Que tolda o brilho dos céus.

MARGARIDA:

Tudo isso é muito lindo e há-de estar certo;
O padre, quando fala, anda lá perto,
Com a diferença que outras palavras usa.

FAUSTO:

Em toda a parte dizem a mesma cousa
Todos os corações que o Sol aquece,
Cada um na língua que conhece;
Porque não eu na minha?

MARGARIDA:

Dita assim, a coisa parece certinha,
Mas sinto que inda tem um senão,
Pois tu não és um bom cristão.

FAUSTO:

Meu amor!

MARGARIDA:

— Dói-me há muito tempo já
Ver-te em companhia tão má.

FAUSTO:

Como assim?

MARGARIDA:

— Aquele que anda sempre contigo,
Do mais fundo da minha alma o maldigo:
Nunca até hoje na minha vida
No coração me senti atingida
Como por essa figura repelente.

FAUSTO:

Minha boneca, não tens que temê-lo!

MARGARIDA:

Ferve-me o sangue, só de vê-lo,
Eu, que quero bem a toda a gente.
E se a ti ver-te sempre anseio,
Ele inspira-me pavoroso receio.
E para além disso, acho que é má rês!
Deus me perdoe se lhe não faço jus.

FAUSTO:

Neste mundo tem de haver de tudo.

MARGARIDA:

Com ele não vivia nem um minuto.
Entra pela porta dentro e vejo
Sempre aquele seu ar de sarcasmo,
Com cara meio irada;
Vê-se logo: não se interessa por nada.
Está-lhe na testa estampado:
Nunca por ele ninguém foi amado.
Nos teus braços não me falta nada,
Sinto-me liberta, aconchegada,
E ao vê-lo dá-se-me um nó no coração.

FAUSTO:

Meu anjo, tens cada intuição!

MARGARIDA:

Sinto-me tão tomada deste horror
Que, quando ele se chega a nós,
Até penso que já não te tenho amor.
E o que mais aflição me faz
É que onde ele está não consigo rezar.
Contigo, Henrique, o mesmo se há-de dar.

FAUSTO:

Já vi que te assaltou a antipatia!

MARGARIDA:

Agora tenho de ir.

FAUSTO:

— Ah, eu bem queria
Repousar um instante no teu seio,
Meu peito contra o teu, a alma em enleio!

MARGARIDA:

Se eu dormisse sozinha, podes crer,
Logo à noite te abriria o ferrolho;
Mas às vezes ela não prega olho,
E se nisso nos fosse descobrir,
Era a minha morte, já te digo!

FAUSTO:

Meu anjo, descansa, não há perigo.
Toma este frasco! Três gotas basta pôr
Na sua bebida, ao deitar,
E ela mergulha no mais fundo torpor.

MARGARIDA:
O que eu não faço só para te agradar!
Só espero que não lhe faça mal!

FAUSTO:
E eu ia fazer uma coisa tal?

MARGARIDA:
Olho para ti, e fico sem saber
O que me leva a seguir-te a vontade;
Por ti já tanto fiz que, na verdade,
Pouco mais me resta ainda fazer.
(*Sai.*)

Entra Mefistófeles.

MEFISTÓFELES:
A macaquinha, foi-se?

FAUSTO:
— Outra vez a espiar?

MEFISTÓFELES:
Ouvi tudo, sem perder pitada.
O Senhor Doutor deixou-se catequizar;
Espero que a lição seja bem aproveitada.
Toda a moça está sempre interessada
Em ver se a antiga moda respeitamos.
E pensam: se ele cede aqui, já o apanhamos!

FAUSTO:
És um monstro que não vê
Como esta alma pura e bela,
Cheia da sua fé,
Que é para ela

Única salvação, qual santa se tortura
Com a ideia de perder o homem que adora?

MEFISTÓFELES:

Tu, supra-sensível amante sensual,
Deixares-te levar por uma donzela!

FAUSTO:

Aborto de sarcasmo do fogo infernal!

MEFISTÓFELES:

E ler fisionomias é com ela:
Ao pé de mim fica assim indefesa,
O meu disfarce de mistério lhe é sinal;
Sente que sou um génio com certeza,
Talvez até o espírito infernal.
Então, é esta noite?

FAUSTO:

— E que te importa a ti?

MEFISTÓFELES:

Também me dá um certo gozo a mim!

NA FONTE

Margarida e Lisa com cântaros.

LISA:

Viste a Bárbara? Ouviste o que se diz?

MARGARIDA:

Não, nada. Vou muito pouco à vila.

LISA:

É certo, disse-me hoje a Sibila:
Deitou-se a perder, a infeliz.
É no que dão as finas!

MARGARIDA:

— Como?

LISA:

— Cheiram mal!
Come e bebe por dois, no seu estado actual.

MARGARIDA:

Ah, sim?

LISA:

Teve o que merecia, a desgraçada,
Andou que tempos no sujeito pendurada!
Ele era só passear,
Andar pela aldeia e ir bailar,

Sempre a pôr-se na primeira linha,
E ele a fazer-lhe a corte com vinho e empadinha;
Convenceu-se de que era bonitinha,
A deslambida nem sequer se importava
De aceitar as prendas que ele lhe dava.
Aquilo eram beijos, um despudor,
Até que por fim lá se foi a flor.

MARGARIDA:

Pobre coitada!

LISA:

— Inda a estás a lamentar?
Quando nós ficávamos a fiar,
E a mãe não nos deixava descer,
Estava-se ela toda a derreter
Com o seu galã; no umbral, no corredor
Escuro, nem davam pelas horas a passar.
Agora que se curve e vá à igreja
E toda a gente em penitência a veja!

MARGARIDA:

Ele decerto que a toma por mulher.

LISA:

Só se for parvo! Rapaz esperto como é,
Por outras bandas se divertirá.
Aliás, já fugiu.

MARGARIDA:

— Isso não se faz!

LISA:

Mesmo que o agarre, nada há que lhe valha.
Tira-lhe a grinalda tudo quanto é rapaz,

E nós à porta lhe espalhamos a palha.
(*Sai.*)

MARGARIDA (*a caminho de casa*):
Como pude antes ter língua tão afiada
Para uma pobre moça transviada?
Porque é que a língua nunca me chegava
Quando eu a culpa alheia condenava?
E via-a negra, e mais a enegrecia,
E nunca assaz negra me parecia,
E benzia-me no meu orgulho inchado,
E agora eu própria sou presa do pecado!
Mas tudo o que a isso me levou
Foi tão bom, foi tão doce, Deus meu!

MURALHA DA CIDADE

Num nicho da muralha, uma imagem da Mater dolorosa.
Jarras com flores diante da imagem.

MARGARIDA (*pondo flores frescas nas jarras*):

Concede,
Ó Mãe dolorosa,
Tua clemência à minha triste sorte!

No coração a espada,
Olhas, de dores trespassada,
Teu filho na agonia da morte.

Posto no Pai o olhar,
Lanças teus suspiros, a suplicar
Pela sua e pela tua triste sorte.

Quem sente
A ardente
Dor que me consome, quem?
O que meu peito receia,
Por que treme, por que anseia,
Só tu sabes, mais ninguém!

Para onde quer que for,
Que dor me dá, que dor,
No coração, aqui!
Assim que fico só,

Choro, choro sem dó,
Rasga-se o peito em mim.

Sobre os vasos à janela
Minhas lágrimas verti
Quando, ao romper do dia,
Estas flores para ti colhi.

Quando o sol, de manhãzinha,
Pelo meu quarto se derrama,
Já estou em pranto, sozinha,
Sentada na minha cama.

Piedade! Salva-me de vergonha e morte!
Concede,
Ó Mãe dolorosa,
Tua clemência à minha triste sorte!

NOITE

Rua, em frente da porta de Margarida.

VALENTIM (*soldado, irmão de Margarida*):

Quando por festanças andava
Em que cada um se gabava
E os companheiros, com grande ardor,
Louvavam das moças a flor,
No copo cheio afogando o aplauso —
Eu, calmo, não fazia caso
De bazófias desta natureza.
O cotovelo sobre a mesa,
Cofio a barba com um sorriso,
Com o copo bem cheio na mão,
E digo: "Tudo cá é preciso!
Mas temos aqui na região
Quem iguale a minha Margarida,
E aos calcanhares da minha querida
Irmã possa chegar?". Tlim, tlão!
Da roda gritam: "Ele tem razão,
É a pérola das donzelas!".
Calavam-se logo os gabarolas.
E agora? É de desesperar
E pelas paredes trepar!
Qualquer sacana manda as suas,
Torce o nariz e diz das boas!
E eu, como os maus pagadores,

A cada dito cheio de suores!
Zurzir posso eu bem os tinhosos,
Mas não chamar-lhes mentirosos.

Quem vem chegando? Quem anda ali?
São dois os manos, se bem os vi. —
Se for o tal, apanho-o já,
E vivo não me sai de cá!

Fausto. Mefistófeles.

FAUSTO:
Como da janela da sacristia,
Sobe a eterna luz da lamparina
Que cada vez mais fraca bruxuleia,
Enquanto a escuridão tudo domina.
Assim na minha alma se faz noite.

MEFISTÓFELES:
Pois eu estou em total deleite,
Como gato vadiando pelos telhados,
Roçando-se pelas paredes, dengoso;
Sinto-me nisto todo virtuoso,
Meio gozo de ladrão, meio cio desbragado.
Já sinto o corpo todo possuído
Pela noite de Walpurgis tentadora.
É depois de amanhã, toma sentido.
Vale a pena a vigília nessa altura.

FAUSTO:
E entretanto o tesouro que vi brilhar
Ali atrás, sempre vai aparecer?

MEFISTÓFELES:
Em breve poderás ter o prazer

De o cofrezinho da terra tirar.
No outro dia dei uma espreitadela,
Tanta moeda de ouro, e tão bela!

FAUSTO:

Nem um anel, uma jóia qualquer
Para adornar com ela o meu amor?

MEFISTÓFELES:

Pareceu-me qualquer coisa ver
Como pérolas, talvez um colar.

FAUSTO:

Assim é melhor! Custa-me bastante
Ir vê-la sem levar um presente.

MEFISTÓFELES:

Não precisais de ficar agastado
Por de graça também terdes gozado.
Agora, que o céu de estrelas é um farol,
Ireis ouvir uma estupenda peça:
Vou cantar-lhe uma canção moral,
Para melhor lhe dar volta à cabeça.

(*Canta, com acompanhamento de guitarra.*)

Que fazes a medo,
À porta do amado,
Cat'rina, tão cedo,
Inda o dia vai nascer?
Não entres, não vás!
Ele te abrirá,
Donzela entrarás,
Donzela não vais sair.

Fica recatada!
Coisa consumada,
Lá se vai, coitada,
Pobre de ti o folguedo!
Se a ti tens amor,
Nunca ao sedutor
Faças um favor,
A não ser de anel no dedo!

VALENTIM (*avançando*):

Serenata? Pelo infernal elemento!
Caça-ratos, meu grande estupor!
Prò diabo primeiro com o instrumento!
Prò diabo depois com o cantor!

MEFISTÓFELES:

A guitarra já era! Não há nada a fazer.

VALENTIM:

E agora vou-te aos cornos, vais ver!

MEFISTÓFELES (*para Fausto*):

A ele! Vamos, Senhor Doutor!
Encosta-te a mim, já te dou
Cobertura! Saca do espanador!
Dá-lhe! Os golpes aparo eu!

VALENTIM:

Então apara este!

MEFISTÓFELES:

— Porque não?

VALENTIM:

E este!

MEFISTÓFELES:

— Claro!

VALENTIM:

— É o diabo de espada na mão!
Que é isto? Parece que o punho já me afrouxa.

MEFISTÓFELES (*para Fausto*):

Espeta!

VALENTIM (*caindo*):

— Ai!!

MEFISTÓFELES:

— Já amansámos o trouxa!
E agora toca a andar, que já aí vem
Gente e ouço gritar aqui d'el-rei!
Com a polícia entendo-me eu bem,
Mas com crime de sangue já não sei.

MARTA (*à janela*):

Acudam! Acudam!

MARGARIDA (*à janela*):

— Luz! Não se vê nada!

MARTA (*como em cima*):

Oiço pragas, briga, gritos, sons de espada.

POVO:

Há já um morto aqui na praça!

MARTA (*saindo de casa*):

E os assassinos, fugiram por além?

MARGARIDA (*saindo de casa*):
E este, quem é?

POVO:
— O filho de tua mãe.

MARGARIDA:
Deus todo-poderoso! Que desgraça!

VALENTIM:
Estou a morrer! Depressa é dito
E mais depressa ainda é feito.
Mulheres, deixem choros e gritos,
E oiçam o que conta um aflito.
(*Chegam-se todos a ele.*)
Tu, Margarida, inda és novinha,
Inda não és lá muito espertinha,
Há muita coisa que não sabes fazer.
Aqui entre nós, chega-te, escuta:
Já que te fizeste mesmo puta,
Faz as coisas como deve ser.

MARGARIDA:
Meu Deus! Que dizes tu, rapaz?

VALENTIM:
Deixa lá ficar Deus em paz!
O que está feito, feito está!
E o que tiver de ser, será.
Começaste com um em segredo,
Em breve mais virão, sem medo,
E quando uma dúzia vier,
Toda a cidade te há-de ter.

A vergonha quando nasce vem
Ao mundo no meio de segredos,
E o véu da noite lhe põem
A cobrir cabeça e ouvidos;
Bem gostaríamos de a matar,
Mas quando cresce e fica grande,
Nada impede que à luz do Sol ande,
Sem, porém, mais bela ficar.
Quanto mais é feia e impura,
Mais a claridade procura.
Em verdade, já vejo o dia
Em que a honrada burguesia
Irá fugir de ti, rameira,
Como de peste verdadeira.
Vais sentir o coração gelar
Quando alguém de frente te olhar!
Cordão de ouro deixarás de usar!
Na igreja não chegarás ao altar!
Nem vais mostrar-te mais no baile
Com gola de renda e xaile!
Andarás pelos cantos dos danados,
Entre mendigos e aleijados,
E se Deus no Céu perdão te der,
Cá na Terra maldita hás-de ser!

MARTA:

Encomendai-vos a Deus de mãos postas!
Quereis ir para a cova com blasfémia às costas?

VALENTIM:

Pudesse eu pôr-te as mãos nessa carcaça,
Velha alcoviteira de má raça!
Com essa acção teria alcançado
Perdão bastante para qualquer pecado.

MARGARIDA:

Meu pobre irmão! Que infernais tormentos!

VALENTIM:

Já te disse, deixa-te de prantos!
O ver-te agora desonrada
É para mim a maior punhalada.
Soldado sou e homem de bem,
E vou direito a Deus no Além.
(*Morre.*)

CATEDRAL

Ofício divino, órgão e canto.

Margarida no meio de muito povo. Espírito Mau atrás de Margarida.

ESPÍRITO MAU:

Como te sentias outra, Margarida,
Quando, plena de inocência,
Te chegavas ao altar
Balbuciando orações
Do livro gasto,
Cheio de brinquedos
E já de Deus o coração!
Margarida!
Onde tens a cabeça?
No coração
Que crime tens?
Vens rezar pela alma de tua mãe, que
Por culpa tua se passou para longos tormentos?
Que sangue é esse à tua porta?
— E sob o teu coração
Não se agita já ele em alvoroço,
Trazendo-te a ti e a si próprio
Angustiados pressentimentos?

MARGARIDA:

Ai de mim! Ai de mim!
Porque me não livro eu dos pensamentos
Que de aqui e de ali me assaltam,
Acusadores?

CORO:

Dies irae, dies illa
Solvet saeclum in favilla.

Som de órgão.

ESPÍRITO MAU:

Toma-te o pavor!
A trombeta ressoa!
As tumbas estremecem!
E o teu coração,
Ressuscitado
Da paz das cinzas
Para os tormentos das chamas,
Palpita!

MARGARIDA:

Quem me dera estar longe daqui!
É como se o órgão
O alento me tirasse,
E o canto no âmago
O coração me dissolvesse.

CORO:

Judex ergo cum sedebit,
Quidquid latet adparebit,
Nil inultum remanebit.

MARGARIDA:

Sufoco aqui!
Os pilares
Aprisionam-me!
A abóbada
Oprime-me!… Ar!

ESPÍRITO MAU:

Pois, esconde-te! O pecado e a vergonha
Não podem esconder-se.
Ar? Luz?
Ai de ti!

CORO:

Quid sum miser tunc dicturus?
Quem patronum rogaturus?
Cum vix justus sit securus.

ESPÍRITO MAU:

Os eleitos desviam
De ti os olhos.
Os puros tremem à ideia
De te estender as mãos.
Ai de ti!

CORO:

Quid sum miser tunc dicturus?

MARGARIDA:

Vizinha! O vosso frasquinho!
(*Cai sem sentidos.*)

NOITE DE WALPURGIS

Montanhas do Harz. Cercanias de Schierke e Elend.
Fausto. Mefistófeles.

MEFISTÓFELES:

Não queres um pau de vassoura para trepar?
Por mim, pedira um bode vigoroso.
Por aqui temos muito inda que andar.

FAUSTO:

Enquanto nas pernas me puder suster
Basta-me este bordão nodoso.
De que nos serve encurtar nossa rota?
Pelo labirinto dos vales errar,
Depois o penedo galgar
De onde a fresca e eterna fonte brota,
É esse o prazer que o caminho tempera!
Nas bétulas já vive a Primavera,
E até o pinheiro por ela dá também;
E em nossos membros sentir-se não devera?

MEFISTÓFELES:

Não dou por nada disso, vê tu bem!
Sinto mais no corpo a invernia,
Neve e geada quisera no meu trilho.
O disco incompleto e vermelho da Lua,
Como sobe triste no seu tardio brilho!
Alumia tão mal, que a cada passo
Em troncos e penedos esbarra a gente!

Se me permites, um fogo-fátuo peço.
Vejo ali um, luzindo alegremente.
Eh lá, amigo! Não queres juntar-te a nós?
Porque hás-de estar para aí a arder a sós?
Vem cá, e a subida nos alumia!

FOGO-FÁTUO:

Por respeito, espero conseguir
Minha leve essência constranger;
Em ziguezague se faz nossa via.

MEFISTÓFELES:

Olá! Imitando os homens e seu jeito?
Em nome do diabo, anda-me a direito!
Ou apago-te esse instável clarão!

FOGO-FÁTUO:

Já percebi que aqui sois o patrão
E a vosso serviço me quero pôr.
Mas lembro que hoje no monte impera a bruxaria,
E se um fogo-fátuo vos vai servir de guia,
Não podeis exigir tanto rigor.

FAUSTO, MEFISTÓFELES E FOGO-FÁTUO (*cantando alternadamente*):

Parece que entrámos já
Nos céus de sonho e magia.
Faz as honras, sê o guia
Que breve nos leve lá
Aos vastos espaços desertos!

Vejo já aqui bem perto
Árvore atrás de árvore passar,
E os rochedos a vergar
E o nariz das fragas dando
Longos roncos e soprando!

Rio e riacho galgando
Por pedras, prados, fundões.
Ouço murmúrios? Canções?
Ouço lamentos de amor,
Vozes de dias sem dor?
Nossa esperança, nosso amar!
E o eco a ressoar
De lendas e tradições.

"Uhu! Schuhu!", oiço aqui,
Bufo, gaio, mocho ruim,
Ficam todos a velar?
Nos arbustos salamandras,
Pernas longas, gordas panças!
E as raízes, qual serpente,

Saem das pedras, da areia,
Formando uma estranha teia
Para assustar, prender a gente;
De troncos nodosos, vivos
Estendem fibras de pólipos
Para o viandante. E os ratos,
Em tropel e variegados,
Musgo e charneca cruzando!
E os pirilampos, voando
Em cerrado enxame os vejo,
Em delirante cortejo.

Mas diz-me, paramos já,
Ou seguimos mais para lá?
Tudo parece ir girando,
Árvores, rochas, fazem jogos
De feições, e os fátuos fogos
Multiplicando-se, inchando!

MEFISTÓFELES:

Agarra a ponta do manto,
Que deste pico irás ver
Maravilha, grande espanto:
Mamon no monte a arder.

FAUSTO:

Que estranho reverbera, lá no fundo,
Um turvo brilho da aurora!
E até ao abismo mais profundo
Chega o seu halo e se demora.
Sobem vapores, nuvens de fumo,
Do negrume fogo brilhante,
E, como um fio, segue seu rumo,
Para como fonte jorrar adiante.
Aqui serpenteia um bom pedaço
Pelo vale, em cem veias espalhado,
E ali, de repente, num espaço
Diminuto fica isolado.
Saltam faíscas mesmo ao lado,
Como chuva dourada de areia.
E olha como até ao alto
A parede de rocha se incendeia!

MEFISTÓFELES:

O senhor Mamon quis acender
O seu palácio como um portento!
Tiveste a sorte de o poder ver;
Mas já sinto hóspedes turbulentos.

FAUSTO:

E a noiva dos ventos, como corre pelo ar!
Que golpes na nuca me vai desferindo!

MEFISTÓFELES:

Agarra-te às costelas do velho rochedo,
Senão neste abismo te irá despenhar!
É noite, a névoa está a cerrar.
Escuta as florestas a estalar!
Fogem as corujas assustadas.
Ouves rachar as colunatas
Dos eternos palácios verdejantes?
Gemem e quebram ramos pendentes!
Ribombam troncos às vezes,
Rangem e bocejam raízes!
Em pavorosa queda vão
Desabando em estrondo e confusão,
E pelas gargantas atravancadas
Uivam os ventos em rajadas.
Ouves as vozes lá no alto?
Vindas de longe? Aqui bem perto?
Por todo o monte corre entretanto
Um furioso e mágico canto!

BRUXAS EM CORO:

Sobem para o Brocken bruxas em molho,
O trigo é verde, loiro o restolho.
O bando junta-se e anima
Dom Urião está lá em cima.
Cada um avança como pode,
Bufam as bruxas, fede o bode.

VOZ:

A velha Baubo vem desgarrada,
Chega numa porca montada.

CORO:

Honra a quem honra é devida!
Baubo à frente, comanda a corrida!

A porca é forte, a mãe é vê-la,
Todas as bruxas vão segui-la!

VOZ:

De onde vens?

VOZ:

— Pelo Ilsenstein fiz o caminho!
Passei pela coruja no seu ninho.
E que olhos me fez!

VOZ:

— Vai-te danar!
Ninguém te agarra, por esse andar!

VOZ:

A mim correu-me à bicada.
Olha só como estou ferida.

CORO DE BRUXAS:

O caminho é largo e é comprido,
Que aperto é este, tão desmedido?
Pica a forquilha, raspa a vassoura,
Sufoca o filho, a mãe estoura.

BRUXOS. MEIO CORO:

Qual caracol se arrasta a gente,
O mulherio vai todo à frente.
Para casa do demo, num instante
As fêmeas vão mil passos adiante.

A OUTRA METADE:

Para quê a sério tais coisas levar?
Mil passos pode a mulher ganhar;

Por muito que corra e se canse,
Não há salto de homem que a não alcance.

VOZ (*em cima*):
Venham, vocês, as do lago rochoso!

VOZES (*de baixo*):
Subir convosco seria um gozo.
Lavamos e estamos a brilhar sempre,
Mas somos estéreis, eternamente.

OS DOIS COROS:
Cala-se o vento, a estrela cai,
A Lua turva esconde-se bem.
O coro mágico, em voo rasante,
Chispa faúlhas de fogo ardente.

VOZ (*de baixo*):
Parem! Quero ir também!

VOZ (*de cima*):
Que voz é essa que das fendas vem?

VOZ (*em baixo*):
Levem-me convosco! Deixem-me ir!
Há trezentos anos que ando a subir,
Sem ao cimo conseguir chegar.
Com os meus pares gostava de estar.

OS DOIS COROS:
Vassoura e pau levar te pode,
Leva a forquilha e leva o bode;
Quem hoje não conseguir subir,
Para todo o sempre se há-de perder.

SEMIBRUXA (*em baixo*):

No meu passinho, lá vou andando;
Como está longe já o bando!
Em casa não tenho descanso,
E aqui também o não alcanço.

CORO DAS BRUXAS:

Dêem pomada à bruxa, e é vê-la!
Qualquer trapo lhe serve de vela
Qualquer gamela para nau é boa;
Quem hoje não voar, nunca mais voa.

OS DOIS COROS:

E quando ao cimo depois chegarmos
E rente ao chão todos voarmos,
Vamos cobrir prado e penedo
Com este enxame de bruxedo.

MEFISTÓFELES:

Apertam-se, empurram, arfam e trauteiam!
Bufam, rodopiam, puxam, matraqueiam!
Há brilhos, faíscas, fogo fedorento!
É a bruxaria no seu elemento!
Agarra-te bem, que já nem te sinto.
Onde estás?

FAUSTO (*ao longe*):

— Aqui!

MEFISTÓFELES:

— Tal distância levas?

Lá vou ter de usar as prerrogativas
De patrão! Abram, canalhada! Lugar,
Que vem Dom Voland! Agarra-te, Doutor
Para ver se enfim deste aperto sais,

Que isto até para mim é loucura a mais.
Qualquer coisa naquele arbusto vi,
Há ali umas luzinhas especiais.
Anda, vem! Metemos por aqui.

FAUSTO:

Espírito da contradição! Meu guia és,
Seja! Mas teu engenho é um portento:
Vimos ao Brocken em noite de Walpurgis
Para agora recolhermos ao isolamento!

MEFISTÓFELES:

Mas olha ali, que chamas tão garridas!
Aquelas parecem-me divertidas.
Entre pequenos ninguém se sente só.

FAUSTO:

Mas o que eu queria era subir para lá!
Já vejo chamas e rolos de fumo.
A turba acorre, o Mal a contemplar;
Muito enigma ali se há-de aclarar.

MEFISTÓFELES:

E outros se adensarão, ao que presumo.
Deixa correr o grande mundo, delirante,
Nós ficamos aqui, tranquilamente.
É costume antigo, podes crer,
No grande mundo pequenos fazer.
Vejo ali jovens bruxas todas nuas,
E velhas, que vestidas estão melhor.
Sê amável, faze-me esse favor:
Pouco é o esforço, as delícias todas tuas.
Parecem instrumentos a tocar!
Maldita chiadeira! Tens de te habituar.
Vem daí, anda! É assim que tem de ser,

Eu aproximo-me, vou-te apresentar,
Mais um favor te faço com maneiras.
Então? Tão pequeno não é o espaço assim.
Olha bem! Mal lhe descobres o fim.
Há uma roda de mais de cem fogueiras;
Dançam, conversam, bebem, fazem amor;
Ora diz lá onde há coisa melhor?

FAUSTO:
E para a este grupo nos apresentar,
Como mago ou diabo te irás mostrar?

MEFISTÓFELES:
Costumo andar incógnito. Porém,
Em dias de gala mostra um homem
As suas ordens. Não tenho Jarreteira,
Mas casco de cavalo é honra de primeira.
Vês o caracol, que vem rastejando,
Com os corninhos tacteando?
Já farejou qualquer coisa de mim.
Mesmo que queira, não me disfarço aqui.
Vamos então ver quem é esta gente:
Eu faço a corte, tu és o pretendente.

(Dirigindo-se a alguns, sentados em volta de brasas meio apagadas.)

Velhos senhores, no fim venho encontrar-vos?
Se estivésseis no centro ia louvar-vos
Com a juventude, à grande e à francesa;
Para ficar só, já basta estar em casa.

GENERAL:
Ai de ti, se nas nações confiares,
Por muito que por elas tenhas feito!

Porque o povo, tal como as mulheres,
À juventude sempre rende preito.

MINISTRO:
Andamos hoje tão longe do Direito,
Que os bons velhos tempos exalto;
Pois quando nós estávamos no alto
É que a idade era de ouro a preceito.

PARVENU:
Nós não éramos parvos, e por isso
Muito erro acabámos por fazer;
Hoje as coisas viraram do avesso,
Justamente quando as queríamos manter.

AUTOR:
Digam lá quem é que hoje põe a mão
Em obra ponderada e esclarecida?
E quanto à novíssima geração,
Nunca antes foi tão convencida.

MEFISTÓFELES (*que subitamente parece muito velho*):
Pela última vez o monte subo,
Maduro está o povo para o Juízo Final,
E o meu barril, a correr já turvo,
Do declinar do mundo é o sinal.

BRUXA VENDILHONA:
Senhores, aproveitem o dia!
Não percam a ocasião!
Reparem na mercadoria,
Há muita coisa aqui pelo chão.
Mas não tenho na minha loja
Nada que na Terra não haja,
Nem que para causar mal fundo

Falte ao homem e ao mundo:
Nem um punhal sem sangue na mão,
Nenhuma taça da qual não saísse
Veneno puro para corpo são,
Jóia que mulher séria não seduzisse,
Espadas que em pérfidas mãos postas
O adversário não matassem pelas costas.

MEFISTÓFELES:

A prima não entende os tempos, ai!
O que está feito, feito está!
O negócio de novidades é que dá!
Só a novidade nos atrai.

FAUSTO:

E não há-de um homem perder a estribeira!
Isto parece uma autêntica feira!

MEFISTÓFELES:

Corre tudo para cima, para aquele lado:
Julgas que empurras, e és empurrado.

FAUSTO:

Quem é aquela?

MEFISTÓFELES:

— Olha-a com atenção!
É Lilith.

FAUSTO:

— Quem?

MEFISTÓFELES:

— A primeira mulher de Adão.
Toma cuidado com os seus belos cabelos,

Esse ornato que a faz bela sem par.
Pois todo o homem novo que cai neles,
Tão depressa não o irá soltar.

FAUSTO:

Estão ali duas, uma nova e uma velha;
Muito tem dançado aquela parelha!

MEFISTÓFELES:

Isto hoje está longe de chegar ao fim.
Vamos a nova dança, anda daí!

FAUSTO (*dançando com a mais nova*):

Tive um belo sonho um dia:
Numa macieira via
Duas maçãs a brilhar;
Subi, estavam-me a tentar.

A BELA:

Por maçãs perdeis o siso,
Desde o tempo do paraíso.
Estou de gozo a estremecer
Por no meu pomar as ter.

MEFISTÓFELES (*com a velha*):

Tive um sonho louco um dia:
Uma árvore rachada via,
Tinha um buraco medonho,
Gostei — mesmo desse tamanho.

A VELHA:

Quero, senhor, aqui saudá-lo,
E ao vosso pé de cavalo!
Quero ver se o vosso tampão
Cabe neste buracão!

PROCTOFANTASMISTA:

Raça danada! Que pretendeis vós?
Não vos provaram há muito tempo já
Que um Espírito não anda por seu pé?
E agora já dançais como nós?

A BELA (*dançando*):

Que quer este aqui na nossa dança?

FAUSTO (*dançando*):

Ora, não há sítio onde não apareça.
O que outros dançam, ele vai avaliar,
E se cada passo não puder comentar,
É como se o passo fosse inexistente.
O que mais o irrita é nós irmos adiante.
Se vós quiserdes às voltas andar,
Como ele faz no seu moinho,
Talvez inda aceite esse passinho,
Se isso servir para o elogiar.

PROCTOFANTASMISTA:

Inda aí estais? Nem quero acreditar!
Já tudo esclarecemos! Toca a andar!
Não há regras para estas cataplasmas.
Nós tão espertos, e em Tegel há fantasmas!
Há quanto tempo varro a superstição,
E — é incrível! — nunca limpo este chão!

A BELA:

Vem para aqui só maçar, não querem vê-lo!

PROCTOFANTASMISTA:

De caras, Espíritos, vos digo:
Despotismo de Espíritos não é comigo,
Que nunca o meu foi capaz de exercê-lo.

(A dança continua.)

Já vi que hoje a coisa não dá certa;
Mas trago sempre a "Viagem" na bagagem
E tenho esperança de, antes da passagem,
Chegar a dominar demo e poetas.

MEFISTÓFELES:

Vai sentar-se numa poça, vais ver,
É assim que se sente aliviado.
E com as sanguessugas no traseiro a chupar,
De Espíritos e do espírito ficará curado.

(Para Fausto, que abandonou a dança.)

Porque deixas assim a bela moça
Que para a dança tão bem te cantou?

FAUSTO:

É que no meio do canto lhe saltou
Da boca um rato encarnado, juro!

MEFISTÓFELES:

Que grande coisa! Não é caso para tanto.
Pronto, está bem, não foi rato cinzento!
Quem liga a isso em hora de namoro?

FAUSTO:

E depois vi...

MEFISTÓFELES:

— O quê?

FAUSTO:

— Mefisto, vês além

Uma jovem pálida, só e distante?
Parece deslocar-se muito lentamente,
Como alguém que nos pés grilhões tem.
Confesso que a acho parecida
Com a minha boa Margarida.

MEFISTÓFELES:

Deixa-te disso, que só te faz mal!
É miragem sem vida, ídolo fatal.
Não é bom ter de o encarar,
Seu olhar fixo o sangue paralisa,
Para em pedra quase nos tornar:
Sabes, é claro, da história de Medusa.

FAUSTO:

Parecem olhos de alguém que morreu,
Que nenhuma mão amiga foi fechar.
Aquele é o seio que Margarida me ofereceu,
E o doce corpo de que pude desfrutar.

MEFISTÓFELES:

Crédulo tonto, é magia, mais nada!
A cada um parece sempre a sua amada.

FAUSTO:

Que volúpia! E que grande dor!
Não posso libertar-me deste olhar.
Coisa estranha: um colo tão belo
Ornado apenas por purpúreo fio,
Tão fino como gume de cutelo!

MEFISTÓFELES:

Tens razão! Olhei melhor e vi-o!
Agora até a cabeça meteu
Sob o braço, pois lha cortou Perseu!

Sempre esta atracção das vãs quimeras!
Sobe a colina, porque esperas?
Nem no Prater há mais divertimento;
E se não estou também já apanhado,
É mesmo um teatro o que estou vendo.
Que ofereceis?

SERVIBILIS:

— Daqui a um bocado
Damos de sete a última peça;
É nova, e é costume serem tantas.
Foi um diletante que escreveu essa,
E os actores são todos diletantes.
Perdoai, senhores, se já dentro me meto:
Subir o pano é o meu gozo mais dilecto.

MEFISTÓFELES:

É bom no Blocksberg vos encontrar:
Para gente como vós é o lugar.

SONHO DA NOITE DE WALPURGIS
OU AS BODAS DE OURO DE OBERON E TITÂNIA

Intermezzo

CONTRA-REGRA:

Hoje só o descanso vale,
Filhos de Mieding, operários,
Velho monte, húmido vale
Serão os nossos cenários.

ARAUTO:

Para as bodas serem douradas
Cinquenta anos hão-de passar;
Mas a disputa acabada,
Com o ouro prefiro ficar.

OBERON:

Espíritos, estais onde eu estou?
Mostrai-o já nesta hora.
Pois Rainha e Rei juntou
Novo casamento agora.

PUCK:

Vem o Puck e já arrasta
Na roda de lado os pés;
Para se divertir na festa
Mais de cem consigo traz.

ARIEL:

Ariel comanda o canto
Com sons puros, celestiais;
Teu tom faz fugir de espanto,
Mas as beldades atrais.

OBERON:

Pares, vinde lição tomar,
Se quereis reconciliar-vos!
Se a sério vos quereis amar,
Só tendes de separar-vos.

TITÂNIA:

Se o homem tem sua agrela,
E capricha sua consorte,
Levem-na para o Sul a ela,
E ele para o cabo do Norte.

ORQUESTRA. TUTTI (*fortissimo*):

Dona Mosca e Zé Mosquito,
Verde Grilo e a Rã Mestra
Mais seus parentes de apito:
Eis os músicos da orquestra!

SOLO:

Lá vem a gaita-de-foles!
É a bola de sabão.
Que sons roufenhos e moles
Lhe saem do narigão.

ESPÍRITO (*ainda a formar-se*):

Pança de rã, pé de aranha,
E asas para o duendezinho!
Não chega a ser um bichinho,
Mas sai um poemazinho.

UM PARZINHO:

Saltos altos e passinhos,
Por entre visco e odores.
Não estão mal os teus saltinhos,
Mas não te elevas nos ares.

VIAJANTE CURIOSO:

É mascarada ou miragem?
Devo crer nos olhos meus?
Ver aqui, nesta paragem,
Oberon, o velho Deus?

ORTODOXO:

Sem garras, rabo ou facécia:
Mas não há que duvidar.
Tal como "Os Deuses da Grécia",
Diabo também há-de ser.

ARTISTA DO NORTE:

O que hoje sai da minha pena
É só esboço, vos declaro;
Mas a Viagem Italiana
Há muito tempo a preparo.

PURISTA:

Eu aqui! Maldito dia!
Que orgias mais desbragadas!
E de toda a bruxaria
Só duas estão empoadas!

BRUXA JOVEM:

Pó e vestidos são dote
De velhas, pêlo grisalho.
Eu monto nua o meu bode,
Num corpo fresco de orvalho.

MATRONA:

Nós somos finas de mais
Para aqui vos responder;
Moças, tenras como sois
Inda ireis apodrecer.

MESTRE DE CAPELA:

Dona Mosca e Zé Mosquito,
Deixem a nua, vos peço!
Mestra Rã, Verde Grilito,
Não me saiam do compasso!

CATA-VENTO (*para um lado*):

Mas que bela companhia,
É só noivas, vejam lá!
Solteirinhos à porfia,
Melhores partidos não há!

CATA-VENTO (*para o outro lado*):

E se a terra não se abrir
Para a todos os tragar,
Eu já a correr quero ir
No Inferno me lançar.

XÉNIAS:

De pinças bem aceradas,
Cá estamos com ar de insecto,
Para que honras sejam prestadas
Ao Pai Satã, o abjecto.

HENNINGS:

A chusma venham só ver,
Dos ingénuos foliões!
No fim até vão dizer
Que têm bons corações.

MUSÁGETA:

Neste mar de bruxaria
Me quisera eu afundar,
Pois a elas saberia
Melhor que às musas guiar.

Ci-devant GÉNIO DO TEMPO:

Quem vai com os bons sempre se ergue.
Vem, agarra o meu gibão!
É tão largo o Blocksberg
Como o Parnaso alemão!

VIAJANTE CURIOSO:

E o homem de nariz no ar,
Que tão arrogante passa?
Passa a vida a farejar:
"A Jesuítas dá caça."

GROU:

Em claras águas do mato,
E em turvas, ando a pescar.
Vedes por isso o beato
Com o diabo se misturar.

MUNDANO:

Para os devotos, podeis crer,
Tudo serve de veículo;
Por isso aqui os podeis ver
Formar tanto conventículo.

DANÇARINO:

Outro coro? São vozes altas,
Ouço um tambor distante.
"Não é nada! São pernaltas
Em cântico unissonante."

MESTRE DE DANÇA:

Como dão à perna todos!
Bem ou mal se vão mexendo!
Saltam tortos, giram gordos,
Que figuras estão fazendo!

RABEQUISTA:

Todos se odeiam deveras,
Esta canalhada imunda;
Como Orfeu com a lira as feras,
É a gaita que os ajunta.

DOGMÁTICO:

Não me deixo confundir
Por críticas e desgabos.
O diabo tem de existir:
Senão, como haveria diabos?

IDEALISTA:

Em mim a imaginação
Em excesso anda a dominar.
Se eu sou tudo isto, então
Hoje só doido posso ser.

REALISTA:

Tudo aqui me faz sofrer,
Me causa revolta e nojo;
Sem os pés assentes ter
Pela primeira vez me vejo.

SOBRENATURALISTA:

Sinto-me aqui muito bem
No meio de toda esta gente;
Pois se o diabo vida tem
Bons Espíritos há, certamente.

CÉPTICO:

Seguem a chama perdida,
Por perto o tesouro têm.
Quem é diabo e quem duvida
No mesmo lugar estão bem.

MESTRE DE CAPEIA:

Mestra Rã, Verde Grilito,
Diletantes! Amadores!
Dona Mosca e Zé Mosquito:
Esqueceis-vos? Sois tocadores!

OS HABILIDOSOS:

"Sans-souci" se chama a banda,
É um grupo alegre e fino;
Como já de pé não se anda,
Andamos fazendo o pino.

OS INEPTOS:

Antes, de iguarias bastas
Nos enchemos! Mas agora…
Temos as solas já gastas,
Com os dedos todos de fora.

FOGOS-FÁTUOS:

Dos pântanos somos filhos,
Acabámos de nascer;
Mas já ricos peralvilhos
Somos, na roda a brilhar.

ESTRELA-CADENTE:

Lá de cima aqui cheguei
Com fogo e brilho estelar,
Logo na erva aterrei —
Quem me ajuda a levantar?

OS MACIÇOS:

Espaço! Aqui e mais além!
Todas as ervas esmagadas,
Porque os Espíritos também
Têm as patas pesadas.

PUCK:

Não pisem tão pesadões
Como o elefante faz;
Entre os desajeitadões
Seja hoje Puck o capataz!

ARIEL:

Se a Natura generosa
E o Espírito vos deram asas,
Segui minha pista airosa
Para a colina das rosas!

ORQUESTRA (*pianissimo*):

O véu de névoa e de nuvens
De cima se iluminou.
Brisa e vento nas folhagens,
E tudo se dissipou.

DIA SOMBRIO. CAMPO

Fausto. Mefistófeles.

FAUSTO:

Na miséria! Desesperada! Tanto tempo errando, na desgraça, sobre esta terra, e agora presa! Encarcerada como criminosa, sofrendo horrores, aquela criatura doce e desafortunada! A que ponto chegou, a que ponto! E tu escondeste-me tudo isto, Espírito traiçoeiro e infame! Pois, pára! Pára aí e revira-me de raiva esses olhos demoníacos! Fica aí parado, a desafiar-me com a tua intolerável presença! Presa! Caída em desgraça sem remédio! Entregue a maus Espíritos e à insensível justiça dos homens! E, entretanto, embalas-me com diversões de mau gosto, escondes-me o seu desespero crescente e deixa-la a ela morrer desamparada!

MEFISTÓFELES:

Não é a primeira.

FAUSTO:

Cão! Monstro execrável! Transforma-o, Espírito infinito, faz este verme tornar à sua forma de cão, quando, de noite, gostava de correr diante de mim, rebolar-se aos pés do viandante inofensivo e pendurar-se-lhe dos ombros quando estava no chão. Dá-lhe de novo a sua forma predilecta, para que ele rasteje na terra à minha frente e eu o calque aos pés, a esse danado! Não é a primeira! Horror! Horror inconcebível a toda a alma humana, o ter-se afundado nesta desgraça mais do que uma criatura! Não ter a primeira, contorcendo-se nas angústias da morte, bastado para expiar a culpa de todas as outras aos olhos d'Aquele que eternamente perdoa! A mim trespassa-me até à medula o infortúnio de uma só, e tu escarneces, insensível, do destino de milhares!

MEFISTÓFELES:

Já estamos de novo nos limites do nosso entendimento, no ponto onde vocês, humanos, perdem a cabeça. Porque te associas a nós, se não és capaz de levar as coisas até ao fim? Queres voar, e estás sujeito a vertigens? Fomos nós que te procurámos, ou tu a nós?

FAUSTO:

Não me arreganhes assim esses dentes insaciáveis! Metes-me nojo! Grande e sublime Espírito, que te dignaste aparecer-me e conheces o meu coração e a minha alma, porque me acorrentas a este infame que se deleita com o mal e se compraz na desgraça dos outros?

MEFISTÓFELES:

Já acabaste?

FAUSTO:

Salva-a, ou ai de ti! Sobre ti caia, pelos séculos dos séculos, a pior das maldições!

MEFISTÓFELES:

Eu não posso desfazer as algemas da justiça vingadora, não posso abrir os seus ferrolhos. Salva-a! Quem é que a lançou na desgraça? Eu ou tu?

Fausto olha, furioso, à sua volta.

MEFISTÓFELES:

Queres deitar a mão ao raio? Ainda bem que ele vos não foi dado a vós, míseros mortais! Fulminar o inocente que nos enfrenta é o modo como os tiranos se livram de dificuldades.

FAUSTO:

Leva-me a ela! Temos de a salvar!

MEFISTÓFELES:

E o perigo a que te expões? Lembra-te de que sobre ti pesa nesta cidade um crime de morte. Sobre o túmulo da vítima pairam Espíritos vingadores, à espera do regresso do assassino.

FAUSTO:

Ainda tenho de te ouvir mais essa? Que sobre ti se abatam todas as pragas do universo, monstro! Leva-me lá, ordeno-te, e liberta-a!

MEFISTÓFELES:

Vou levar-te lá, mas ouve o que posso fazer! Tenho eu porventura todos os poderes do Céu e da Terra? Vou toldar os sentidos ao carcereiro, tu apoderas-te das chaves e salva-la com meios humanos. Eu ficarei à espera, os cavalos mágicos estarão prontos, levar-vos-ei. É tudo o que posso fazer.

FAUSTO:

Vamos a isso então!

NOITE. CAMPO ABERTO

Fausto e Mefistófeles a toda a brida, montando cavalos negros.

FAUSTO:

Que vultos são aqueles à volta do patíbulo?

MEFISTÓFELES:

Não sei que estão urdindo e cozinhando.

FAUSTO:

Pairam, sobem, descem, inclinam-se, curvam-se.

MEFISTÓFELES:

Um conciliábulo de bruxas.

FAUSTO:

Parecem esparzir e benzer.

MEFISTÓFELES:

Adiante, adiante!

CÁRCERE

FAUSTO (*com um molho de chaves e uma candeia, diante de uma portinha de ferro*):

Um terror já esquecido me atormenta,
Da humanidade inteira a dor me oprime;
Vive ela atrás desta muralha bolorenta,
E uma doce ilusão foi o seu crime!
Hesitas em ir até ela!
Tens medo de voltar a vê-la!
Anda! Teu temor faz que a morte mais se anime!

Fausto leva a mão à fechadura. Lá dentro cantam:

Minha mãe, a galdéria
Que me matou!
Meu pai, o patife
Que me comeu!
Minha irmãzinha guardou
Os ossos e os enterrou
Em fresco lugar;
Logo ali me transformou
Em lindo pássaro, a voar, a voar!

FAUSTO (*abrindo*):

Não sabe que o amado está fora a escutar
O tinir dos ferros, palha a roçagar.

Entra.

MARGARIDA (*escondendo-se na palha*):

Ai de mim! Já vêm! É a minha morte!

FAUSTO (*em voz baixa*):

Silêncio! Eu venho para te libertar.

MARGARIDA (*contorcendo-se a seus pés*):

Se és homem, tem pena da minha má sorte!

FAUSTO:

Se gritas, os guardas irás acordar!

Pega nas correntes, para abri-las.

MARGARIDA (*de joelhos*):

Quem, carrasco, te deu o poder
Que tens sobre mim?
À meia-noite me vens buscar?
Deixa-me viver! Tem pena de mim!
Não espera até amanhã a cova?
(*Levanta-se.*)
Sou tão nova ainda, tão nova!
E vou já morrer!
Era bela, e isso me deitou a perder.
Está longe o amigo que me deu amores,
Desfeita a grinalda, espalhadas as flores.
Não me agarres com uma força tal!
Poupa-me! Fiz-te eu algum mal?
Não me deixes em vão implorar —
Nem de te ver me consigo lembrar!

FAUSTO:

Como poderei eu esta dor suportar?

MARGARIDA:

Pois seja! Estou na tua mão.
Deixa-me só dar mama ao pequenino.
Toda a noite o tive junto ao coração;

Por malvadez tiraram-me o menino
E agora dizem que o matei.
Nunca mais alegria terei.
Ouço-os cantar lá fora! É gente má, eu sei!
Uma velha história acaba assim,
Mas quem os manda cantá-la a mim?

FAUSTO (*cai de joelhos*):
Alguém que te ama do coração
Está aqui para te tirar desta prisão.

MARGARIDA (*ajoelhando-se a seu lado*):
Ajoelhemos, para rezar aos santos!
Sob estes pavimentos,
Por baixo deste limiar,
Está o Inferno a ferver!
E o Espírito do mal,
Com um furor atroz,
Faz um clamor tal!

FAUSTO (*em voz alta*):
Margarida! Margarida!

MARGARIDA (*atenta*):
O meu amigo! Era a sua voz!
(*Levanta-se. As correntes desprendem-se.*)
Onde está? Ouvi-o chamar.
Estou livre! Ninguém me vai prender.
Para os seus braços quero voar,
Contra o seu peito descansar!
Ele chamou-me! Estava ali na soleira.
No meio da infernal chinfrineira,
Do escárnio diabólico e feroz,
Reconheci-lhe o tom meigo da voz!

FAUSTO:

Sou eu!

MARGARIDA:

— És tu! Repete o que disseste!
(*Abraçando-o.*)
É ele! É ele! Oh, dor, para onde foste?
Do cárcere e das grilhetas o terror?
És tu! E vens para me salvar.
Estou salva! —
Volta a rua a surgir perante mim
Onde pela primeira vez te vi.
E o alegre jardim
Onde eu e Marta esperámos por ti.

FAUSTO (*tentando levá-la*):

Vem! Vem comigo!

MARGARIDA:

— Espera, não tenhas pressa!
Sinto-me sempre bem onde tu te achas.
(*Faz-lhe uma carícia.*)

FAUSTO:

Depressa!
Se não te despachas,
Alto preço iremos pagar.

MARGARIDA:

Quê? Já não sabes beijar?
Tão pouco longe de mim estiveste,
Meu amigo, e os beijos já desaprendeste?
Nos teus braços, que medo é este meu,
Quando antes à tua palavra, ao teu olhar,

Descia sobre mim o céu
E me beijavas quase a sufocar?
Beija-me, amor meu!
Não? Então beijo-te eu!
(*Abraça-o.*)
Ai de mim, tens os lábios gelados
E calados!
O teu amor
Onde ficou?
Quem mo roubou?
(*Afasta-se dele.*)

FAUSTO:

Vem comigo! Coragem, meu amor!
Amar-te-ei com redobrado ardor!
Mas vem agora! Não te peço mais nada!

MARGARIDA (*voltando-se para ele*):

Serás tu mesmo? Não estarei enganada?

FAUSTO:

Sou eu! Anda!

MARGARIDA:

— Tiras-me as grilhetas,
Contra o peito de novo me apertas.
E como é que não tens horror de mim?
Sabes tu, meu amigo, quem vais tirar daqui?

FAUSTO:

Vamos! Depressa, que o dia já clareia.

MARGARIDA:

Queres saber? A minha mãe, matei-a,

E meu filho afoguei,
Que concebemos e a ti te dei.
Era teu também. — És tu! Nem quero acreditar!
Dá-me a tua mão! Não estou a sonhar!
Mas está húmida, a tua querida mão!
Limpa-a! Tenho a impressão
Que traz sangue agarrado.
Meu Deus! Que fizeste, desgraçado?
Guarda essa espada,
Fá-lo por mim!

FAUSTO:

Isso é história passada,
Inda me matas, assim.

MARGARIDA:

Não, tu tens de viver!
As campas te vou descrever,
Amanhã já
As encomendarás:
Para a mãe quero o melhor lugar,
Meu irmão junto dela há-de ficar,
Eu um pouco ao lado,
Mas não muito afastado!
E ao meu seio direito o pequenino.
Ninguém mais a meu lado quero ter!
Antes, a ti me aconchegar
Era ventura como maior não há!
Agora não o consigo fazer,
É como ter de me forçar,
Como se tu me não quisesses já.
E no entanto és tu, e é meigo o teu olhar.

FAUSTO:

Então vamos, não há tempo a perder!

MARGARIDA:

Lá para fora?

FAUSTO:

Sim, para ser livre!

MARGARIDA:

— Se o túmulo é lá fora,
Se a morte espreita, podemos ir!
Daqui, só para o repouso eterno,
E nem um passo mais além —
Já vais, Henrique? Pudesse eu ir também!

FAUSTO:

Podes! É só quereres! Está aberta a porta.

MARGARIDA:

Não posso: para mim a esperança está morta.
Fugir, para quê? Irão atrás de mim.
É tão triste ter de mendigar,
Ainda por cima com má consciência!
É tão triste andar por aí na errância,
Quando sei que me irão apanhar!

FAUSTO:

Eu fico contigo.

MARGARIDA:

Vai lá, depressa!
Salva a criança
Segue o caminho
Junto ao ribeiro,
Passa o ancoradouro,
Entra na mata
Lá onde a prancha está

Na lagoa.
Agarra-o já!
Ainda quer subir,
Está a esbracejar!
Salva-o! Vai-mo salvar!

FAUSTO:

Sossega, tens de te acalmar!
Um passo mais, e está tudo acabado!

MARGARIDA:

Se o monte já tivéssemos passado!
Lá está a minha mãe sentada numa pedra,
Uma mão fria agarra-me pela trança!
Lá está a minha mãe sentada numa pedra,
Meneando a cabeça sem esperança;
Não acena, não abana, a cabeça está pesada,
Dormiu tanto, nunca mais estará acordada.
Dormiu para que prazer me desses.
Felizes tempos esses!

FAUSTO:

Se não vai com palavras, se não serve implorar,
À força vou ter de te levar!

MARGARIDA:

Larga-me! À força é que não vou!
Não me agarres desse jeito bruto!
Eu sempre com amor te dei tudo.

FAUSTO:

Já raia o dia! Meu amor! Minha querida!

MARGARIDA:

Dia! Sim, é dia! O último dia a nascer!

Dia de núpcias esteve para ser!
Não digas que estiveste com a Margarida.
E a grinalda, tão linda!
Tudo está consumado!
Vamos ver-nos ainda,
Mas não na dança do noivado.
Em silêncio, o povo já se apinha,
Nas ruas não se passa,
Já enchem a praça,
O sino chama, cai a varinha.
Já eles me agarram, vão-me amarrar,
Para o cadafalso sou levada.
Todas as nucas já sentem a espada
Que a minha irá decepar.
Está mudo o mundo como um sepulcro.

FAUSTO:
Ah, nunca tivesse eu nascido!

MEFISTÓFELES (*aparece lá fora*):
Vamos, ou está tudo perdido.
Conversa fiada! Inútil demora!
Já tremem os cavalos lá fora.
O dia não espera.

MARGARIDA:
Que vejo eu a sair da terra?
É ele! É ele! Expulsa o danado!
Que busca ele em lugar sagrado?
É a mim que ele quer!

FAUSTO:
— Tu hás-de viver!

MARGARIDA:

Meu Deus, a ti me vou entregar!

MEFISTÓFELES (*para Fausto*):

Anda, ou ficas com ela na prisão!

MARGARIDA:

Sou tua, Pai! Estende a Tua mão!
Vós, anjos, falanges celestiais,
Protegei-me, suplico-vos que me envolvais!
Henrique, tenho pena de ti!

MEFISTÓFELES:

Ela está julgada!

VOZ (*vinda de cima*):

— Está salva!

MEFISTÓFELES (*para Fausto*):

— Junta-te a mim!

Desaparece com Fausto.

VOZ (*de dentro, esmorecendo*):

Henrique! Henrique!

Segunda Parte
da Tragédia

Em Cinco Actos

PRIMEIRO ACTO

LUGAR AMENO

Fausto, deitado sobre a erva florida, cansado, inquieto, procurando o sono. Crepúsculo. O círculo dos Espíritos pairando, agitados, figuras pequenas e graciosas.

ARIEL (*canto, acompanhado por harpas eólicas*):

Quando em chuva de flores desce
Sobre o mundo a Primavera,
Verde bênção resplandece
Para todos os seres da Terra,
Os pequenos elfos vêm,
Magnânimos, ajudar:
Bom ou mau, para todo o homem
Sem sorte vai seu pesar.

Vós, que aéreos rondais estas cabeças,
Mostrai dos elfos a nobre natureza,
Do coração a dura luta apaziguando,
Do remorso afastando a seta amarga e ardente,
De horrores passados a alma lhe purgando.
Tem quatro pausas a vigília, e é urgente
Usá-las com amor, não hesitando.
Primeiro, deitai-lhe a fronte em fresco chão,
Banhai-o no orvalho que o Letes envia;
E os membros hirtos logo despertarão,

Quando, refeito, descansa e espera o dia;
Cumpri dos elfos o dever
De à sagrada luz o trazer.

CORO (*a uma, a duas e a várias vozes, em alternância e uníssono*):

Quando o ar morno se reclina
Sobre o plaino verdejante,
Doces odores e neblinas
Vão descendo ao Sol-poente.
E há sons de paz sussurrados,
Desce à alma uma harmonia;
E aos seus olhos fatigados
Fecham-se as portas do dia.

Cai a noite, está coberto
O céu de um manto de estrelas,
Luzem longe, brilham perto
Grandes luzeiros, fracas velas.
No lago o brilho espelhando,
Na noite o seu puro fulgor,
A mais funda paz selando
Reina a Lua em seu esplendor.

Já passadas são as horas,
Foram-se dor e prazer;
A alma sente que te curas!
Abre-te ao dia a nascer!
Vicejam vales, colinas
Onde a paz das sombras espreita;
Fluem vagas argentinas
Da sementeira à colheita.

Para alcançar o que sonhaste
Olha ali a luz da aurora!
Em leves véus te envolveste,

Sono é só véu, deita-o fora!
Não hesites, sê ousado,
Esquece a dúbia multidão!
Vence o espírito elevado
Que pensa e passa à acção.

Um fragor portentoso anuncia a aproximação do Sol.

ARIEL:

Ouvi as horas ribombar!
Para nós, Espíritos, é o fragor
Do novo dia a nascer!
Racha o rochedo com estrondo,
Rola Febo e o eco é fundo,
Chega a luz com som terrível!
Estridente trompetear,
Vibra o ouvido, treme o olhar,
Não se ouve o que é inaudível.
Entre as flores buscai abrigo,
Fundo, para fugir ao perigo,
Em grutas, bosques escondido:
Se o ouvis, perdeis o ouvido.

FAUSTO:

A vida pulsa, viva e palpitante,
Para saudar de mansinho a etérea aurora;
Também tu foste esta noite constante,
Tu, Terra, que a meus pés arfas agora;
Começas já de gozo a me cercar
E o querer em mim acordas nesta hora
De ao mais alto do Ser sempre aspirar. —
Já se abre o mundo na luz da madrugada,
Desperta o bosque de mil vozes a ecoar,
Em todo o vale as névoas estão paradas,
Mas lá no fundo desponta a luz do dia,

Mostram-se, frescos, troncos e ramadas
Vindos da bruma onde tudo dormia;
Cor após cor do abismo vai nascendo,
Treme a pérola na flor, na folha fria —
E à minha volta um paraíso vai surgindo.

Ao alto a vista! — No monte, as cumeadas
Já vão a apoteose anunciando,
Com a eterna luz mais cedo contempladas
Que só mais tarde se digna a nós descer.
E as pastagens alpinas, reclinadas
No verde, novo brilho vão receber,
Que, degrau a degrau ao fundo chega: —
Eis que ele surge! Mas eu não posso olhar
O astro que me ofusca e os olhos cega.

Assim é, pois, quando a ânsia da esperança
Ao mais alto desejo bem se apega,
E as portas se abrem, para que cumprir se possa;
Mas eis que lá do abismo um mar de fogo
Irrompe e em confusão nos lança;
Da vida o facho queríamos, e logo
Nos cerca um mar de chamas, e que mar!
Será amor ou ódio o fogo vago
Que entre dor e prazer a oscilar
Nos véus da infância nos faz esconder
E de novo na terra pôr o olhar?

Vou, pois, atrás de mim o Sol esquecer!
Na queda-de água, em fúria pelas vertentes,
Os meus olhos se irão embevecer.
De queda em queda salta, e em mil torrentes,
Em mais de mil, se vai repartindo,
Enchendo os ares de espumas reluzentes.
E — oh, maravilha! — das águas subindo,

A curva firme e vaga das cores vivas
Do arco que, em forma clara ou se esvaindo,
Esparze no ar odores e frescas chuvas.
A humana ânsia nele está reflectida.
Medita nisso: talvez melhor percebas
Que no brilho das cores temos a vida.

PAÇO IMPERIAL. SALA DO TRONO

O Conselho de Estado à espera do Imperador. Trombetas. Entram cortesãos de toda a espécie, ricamente vestidos. O Imperador toma assento no trono, à sua direita o Astrólogo.

IMPERADOR:

Salve, leais amigos! Preito
Me prestais, vindo de longe e perto. —
O sábio vejo aqui, por certo,
Mas do meu bobo, que é feito?

JOVEM CAVALEIRO:

Atrás do teu manto caiu
Redondo na escada! Saiu
Em braços. E que peso, céus!
Morto ou bêbado? Sabe Deus!

SEGUNDO CAVALEIRO:

Mas logo, num rasgo de espantar,
Um outro lhe toma o lugar.
Vem muito bem aperaltado,
Mas grotesco de ficar pasmado.
A guarda cruza no limiar
As alabardas para o deter —
Ele aí está, sem vos temer!

MEFISTÓFELES (*ajoelhando junto ao trono*):

Que coisa é odiada e querida?
O que se anseia e se rejeita?
Que coisa é sempre defendida?
E a maldições está sujeita?
Quem não podes tu invocar?
Que nome todos querem ouvir?
Quem junto ao trono vai ficar?
E quem daí se fez banir?

IMPERADOR:

Deixa-te lá de arrazoar!
Para enigmas não é o lugar,
Isso é coisa destes senhores. —
Resolve esses, se capaz fores!
Foi-se de vez o meu bobo, coitado!
Pois dou-te o lugar! Senta-te a meu lado.

Mefistófeles sobe e coloca-se à esquerda.

MURMÚRIOS DA ASSISTÊNCIA:

Novo bobo. — Novo tormento.
De onde veio este? — Trouxe-o o vento?
O outro foi-se — e por completo.
Era um tonel. — Este é um espeto.

IMPERADOR:

Salve então, amigos leais,
Que vindes de longe e de perto!
É boa a nossa estrela, estou certo,
Fortuna nos auguram os sinais.
Mas dizei-me: por que razão vamos
Nestes dias em que nos libertamos
De cuidados, máscaras usamos
Para, alegres, podermos folgar,

Reunir o Conselho e atormentar
Nossos espíritos? Mas se tem de ser,
Está dito, Conselho vamos ter.

CHANCELER:

Um nimbo cinge a fronte imperial
Com a mais alta virtude; e só ele
Tem o poder de a exercer:
A Justiça! — O que todo o homem quer,
Todos reclamam e não dispensarão,
Outorgá-lo ao povo é sua missão.
Mas de que serve aos humanos a razão,
Bondade à alma e vontade à mão,
Quando furor febril consome o Estado
E um mal por outros males é gerado?
Quem destes altos paços lance o olhar
Aos vossos reinos, julga-se a sonhar:
Grassa em mil formas a monstruosidade,
Faz lei e manda a ilegalidade
E alastra o erro com impunidade.
Este rouba mulher, aquele gado,
Cálice, cruz, castiçal do altar,
Para durante anos disso se ufanar
Com a pele a salvo e sem ser castigado.
Acorrem os queixosos ao salão
Onde o juiz mostra a sua imponência,
E entretanto cresce a agitação
Em ondas de revolta e incontinência.
Vangloria-se de crimes inauditos
Quem cúmplices tem para o defender;
E *Culpado*! declaram os veredictos
A quem só a inocência proteger.
E assim o mundo inteiro quer dissolver-se,
Aniquilar o que é lei e preceito;
Como há-de então a consciência impor-se

Que nos leva à justiça e ao direito?
E por fim até o homem de bem
Cede à lisonja, ao suborno viscoso,
E o juiz que força já não tem
Entra em conluio também com o criminoso.
Negro é o quadro, e mais negro o pintara
Se tinta mais escura aqui tivera. (*Pausa.*)
Não sofre a decisão adiamento:
Quando é geral a ofensa, o sofrimento,
Até a majestade usa da força.

CONDESTÁVEL:

Ninguém tem mão nestes tempos de Marte!
Ninguém há que não mate ou sofra morte,
E as ordens já não há quem as ouça.
Os burgueses em seus muros recolhidos,
O cavaleiro no feudo alcandorado,
A resistir-nos estão bem decididos,
E conspiram no seu reino intocado.
O mercenário paciência não quer ter,
Com insolência pede o soldo atrasado.
Se não tivesse paga a receber,
Há muito já que tinha desertado.
Proibir o que a essa gente apraz
É pior do que mexer num vespeiro;
Em vez de o proteger, o que ela faz
É pôr a saque e a arder o reino inteiro.
Ninguém põe cobro aos desmandos seus,
O mundo todo vai ficando sem jeito;
Ainda há reis nessas terras de Deus,
Mas ninguém pensa que isso lhe diz respeito.

TESOUREIRO-MOR:

Quem pode em alianças confiar?
As ajudas que nos deviam dar,

Como água em canos rotos de repente
Nos fogem. Ah, senhor, em teus estados
Por que mãos foram os bens todos tomados?
Para onde quer que se olhe, nova gente
Casa reúne sem preito vos prestar,
Fazendo o que lhe apraz e lhe dá jeito;
Tantos direitos acabámos por dar,
Que sobre nada temos mais direito.
E pelos partidos também, como hoje se chamam,
As mãos no fogo não podemos pôr;
Não se sabe se censuram, se louvam,
Não se distingue o ódio do amor.
Os Guelfos, tal como os Gibelinos,
Escondem-se, para descanso ter;
Quem é que hoje auxilia os vizinhos?
Consigo cada um tem que fazer.
Estão fechados os portões do ouro,
Cada um cava e junta o seu tesouro
E as nossas arcas continuam vazias.

MORDOMO-MOR:
E em que apuros eu também me não sinto!
Cada vez apertando mais o cinto,
Gastando mais e mais todos os dias,
E em cada novo dia outros cuidados.
Os cozinheiros nem sonham como vamos:
Os javalis e os cervos, lebres, gamos,
Perdizes e galinhas, gansos, patos,
Os tributos em espécie, bons proventos,
Esses estão mais ou menos assegurados.
Mas já de vinhos estamos desfalcados.
Bons tempos, em que as melhores colheitas
Da região, pipa a pipa, iam direitas
Às nossas caves; hoje, essas malditas
Orgias dos fidalgos dão-lhes fim.

Também o município abre as torneiras,
Enchem pichéis, gomis, e sem maneiras
Pelo chão ficam os restos do festim.
E para pagar a todos, cá estou eu;
Não me dá tréguas o diabo do judeu,
Tais antecipações já concedeu
Que não há renda que nos baste assim.
O porco nem se chega a cevar,
Cama e travesseiros temos de penhorar
E o pão que vem à mesa é pão fiado.

IMPERADOR (*depois de meditar um pouco, para Mefistófeles*):
E tu, meu bobo, que juntas a este fado?

MEFISTÓFELES:
Eu? Nada. Com tanta festa e dança
Na tua corte? — Faltará confiança
Onde, suprema, impera a majestade
E fiéis forças varrem a inimizade?
E onde a boa vontade, que a razão
Reforça, se junta à múltipla acção?
Como pode a desgraça aqui reinar,
E as trevas, com tais estrelas a brilhar?

MURMÚRIOS:
Que patifório! — Faz o que quer —
Lá vai mentindo — até poder —
Sei o que esconde — este magano —
E o que será? — É algum plano. —

MEFISTÓFELES:
Faltam sempre coisas, no mundo inteiro.
A um isto, a outro aquilo, e aqui: dinheiro.
Do soalho é que não vai sair;
Mas quem é sábio do mais fundo o faz vir.

No pé da muralha, nos veios da montanha,
Ouro cunhado e por cunhar se apanha.
E quereis saber quem à luz o traz?
Natureza e espírito de um homem capaz.

CHANCELER:

Natureza e espírito? Não se fala assim
A cristãos. Por tais discursos já vi —
Perigosos que são — queimar muito ateu.
Natureza é pecado, espírito é demónio,
A dúvida é filha de tal matrimónio,
Monstro hermafrodita que dele nasceu.
Nós não somos desses! — As vastas paragens
Do Império nasceram de duas linhagens
Que com dignidade o trono sustentam:
São a clerezia e os cavaleiros;
A qualquer abalo resistem, inteiros,
Da Igreja e do Estado sempre se alimentam.
Espíritos confusos, voz da populaça,
Sempre mereceram nossa oposição:
São hereges, bruxos, gente de uma raça
Que em cidade e campo espalha corrupção.
E queres tu agora, com tais baboseiras,
A esta alta Corte trazer tais figuras;
Ganhar almas podres é o que procuras,
Pois elas bobas como os bobos são.

MEFISTÓFELES:

Eis que fala o letrado que em vós há!
Coisa que não toqueis, a léguas está,
O que não percebeis não é real,
O que não calculais como erro vale,
O que não pesais não tem peso para vós,
E o que não cunhais é falso, dizeis.

IMPERADOR:
Essa conversa deixa tudo na mesma;
De que nos serve o sermão de quaresma?
Estou cansado das desculpas que inventas;
Falta o dinheiro? Pois vê se o desencantas!

MEFISTÓFELES:
O que quiserdes arranjo, e ainda mais;
É fácil, mas fácil é difícil, pois
Está aí à mão, mas no consegui-lo
É que está a arte: quem sabe fazê-lo?
Pensai bem: quando as hordas, como feras,
Varriam e assolavam povos, terras,
Cada um, tomado de terrores,
Escondia aqui e ali os seus valores.
Desde os Romanos que assim sucedia,
E até ontem, até aos nossos dias,
Tudo está enterrado neste chão
Imperial — tudo é teu, então!

TESOUREIRO-MOR:
Para bobo não falas mal, amigo!
É, na verdade, esse o direito antigo.

CHANCELER:
Satanás arma-vos laços dourados:
Não são justos e pios os meios usados.

MORDOMO-MOR:
Traga ele à Corte os bens que todos queremos,
E o risco de bom grado aceitaremos.

CONDESTÁVEL:
O bobo é esperto, promete o que convém!
E ao soldado é indiferente de onde vem!

MEFISTÓFELES:

Se achais que vos engano com o meu prólogo,
Perguntai a este homem, ao Astrólogo,
Que dos astros sabe o ciclo, a casa, a hora:
Diz-nos então o que o céu nos augura!

MURMÚRIOS:

São dois tratantes — Iguais, eu sei —
Bobo e embusteiro — Perto do rei —
É história antiga — Sei-a de cor —
Assopra o bobo — Fala o Doutor —

ASTRÓLOGO (*fala, Mefistófeles sopra*):

O Sol é em si mesmo ouro puro,
A soldo serve o mensageiro, Mercúrio,
Vénus a todos vós soube encantar
Pousando cedo e à tarde em nós o olhar;
A casta Lua caprichosa desponta
E o fero Marte, se não fere, amedronta.
Júpiter tem inda o brilho mais belo,
O grã Saturno longe se faz pequeno.
Não prezamos nós muito esse metal,
Pouco é o valor, o peso sem igual.
Mas quando Lua e Sol ficam conjuntos,
A prata e o ouro, exultam os mundos;
Tudo o mais é bem fácil de se obter:
Paços, jardins, seios, faces a arder,
Tudo isso é dado aos homens eruditos,
Que têm poderes a nós não concedidos.

IMPERADOR:

O que ele diz oiço e volto a ouvir,
Sem pelos discursos me deixar convencer.

MURMÚRIOS:

Que falas coxas! — Piadas chochas!

Astrologias! — Feitiçarias!
Conversa mole! — E o povo engole!
Inda que visse! — É aldrabice!

MEFISTÓFELES:

Olhem para eles, pasmados, ao redor,
Não confiando na grande descoberta;
Um sonha com a mandrágora, e pior
É o que sobre o cão preto disserta.
Mas de nada lhes serve gracejarem,
Nem o porem-se a acusar a magia,
Se um dia as cócegas às solas lhes chegarem,
Se lhes vacila o passo firme um dia!

Todos sentem os segredos em si mesmos
Da eterna e portentosa natureza,
Dos seus mais recônditos abismos
Emerge um rasto de vida e de beleza.
Se nos membros sentires uma tremura,
Se um sítio calafrios te causar,
Podes pôr mãos à obra, cava, fura,
Que o tesouro está aí, é o lugar!

MURMÚRIOS:

Parece que tenho chumbo no pé —
E eu câibras no braço — É gota, é —
No dedo grande, que formigueiro —
E a mim dói-me o corpo inteiro —
Com sinais destes, é quase certo
Haver grandes tesouros por perto.

IMPERADOR:

Tu nem penses em mais uma escapada!
Depressa! Prova que não é ilusão,
Leva-nos ao cobiçado filão.
Disposto estou a largar ceptro e espada

E com minhas reais mãos, de pá em riste,
A obra consumar, se bem falaste,
E para o inferno te mandar, se mentiste!

MEFISTÓFELES:

Esse caminho conheço até de cor —
Mas não me canso aqui de anunciar
O que sem dono jaz por todo o lado.
O lavrador, sulcando o chão com o arado,
Com o torrão um vaso de ouro levanta,
Espera encontrar salitre, e bem se espanta
Quando no barro moedas de ouro acha
E nas mãos rudes, exultando, as fecha.
Quantas grutas não temos de forçar,
Em que fendas e túneis penetrar,
Onde não tem o explorador de entrar,
Até às portas quase do inferno!
Em caves amplas, há muito seladas,
Descobre pratos, gomis, salvas douradas,
Em longas filas, como em sono eterno;
Há taças de rubis, vermelhas, belas,
E se quiser servir-se de uma delas,
Ao lado encontra velhíssimo licor.
Mas a madeira das pipas está tão podre
Que o próprio sarro ao vinho serve de odre —
Acreditai-me, que sou conhecedor!
Essências destes vinhos generosos,
E não só ouro e jóias valiosos,
Dormem neste nocturno cemitério.
O sábio só aí busca, e porfia,
Ver o que à luz se mostra é ninharia,
Só a terra é o reino do mistério.

IMPERADOR:

Fica com ele! O escuro, de que nos serve?

Se valor tem, mostrar então se deve.
Na noite escura, quem conhece o ladrão?
A vaca é negra, e os gatos pardos são.
Puxa o arado e traz à luz do dia
Os vasos de ouro que estão na terra fria.

MEFISTÓFELES:

Cava tu mesmo, toma a pá, a enxada,
O trabalho do campo te enobrece,
E de bezerros de ouro uma manada
Do chão sairá e à vista te aparece.
Depois deleitas-te, antes de mais nada,
A enfeitar-te a ti e à tua amada;
Das gemas cintilantes a variedade
A beleza realça e a majestade.

IMPERADOR:

Vamos então! Porque havemos de esperar?

ASTRÓLOGO (*como antes*):

Modera os teus impulsos, meu Senhor!
Deixa passar os jogos e as folias.
No meio das distracções não alcançarias
Tal fim. Primeiro, vamos arrepender-nos,
Para o que é de baixo com o de cima merecermos.
Para se ter o bem, bom se deve ser;
Para alegria ter, o sangue acalmar;
Só uva madura vinho pode dar;
Só a fé mais forte milagres fazer.

IMPERADOR:

Passemos, pois, em folguedos o tempo!
Na Quarta-Feira de Cinzas já penso,
Mas até lá outra lei é que vale:
Festejemos, alegres, o louco Carnaval.

Trombetas. Saem.

MEFISTÓFELES:

Que a sorte sem mérito pouco vale,
Um tolo nunca o entenderia;
Tivesse ele a pedra filosofal
E inda o filósofo à pedra faltaria.

GRANDE SALÃO

com aposentos contíguos, enfeitado e preparado para um baile de máscaras.

ARAUTO:

Não vai ser alemã hoje esta Corte:
De diabos nem de bobos ou da Morte
Serão as danças. Ledas festas teremos.
O Senhor, que por Roma viajou,
Para vosso gozo e proveito seu
Os grandes Alpes atravessou,
Ganhando o reino alegre que sabemos.
O Imperador, se quis ter o poder,
Sagradas solas beijou, e então
Para si próprio a coroa foi buscar
E para nós o barrete do truão.
Assim renascemos da era velha;
E todo o homem de mundo, pacato,
O enfia hoje até à orelha;
Com ele aos bobos loucos se assemelha,
E por baixo, quanto pode, é sensato.
Já vejo como acorrem, e hesitantes
Se apartam, ou se juntam, confiantes,
Se apertam, coro a coro se unindo.
Entrai, saí, incansáveis comparsas,

Que continua a ser, bem lá no fundo,
Com suas muitas momices e farsas,
Um grande louco este nosso mundo.

JARDINEIRAS (*canto, acompanhado de bandolins*):

Esta noite nos enfeitamos
Para ganhar vosso favor,
Nós, Florentinas, seguimos
Da corte alemã o esplendor.

Nos cabelos escuros usamos
Belos ornatos floridos;
Fios, flocos de seda temos,
E tudo tem seu sentido.

Pois julgamos que merecem
Louvores sem compromisso
Nossas flores: elas florescem
O ano inteiro, sendo artifício.

Festa de fitas de cor
Em simetria disposta;
Uma a uma dá para rir,
Do conjunto tudo gosta.

Nós somos lindas de ver.
A jardineira é galante,
E o natural da mulher
É do da arte parente.

ARAUTO:

Deixai ver os cestos vossos,
Ricos, que vão à cabeça;
Dos que transportais nos braços
Escolhe o que mais te apeteça.

Sus! Pérgulas, galerias,
Um jardim irão formar!
Vale a pena as mercancias
E as vendedeiras cercar.

JARDINEIRAS:

Vendei neste sítio raro,
Sem mercanciar, porém!
E em discurso breve e claro
Cada qual diga o que tem.

RAMO DE OLIVEIRA COM FRUTOS:

Não invejo o pé florido,
Evito todo o conflito,
É contra o meu natural:
Pois não está em mim o valor
Das terras? Sou seu penhor,
Da paz nos campos sinal.
Espero hoje adornar, ditoso,
Um rosto nobre e formoso.

GRINALDA DE ESPIGAS (*dourada*):

Aqui estamos, dons de Ceres,
Prontas para vos adornar:
O mais útil dos haveres,
Belo vos há-de enfeitar.

GRINALDA DE FANTASIA:

Quais malvas, somos beleza,
Cor, do musgo a florescer!
Não as tem a natureza,
Mas a moda as faz nascer.

RAMALHETE DE FANTASIA:

Nem Teofrasto ia ousar

Meu nome vos revelar;
Eu ouso esperar, porém,
Que algumas me queiram bem;
Dona de mim há-de ser
Quem nos cabelos me usar,
Quem me der, com convicção,
Lugar no seu coração.
(*Em desafio*):
Podem as modas do dia
Querer toda essa fantasia,
Ter formas de uma estranheza
Que não há na natureza;
Hastes verdes, flores douradas
Nos caracóis enroscadas! —

BOTÕES DE ROSA:
Nós… fugimos dos curiosos:
Feliz quem nos vir viçosos.
Quando se anuncia o Verão
E da rosa abre o botão,
Alguém tal sorte rejeita?
Com promessas e obra feita
Flora em seu reino é regente
De olhos, coração e mente.

As jardineiras dispõem graciosamente as suas mercadorias debaixo de pérgolas verdes.

JARDINEIROS (*canto, com acompanhamento de tiorbas*):
Vede despontar as flores
Que a fronte vos vão ornar;
Os frutos não vão enganar,
Se provarmos seus sabores.

Pêssego, ameixa, cereja,
Vos oferece um rude rosto.
Comprai! Pois só língua e gosto
Julgam, inda que o olhar veja.

Provai desta apetitosa
Fruta madura, pendente!
Fazem-se versos à rosa,
Nas maçãs mete-se o dente.

Deixai, pois, que par formemos
Com a vossa juventude,
E, bons vizinhos, mostremos
Nossa fruta em plenitude.

Sob festões de alegria,
No ornado e verde reduto,
Tudo aqui se encontraria:
Botões, folhas, flor e fruto.

Cantando alternadamente, com acompanhamento de guitarras e tiorbas, os dois coros continuam a enfeitar e a levantar, um de cada vez, as suas mercadorias, mostrando-as e oferecendo-as para venda.

Mãe e Filha

MÃE:

Quando nasceste, menina,
Pus-te uma touca bordada;
Eras de rosto tão fina,
De corpo tão delicada,
Que noiva te imaginei,
Ao mais rico homem te dei,
Vi-te já mulher casada.

Mas ai! tanto ano passou
Sem resultados se ver;
Tanto noivo se mostrou
Para logo desaparecer.
Com um dançaste a compasso,
A outro com esse braço
Sinal deste para te ver.
Tantas festas inventámos,
E afinal foi tudo em vão,
Jogos de prendas jogámos
E outros. Achaste? Não!
Mas isto hoje aqui está cheio
De loucos. Abre esse seio,
E talvez um caia então!

Companheiras de folguedo, jovens e bonitas, juntam-se à festa; ouvem-se as moças fazendo confidências.
Pescadores e passarinheiros com redes, anzóis, varas viscadas e outros utensílios, entram e misturam-se com as belas moças. Tentativas recíprocas para conquistar, apanhar, escapar e prender, fornecem ocasião para os mais agradáveis diálogos.

LENHADORES (*entram, impetuosos e rudes*):

Abram! Dêem lugar,
Espaço precisamos,
Árvores derrubamos,
Que tombam estalando;
E em as transportando
Alguém vai sofrer.

As nossas virtudes
Proclamar deveis:
Se faltam os rudes
À terra, vereis
Os finos tremer

Sem jeito saber,
Por mais que cismassem.
Pois estais avisados!
Morríeis gelados
Se outros não suassem.

POLICHINELOS (*desajeitados, quase aparvalhados*):
Vós é que sois bobos,
Nascestes já tortos.
Nós somos os espertos,
De cargas libertos,
Pois nossos barretes,
Jaquetas, coletes,
São leves de usar;
Com todo o vagar,
Nosso remanso é
Pantufa no pé,
Andar descuidados
Por praças, mercados,
À esquina, a olhar
E a cacarejar;
E a tal gritaria
Escapar como enguia
Pela turba em desmando,
Saltitar em bando,
Com os outros berrar.
Bem podeis louvar,
Censurar a gente —
É-nos indiferente!

PARASITAS (*lisonjeiros e cobiçosos*):
Lenhador valente
E teu companheiro,
O bom carvoeiro,
Sois a nossa gente:

Pois salamaleques,
Sim-senhores e tiques
De conversa oca,
O soprar da boca
Para aquecer, esfriar,
Como convier —
De que nos serve isso?
Nem fogo mandado
Do céu, redobrado,
Nos presta serviço,
Se achas não houver
E muito carvão
Para brasas fazer
No grande fogão.
Já se assa e se frita,
Já coze e crepita.
E os gulosos natos,
Os bons rapa-pratos,
Farejam o assado,
Pelo peixe já dão,
E é bem bajulado
À mesa o patrão.

BÊBADO (*inconsciente*):

Não me venham pôr questões!
Nunca tão bem me senti;
A alegria e as canções
Fui eu que as trouxe para aqui.
Bebo, bebo sem parar!
Toca aqui! Vamos brindar!
Tu aí, chega-te à mesa!
Vai um brinde! É uma beleza!

Minha mulher, desvairada,
Troçou da roupa que trago;

Chamou-me múmia empalhada,
Quis dar-me ares, mas fiquei gago.
Mas eu bebo sem parar!
Vai um brinde! É só tocar!
Múmias, brindem a esta mesa,
Que este som é uma beleza!

A quem perdido me achar,
Digo: esta morada é boa.
Se o taberneiro não fiar,
Fia a criada, a patroa.
E eu bebendo, sem parar!
Ergam-se, vamos brindar
Uns aos outros! Toda a mesa!
É ou não uma beleza?

Cá por mim, em qualquer lado
Bebo um bom copo de vinho;
Deixem-me ficar deitado,
Que de pé já me não tenho.

CORO:

Bebei, irmãos, sem parar!
Firmes no banco, a brindar!
Está um debaixo da mesa?
Esse acabou em beleza!

O Arauto anuncia vários poetas: poetas da natureza, de corte, menestréis, uns líricos, outros exaltados. Na confusão de concorrentes de toda a espécie, nenhum deixa os outros recitar. Um deles consegue dizer algumas palavras, de passagem.

POETA SATÍRICO:

Eu, poeta, podeis crer,
Feliz me iria sentir

Por poder cantar, dizer
O que ninguém quer ouvir.

Os poetas da noite e dos túmulos mandam pedir desculpas por se encontrarem em interessantíssimo diálogo com um vampiro surgido recentemente, e da conversa pode nascer um novo tipo de poesia; o Arauto tem de conformar-se, e entretanto convoca a mitologia grega, que, mesmo com máscaras modernas, não perde o seu carácter e encanto.

As Graças

AGLAIA:

Nós trazemos graça à vida;
Graça no dar é devida.

HEGÉMONE:

E ao receber graça dar:
Bom é desejo alcançar.

EUFRÓSINE:

E em dias calmos, contados,
Mais gracioso é um obrigado.

As Parcas

ÁTROPO:

Eu, mais velha, de fiar
Desta vez fui incumbida;
Muito nos dá que pensar
O ténue fio desta vida.

Por ser dócil e macio,
Fino linho fui buscar;
Para ser liso e fino o fio,
Meu dedo o há-de alisar.

Se em excesso entregar vos ides
Só à dança e ao prazer —
Este fio tem seus limites,
Cuidado, pode romper!

CLOTO:

Há pouco, digo-o a vós,
Foi-me a tesoura a mim dada;
Pois a mais velha de nós
Não era lá muito amada.

Deixa fantasmas inúteis
Muito tempo à luz e ao ar,
E ceifa as esperanças mais úteis,
Para a cova as manda morar.

Também eu, jovem, outrora
Muitas vezes me enganara;
Para me refrear, agora
Meti na caixa a tesoura.

Gosto de presa me ver,
Agrada-me este lugar:
Neste tempo de lazer
Continuai, pois, a folgar.

LÁQUESIS:

Sou aquela que discorre,
Tudo tenho de ordenar;
Minha dobadoira corre,
Mas sem nunca se apressar.

Fios a vir, fios a dobar,
A todos marco seu trilho,

Nenhum vai ensarilhar
Se enrolar bem no sarilho.

Mal seria dos humanos,
Se eu fosse descuidada;
Conto as horas, meço os anos,
O tecelão leva a meada.

ARAUTO:

As que aí vêm, vós não as conheceis,
Nem tendo lido muito antigo papel;
Olhai para elas, fonte de tanto mal,
E hóspedes bem-vindas lhes chamareis.

As Fúrias são, nem dá para acreditar,
Lindas, ainda jovens e amáveis;
Mas metei-vos com elas e vereis
Que viperino é das pombas o olhar.

Pérfidas são, mas nosso tempo é tal
Que qualquer louco defeitos quer mostrar;
Também elas anjos não querem ser,
Dizem-se antes a praga universal.

As Fúrias

ALECTO:

Em nós confiareis! Falar, para quê?
Somos jovens, belas, gatas dengosas;
Se algumas de entre vós de amores estão presas,
Tantas festas lhe faremos, até

Que possamos dizer-lhe cara a cara:
Que a este e àquele também faz olhinhos,

Que é oca e torta e tem os pés coxinhos,
E que, se é sua noiva, a mande embora.

Também à noiva faremos vida negra:
Pois se o amigo falou tão mal dela
Inda há poucas semanas, com aquela!
Talvez se juntem, mas não acaba a brega.

MEGERA:

Isso é só o começo! No casamento
Ficam por minha conta. E eu sei de cor
Com meus caprichos envenenar amor;
Muda o homem, muda cada momento.

Ninguém que tenha aquilo que deseja
Deixa por isso, louco, de mais querer
Do conhecido e último prazer —
Foge do Sol, gelo aquecer almeja.

E tudo isto a meu jeito eu conduzo,
Chamo Asmodeu, fiel, para que ele faça
Na hora certa chover a desgraça,
E par a par a nada vos reduzo.

TISÍFONE:

Para o traidor? Punhal, veneno,
E não má-língua, segredo;
Amas outras? Tarde ou cedo
A desgraça é teu destino.

E o que mais doce parecia
Em fel se transformará!
Nada se regateará,
Quem cá as faz, cá as expia.

Perdão não há-de ser dado!
Meu grito às rochas se lança.
Ouves o eco? "Vingança!"
Quem muda está condenado.

ARAUTO:

Abri alas, senhores, ide para o fundo,
Que o que aí vem não é do vosso mundo.
Vedes o monte que a custo vem entrando,
De belos panos o dorso flanqueado,
As longas presas, a tromba como cobra?
Eu vos desvendarei o mistério da obra.
Sobre o cachaço, a frágil figurinha
De mulher o vai guiando com a varinha;
A outra, mais acima, esplendorosa,
Cega-me com seu brilho, gloriosa.
E nobres donas, em cadeias, ao lado,
Um semblante é alegre, outro assustado;
Uma sente-se livre, outra quer sê-lo.
Quem são? Elas virão dizê-lo.

TEMOR:

Luzes, tochas, foi-se o dia,
Como a festa está confusa!
Nesta fantasmagoria
Ando eu em cadeias presa.

Ridículas carantonhas!
Fora! Não sois de fiar!
Meus rivais — noite medonha! —
Já me andam a assediar.

Olha, o amigo é já imigo,
A máscara não me enganou;

Este ia acabar comigo,
Foi descoberto, escapou.

Ah, fugia, se pudesse,
Daqui para fora, sem norte;
Mas já além me aparece
Entre névoa e horror a morte.

ESPERANÇA:

Irmãs, aqui vos saúdo!
Já vos tendes divertido
Hoje, ontem, com mascaradas;
Mas eu bem sei que vós todas
Vos mostrareis amanhã.
E se a pouca claridade
Não nos faz sentir tão bem,
Nos bons dias que aí vêm
Vamos percorrer a chã
À nossa real vontade,
Acompanhadas, sozinhas,
Descansar, agir asinhas,
Numa vida de delícias
Aspirar só, sem renúncias;
Hóspedes bem-vindas, vamos
Então confiantes entrar:
Que o melhor, acreditamos,
Nalgum lugar se há-de achar.

PRUDÊNCIA:

Dois inimigos jurados
Do homem, temor e esperança,
Trago presos, e afastados
Do povo — tende confiança.

Eu guio o colosso vivo,
Em cima leva uma torre,

Passo a passo, sempre activo,
Por carreiros íngremes corre.

Mas no topo, em seu altar,
Vai uma deusa, agitando
Amplas asas sem cessar,
Para a fortuna se voltando.

À volta é só brilho e glória,
Chega ao longe a claridade,
Dá pelo nome de Vitória,
É da acção a divindade.

ZOILO-TERSITES:

Hu, hu! Venho na hora ideal
Para de vós todos dizer mal!
Mas o fito que aqui me anima
É Dona Vitória lá em cima.
Com o seu par de asas alvares
Imagina-se águia nos ares,
E que onde o seu olhar erra
Lhe pertence o povo e a terra;
Mas se Fama tem seus deleites,
Eu fico logo com os azeites.
O alto fundo, o fundo alto,
O recto torto, o torto recto:
Para mim só isto é são, fecundo,
E assim o quero cá neste mundo.

ARAUTO:

Pois então toma, cão imundo,
Prova o poder do meu bastão!
Torce-te, enrosca-te no chão!
Como o anão de dupla forma
Numa vil massa se transforma! —
Mas da massa sai ovo, e eis

Que incha, rebenta, faz-se em dois.
Do ovo um par de gémeos sai,
Morcego e víbora, ela aí vai
Mordendo o pó, e o bicho infecto
Voou já, negro, para o tecto.
Lá fora os dois se vão juntar;
Aí é que eu não queria estar.

MURMÚRIOS:

Vamos! Já dançam lá dentro —
Por mim, se puder, nem entro —
Não sentes que estás cercado
De espíritos por todo o lado? —
Entram-me pelos cabelos —
E eu estou nos pés a senti-los —
Feridos não estamos, vá lá! —
Mas com medo tudo está —
Estragaram-nos a folia —
Era o que essa corja queria —

ARAUTO:

Desde que nas mascaradas
Tais funções me foram dadas
Que eu velo, atento, à entrada,
Para que neste lugar nada
Entre que vos faça medo;
Não arredo pé, não cedo.
Mas receio que pela janela
Entrem fantasmas à vela,
E de assombração, bruxedo,
Não vos liberto tão cedo.
Do anão já desconfiei,
Mas o que aí vem, nem sei!
Devia de cada vulto

Dar-vos o sentido oculto,
Mas o que claro se não sente,
Explicar também não se pode;
Dizei-mo vós! Quem me acode? —
Vede-los por entre a gente?
Entra um rico carro, e se olhas
Vês que traz duas parelhas;
Mas não corta a multidão,
E não gera confusão.
Brilha ao longe em cores que é vê-las,
Correm, fulgem tantas estrelas
Como em mágica lanterna,
Resfolgam, como ao assalto.
Dai lugar! Que medo!

RAPAZ (*guiando o carro*):

— Alto!

Baixai as asas, corcéis!
As rédeas, não as sentis?
Se eu vos refreio, refreai-vos,
Quando eu arder, libertai-vos —
Honremos estes salões!
Vejam como multidões
De admiradores se juntaram.
Arauto, todos esperam
Que a tua sabedoria
Nos descreva, antes que nós,
Que somos alegorias,
Nos vamos. Vê se és capaz!

ARAUTO:

Não sei como nomear-te,
Acho que só descrever-te.

RAPAZ-GUIA:

Então tenta!

ARAUTO:

— Para começar:
És jovem, de bom parecer.
Um franganote, mas as mulheres, vê lá,
Gostariam de ver-te homem feito já!
Inda serás, garanto-te, um galã,
Um perfeito e nato Don Juan.

RAPAZ-GUIA:

Apraz-me ouvir-te! Continua, diz
Qual será deste enigma o fim feliz.

ARAUTO:

Teus olhos negros fulminam, o cabelo
É noite que um diadema anima!
E que roupagem delicada e fina
Desce dos ombros até ao artelho,
Com lantejoulas e orla purpurina!
Podíamos contar-te entre as donzelas,
Mas, para bem ou mal, também assim
Se vê que atrais as moças, e elas
Te ensinariam o ABC a ti.

RAPAZ-GUIA:

E este, que em sua majestade
No trono sentado resplandece?

ARAUTO:

Parece um rei, rico e de bondade,
Feliz quem seu favor merece.
De nada tem necessidade!

Onde algo falta pousa o olhar,
E o seu puro prazer de dar
É maior que posse e felicidade.

RAPAZ-GUIA:

Não deves parar aí, senão
Fica incompleta a descrição.

ARAUTO:

Não se descreve a majestade.
É cheio e são, este semblante,
Lábios grossos, face corada
Sob a riqueza do turbante,
Modos de rico sob o manto!
Que porte é este, é o que pergunto.
Rei é, conheço-o com certeza.

RAPAZ-GUIA:

É Pluto, dito deus da riqueza!
É ele mesmo em seu esplendor,
Deseja vê-lo o Imperador.

ARAUTO:

O como e o quê de ti saber queria.

RAPAZ-GUIA:

Sou o espírito pródigo, a Poesia,
O poeta que o nome só mereceu
Quando deu e esbanjou o que é mais seu.
Minha riqueza é incalculável,
Meu tesouro ao de Pluto é igualável.
De seus festins e danças sou adereço,
E o que a ele lhe falta, eu o ofereço.

ARAUTO:

A vaidade fica-te a matar —
Mas que artes tens tu para mostrar?

RAPAZ-GUIA:

Repara: com os dedos dou um estalo,
E à volta do carro cresce um halo
De luz, e um rico colar brilha.
(*Continuando a dar estalos com os dedos.*)
E mais adereços para pescoço e orelha,
E pente e coroa sem defeitos
Anéis com preciosos enfeites;
E às vezes lanço chamas no ar,
Para ver onde o fogo irá pegar.

ARAUTO:

Que afã o da turba para apanhar
Algo! Quase leva o doador!
Como em sonhos jóias faz nascer,
Que todo o salão quer apanhar.
Mas já por novos truques dou:
O que, sôfrego, este agarrou
Não é recompensa que se veja:
Foge-lhe o presente que deseja.
Soltam-se as pérolas do cordão,
Ficam-lhe escaravelhos na mão;
Se o pobre tonto os arremessa,
Zumbem-lhe à volta da cabeça.
E em vez de prendas reais,
Colhem borboletas os demais.
Belo tratante, tanto oferece,
E é brilho só o que ouro parece!

RAPAZ-GUIA:

De mascarados vejo que percebes,

Mas, arauto de corte, não consegues
Do vaso ver o fundo, e entendê-lo:
Tua visão não dá para alcançá-lo.
Mas não quero meter-me em disputas;
A ti falo, meu amo, se me escutas.
(*Voltando-se para Pluto.*)
Não me confiaste o fogo alado
Da quadriga que venho guiando?
Não guio eu bem, como tu mandas?
Não me acho eu lá para onde apontas?
Não soube meu voo insubmisso
Ganhar a palma ao teu serviço?
E sempre que por ti lutei,
De toda vez trouxe vitória:
Os louros que à fronte te dão glória
Com a mente e a mão eu os entrancei.

PLUTO:

Se mister há, pois serei teu testigo:
Que és espírito do meu espírito digo.
E que ages como se fosses eu,
E que és mais rico do que eu sou.
Dou mais valor, para teu pago,
Ao ramo verde que às coroas que trago.
E a todos anuncio neste ensejo:
És meu filho dilecto, em ti me vejo.

RAPAZ-GUIA (*para a multidão*):

Os melhores dons da minha mão
Vedes espalhados pelo chão.
Numa ou noutra cabeça vi
Uma chama que eu acendi;
De umas para outras vão saltando,
Daqui fugindo, ali ficando,
São raras as línguas que crescem

E em breve brilho resplandecem;
Muitos nem as chegam a notar,
Extinguem-se antes de alguém as ver.

VOZEARIA DE MULHERES:

Vejam quem vem a guiar:
Um charlatão, podem crer.
E lá atrás, agachado,
Um palhaço escanzelado
Como nunca ninguém viu.
Beliscaste-o? Nem sentiu!

O ESCANZELADO:

Fora daqui, vil mulherio!
Bem sei que a vós não vos atraio. —
Quando a mulher do lar cuidava,
Eu *Avaritia* me chamava;
Então nossa casa floria,
Entrava muito, pouco saía!
Eu ajuntava na arca e sobrado,
Que até chegava a ser pecado.
Nos tempos que vejo correr
Não sabe a mulher já poupar;
E como qualquer caloteiro,
Tem mais desejos que dinheiro.
O que um homem tem de aturar!
E as dívidas que tem de pagar!
Gasta o que apanha, sem desplante,
Consigo própria ou com o amante;
E os banquetes e os festins,
Com os galãs, como mastins!
E eu minha sede de ouro aumento:
Sou homem e chamo-me Avarento.

PRIMEIRA MULHER:

Que o dragão seja avaro com o dragão,

No fundo é tudo engano e ilusão!
Vem este os homens atiçar,
Que já custam tanto a aturar!

MULHERES EM CONJUNTO:

Espantalho! Dá-lhe um bofetão!
Que quer de nós o espeto de pau?
Não nos assusta a cara de mau!
Os dragões são de pau e papelão,
Avante, acabemos com ele!

ARAUTO:

Calma, mulheres! Pelo meu bastão!
Mas quem falou já cá não está:
Vede como os feros monstros vão
Ganhando todo o espaço já
E abertas as duplas asas estão.
E agora as fauces escamadas
Dos dragões cospem fogo, iradas.
A turba foge, o espaço é livre.

Pluto desce do carro.

ARAUTO:

Apeia-se. Que porte real!
Logo os dragões, ao seu sinal,
Descem do carro o baú raro
Com o ouro, e mais o velho avaro,
E aos pés dele o vão pousar:
Só um milagre o pode explicar.

PLUTO (*para o Guia*):

Carga alijada, coração ao alto,
Corre para a tua esfera, livre e solto!
Aqui ela não é. Rudes, impuras,

Cercam-nos cá grotescas criaturas.
Só onde, clara, a pura luz descobres,
A ti pertences, em ti confiar podes,
Lá onde só o Belo e o Bom compraz —
Na solidão — teu mundo criarás.

RAPAZ-GUIA:

Assim me vejo como teu enviado,
E te amo a ti, qual parente chegado.
Tu trazes abundância; e onde eu estou
Sinto que a todos o bem supremo dou.
E muitos levam a vida a hesitar
Entre a ti dar-se ou a mim se entregar.
Os teus adeptos vivem no remanso,
Os que me seguem não têm descanso.
Os meus feitos não se fazem em segredo,
Basta-me respirar, e estou traído.
Adeus! Eu sei que feliz me queres ver;
Mas basta um sopro teu para eu voltar.
(*Sai como entrou.*)

PLUTO:

Agora é tempo de os tesouros soltar!
Com o bastão do Arauto os cadeados
Vou tocar. Abriu-se! Começa a jorrar
De brônzeos vasos o sangue dourado,
Cresce e ameaça fundir, devorar,
O adereço de coroas, anéis e colar.

A MULTIDÃO, EM GRITOS CONFUSOS:

Vede a riqueza borbulhando,
A arca até ao bordo enchendo!
Derretem-se os vasos dourados
E rolam os rolos cunhados.

Saltam ducados em cadeia —
Como isto a alma me incendeia!
Vejo-os rolar, minha cobiça
Com isso ainda mais se atiça!
Tudo é de graça, não recuseis,
Curvai-vos só, ricos sereis!
Nós outros, como o raio veloce,
Da arca tomamos a posse.

ARAUTO:

Que fazeis, gente desmiolada?
É tudo apenas mascarada!
Não esperem mais nada da festa;
Queríeis ouro assim, sem mais esta?
Para vós, nestes jogos banais,
Já fichas seriam de mais.
Simplórios! Truques, falsidade,
Para vós é já pura verdade!
Para quê verdade, se à ilusão
Vos dais de alma e coração?
Pluto embuçado, herói mutante,
Limpa-me o campo desta gente!

PLUTO:

O teu bastão será bastante;
Empresta-mo por um instante. —
Mergulho-o no metal candente,
Já estala e chispa, incandescente!
E agora, máscaras, cuidado!
O bastão está incendiado,
Quem se aproximar do meu isco,
Sem piedade eu o chamusco. —
A minha ronda vai começar.

GRITARIA E APERTOS:

Ai de nós, que vamos morrer! —
Salve-se, fuja quem puder! —
Para trás, para trás, deixem sair! —
Já sinto as faúlhas no rosto. —
E eu o peso do pau de fogo. —
Estamos perdidos, todos, todos. —
Para trás, para trás, ó mascarados!
Para trás, para trás, ó turba alvar! —
Tivesse eu asas para voar!

PLUTO:

O círculo já recuou,
E ninguém, creio, se chamuscou.
A turba cede,
Seus passos mede. —
Para mantê-la no seu lugar,
Risco invisível vou traçar.

ARAUTO:

Fizeste um trabalho exemplar,
Graças à tua força e saber!

PLUTO:

Precisamos de ter paciência, amigo,
Vem aí mais tumulto, é o que te digo!

AVARENTO:

Afinal sempre podes, se quiseres,
Observar divertido esta gente;
Pois como sempre, na fila da frente,
Para mirar, petiscar, estão as mulheres.
Não pensem que sou peça enferrujada!
É sempre bela uma bela mulher;

E já que hoje o prazer não custa nada,
Quero eu também a corte lhes fazer.
Mas como num lugar tão apinhado
Nem sempre se ouve o nosso arrazoado,
Vou tentar, com cabeça e, espero, com sorte,
Fazer por pantomima a minha corte.
Mãos, pés, o gesto não irão bastar,
Uma farsa qualquer vou inventar.
O ouro amassarei, qual barro mole,
Que em tudo se transmuta este metal.

ARAUTO:

O trinca-espinhas, que vai fazer?
Unha-de-fome já tem humor?
Amassa o ouro, o pobre tolo,
Nas suas mãos forma-se um bolo;
Por mais que aperte, por mais que faça,
É massa informe, disso não passa.
Volta-se agora para o mulherio
Que grita e foge em desvario
E, pelos gestos, nem o quer ver;
Mas o malandro sabe o que quer.
Receio mesmo que chegue aos cumes
Sempre que ofende os bons costumes.
Não vou ficar aqui a olhá-lo:
Dá-me o bastão, vou escorraçá-lo.

PLUTO:

Nem sonha o que nos vem ameaçar;
Deixa-o fazer a sua palhaçada!
Em breve terá fim a farsalhada;
Mais do que a lei, manda o que tem de ser.

ALGAZARRA E CANTOS:

Dos altos montes vem chegando,
Do verde vale o rude bando.
Travá-lo é tarefa vã,
Festejam o seu grande Pã.
Sabem o que ninguém mais sabe,
E à sua vista o círculo se abre.

PLUTO:

Sei bem quem sois, e Pã, o grande eleito;
Juntos grandes proezas haveis feito.
O que nem todos sabem, eu o conheço,
Cumpro o que devo: abro-vos este espaço.
Que a boa sorte vos queira acompanhar!
Como não sabem para onde vão,
Coisas estranhas se podem dar,
Pois não conhecem a precaução.

CANTOS EXTÁTICOS:

Gente janota, de brilhos falsos!
Ei-los que chegam, rudes, descalços,
Em grandes saltos, passos corridos,
Entram à bruta, e decididos.

FAUNOS:

Os bandos de faunos
Fora de si dançam,
No cabelo entrançam
Coroas de carvalho;
Orelhas finas, espetadas,
Nas cabeleiras encrespadas,
Nariz rombo, largo carão,
Para as mulheres não é senão:
Pois quando o fauno a pata estende,
À dança a mais bela se rende.

SÁTIRO:

Atrás, o sátiro saltitando
Com pé de cabra, perna esticando,
Fina e nervosa se mostrando
Como a camurça, no monte à solta,
Ele diverte-se, olhando em volta.
Ébrio de ar livre, de penha em penha,
Homem, mulher, menino desdenha
Que lá no fundo do vale morto
Julgam ser vida o seu conforto:
Mas só a ele, puro, intocado,
Pertence o mundo lá no alto.

GNOMOS:

Tic-toc, entram os anõezinhos,
Não vêm aos pares, andam sozinhos;
Fatos de musgo com lampião,
Mexem-se rápidos, em confusão,
Cada um trata de se arranjar,
São pirilampos num formigar;
Vão cirandando para lá, para cá,
E trabalhando ao deus-dará.

Somos parentes dos bons anões,
Das rochas grandes cirurgiões;
Os altos montes nós rasgamos,
Do filão o metal extraímos,
E amontoamos tudo à parte
Com o grito de "Boa sorte!"
E sempre bem-intencionados,
Que aos bons somos afeiçoados.
Mas o ouro trazemos à luz
Com que se rouba e se seduz,
E o ferro que o homem arrogante
Usa para assim espalhar a morte,

E quem os três mandamentos quebra
Também o resto a sério não leva.
De tudo somos inocentes:
Sede, como nós, pacientes.

GIGANTES:

Homens selvagens somos chamados,
Na montanhas do Harz afamados;
A força bruta, nus, animais,
Vimos em grupo, descomunais.
Um tronco de árvore na mão direita
E à cintura uma faixa feita
De grossos ramos, folhagem leve,
Tal guarda nunca o Papa teve.

NINFAS EM CORO (*rodeando o grande Pã*):

Chega também ele! —
Todo o Universo
Aqui está expresso
Em Pã, deus total.
Vós, os mais alegres, rodeai-o,
No jogo da dança, envolvei-o:
Pois, sendo austero e bom em si,
Quer ver-nos alegres aqui.
Sob o azul do céu aberto
Estaria também sempre desperto,
Mas correm para ele os riachos,
E o zéfiro embala-o nos braços.
E quando ao meio-dia dormita,
Nem ramo nem folha se agita;
Balsâmicas plantas e odores
Enchem o silêncio dos ares;
Nem a ninfa pode dançar,
Adormece em qualquer lugar.

Mas quando, forte, o eco traz
A sua voz, que ouvir se faz
Como trovão, espumante mar,
Já ninguém sabe o que fazer,
Já perde o norte a soldadesca
E treme o herói na borrasca.
Honra a quem honra devemos,
E a quem nos trouxe saudemos!

DEPUTAÇÃO DOS GNOMOS (*dirigindo-se ao grande Pã*):

Se os ricos metais polidos
Estendem pela rocha o filão,
E mostram seus labirintos
Só à vara de condão,

Nós cavámos, trogloditas,
Nossa casa em antros escuros,
Tu, à luz do Sol, ofertas,
Generoso, teus tesouros.

E eis que aqui vimos achar
Tão fabulosa jazida
Que, sem mais, promete dar
Mais do que toda uma vida.

Tal obra é bem tua empresa,
Sê seu patrono, Senhor:
Em tuas mãos a riqueza
Ao mundo inteiro vai servir.

PLUTO (*para o Arauto*):

O alto momento de contenção carece,
Deixemos que aconteça o que acontece;
Mas tu sempre homem de ânimo forte foste.

Algo terrível vai acontecer
Que presente e futuro irão negar:
Que tudo, pois, do protocolo conste.

ARAUTO (*tocando no bastão que Pluto conserva na mão*):
À fonte em fogo a gente anã
Conduz agora o grande Pã;
Sobe fervendo da bocarra,
De novo para o fundo jorra
E o grande abismo não se encerra;
Volta a crescer, maré ardente,
O grande Pã olha, contente,
A bizarra espuma o deleita
De aljofre à esquerda e à direita.
Como pode em tal confiar?
Agora inclina-se, a espreitar. —
Caiu-lhe a barba dentro já!
O queixo liso, quem será?
Esconde-o com a mão do nosso olhar. —
Uma tragédia se vai dar:
É a barba que volta, a arder,
E coroa e fronte e peito inflama:
O que era festa, agora é drama. —
Acorrem todos, para apagar,
Ninguém se livra, é tudo a arder,
E batem pés, e as mãos içam,
E assim as chamas mais atiçam;
E o elemento come e enrola
De mascarados toda uma bola.

Mas que oiço agora anunciar,
De boca em boca a ecoar?
Oh, noite de trevas e horror,
Que nos trouxeste tanta dor!

O amanhã há-de trazer
O que ninguém queria ouvir;
Ouve-se gritar entre muros
"O Imperador está em apuros!"
Porque é que este eco não mente?
Arde o Imperador e a sua gente.
Maldito quem o foi tentar
A ramos com resina usar
Para, em folguedos boçais,
Trazer desgraça a si e aos mais.
Ó mocidade, mocidade,
Não tens medida no prazer?
Ó majestade, majestade,
Não podes com a razão reinar?

Já estão as matas inflamadas
As chamas lambem, aguçadas,
Do tecto as traves de madeira;
O fogo abrasa a casa inteira.
De males já transborda a taça —
Quem nos salvará da desgraça?
A pompa do mundo cortês
Numa noite em cinzas se fez.

PLUTO:

Para pavor já é bastante,
Venha ajuda, num instante! —
Actua, sacro bastão
Para que trema e ecoe o chão!
E vós, vastos ares imensos,
Enchei-vos de frescos ventos!
Vinde, envolvei o lugar,
Névoas, nuvens a emprenhar,
Cobri este mar de chamas!

Gotejem, soprem, circulem
Nuvens, penetrem, fumeguem,
Combatam o fogo, apaguem,
Vós, que sois húmido alívio,
Fazei relâmpagos vivos
Deste espúrio jogo de chamas! —
Se espíritos do mal são,
Que entre a magia em acção.

JARDIM DE LAZER

Sol matinal.
O Imperador, cortesãos. Fausto, Mefistófeles, vestidos à moda, decentes, discretos; ambos ajoelham.

FAUSTO:
Desculpai-nos, Senhor, o falso fogo.

IMPERADOR (*acenando-lhes para que se levantem*):
Quisera eu mais vezes ver tal jogo! —
Vi-me de súbito na esfera flamejante
Julguei ser eu Pluto por um instante.
Da rocha o fundo era noite e carvão,
Com fogo vivo. Do abismo então
Em torvelinho mil chamas subiram
E em abóbada ardente confluíram.
Línguas de fogo, em cúpula a lamber-se,
Sempre a formar-se e sempre a desfazer-se.
Em vastos espaços com colunas de fogo
Vi, comovido, longas filas de povo
Que em largo círculo se iam aproximando,
Como sempre seu preito me rendendo.

Da minha corte este e aquele conheci,
De salamandras mil rei me senti.

MEFISTÓFELES:

Rei és, que os elementos, na verdade,
Todos reconhecem a majestade.
Provaste já que te obedece a chama,
Lança-te agora ao mar, que mais fero brama;
E mal pisares as pérolas do fundo,
Abrir-se-ão as águas em redondo;
Sobem e descem ondas, irisando
Verdes, fímbria de púrpura, e formando
Bela morada, de que és o centro,
E te acompanha a cada movimento.
Os próprios muros parecem animar-se,
Num vaivém célere, com tudo a agitar-se.
À luz nova e suave aí se concentram
Do mar as maravilhas, mas não entram.
Brincam dragões de escamas de ouro, cores belas,
E ao tubarão, tu ris-lhe para as goelas.
À tua volta a corte extasiada,
Nunca tu viste cena tão animada.
Nem o que há de mais doce faltará:
Curiosas, as Nereides acorrem já
Ao rico paço no líquido elemento;
As jovens sensuais, a medo; com tento
As outras. E a própria Tétis, que a Peleu,
O segundo, mão e beijos ofereceu.
É assim o assento nos campos do Olimpo…

IMPERADOR:

O reino etéreo, esse deixo-to a tempo:
Cedo de mais subimos a esse trono.

MEFISTÓFELES:

Da Terra, alto Senhor, já tu és dono.

IMPERADOR:

Que destino mandou que aqui te afoites,
Vindo do mundo das mil e uma noites?
Se igual a Xerazade for teu engenho,
A mais sublime graça para ti tenho.
Acode-me, se o vosso dia-a-dia,
Como amiúde é o caso, me enfastia.

MORDOMO-MOR (*entra precipitadamente*):

Sereníssimo, quem a mim me diria
Que notícia tão boa te daria
Como esta que feliz me faz
E à tua presença me traz:
Todas as contas estão saldadas,
As garras da usura acalmadas,
Livrei-me de infernal terror,
O céu não pode ser melhor.

CONDESTÁVEL (*segue-se-lhe, apressado*):

Foi pago o soldo atrasado,
A tropa tem novo contrato,
Tem sangue novo o mercenário,
É bom para moça e taverneiro.

IMPERADOR:

Que arfar é esse, afogueado?
E o rosto grave tão animado!
Que pressa é essa com que entrastes?

TESOUREIRO-MOR (*que acaba de entrar*):

A obra é deles. Pergunta a estes.

FAUSTO:

São contas do pelouro do Chanceler.

CHANCELER (*aproximando-se lentamente*):

No fim da vida, que ditoso prazer! —
Vede e ouvi o fatídico edital
Que bem-estar fez da miséria e do mal:
(*Lê.*)
"A quem interesse, aqui se faz saber
Que esta nota mil-réis há-de valer.
Estão seu valor e penhor assegurados
Pelos mil tesouros no Império enterrados.
Amealhada, essa riqueza vale
De garantia para este papel."

IMPERADOR:

Suspeito crime, fraude sem igual!
Quem contrafez a firma imperial?
Ficou impune tal violação?

TESOUREIRO-MOR:

Recorda-te: com a tua própria mão
O assinaste esta noite, mascarado
De Pã. O Chanceler fez-te o pedido:
"Digna-te com dois traços conceder
Ao povo a salvação e a ti prazer."
Na mesma noite, a lei assim firmada
Por mil artistas foi multiplicada.
Para o benefício alcançar sua meta,
Estampámos logo a série completa:
Temos notas de dez, trinta, cinquenta
E cem. Como isto o povo inteiro contenta!
Vede a cidade, antes adormecida,
Como agora pulsa de gozo e vida!
E se o teu nome há muito é estimado,

Nunca como hoje ele foi saudado.
O alfabeto não tem utilidade,
Só neste signo se encontra a felicidade.

IMPERADOR:

E o povo aceita-o como ouro de lei?
Com isso a tropa, a corte pagarei?
É muito estranho, mas não o posso evitar.

MORDOMO-MOR:

Nem nós papéis volantes recuperar;
Velozes como o raio circulam já,
Por toda a parte casas de câmbio há
Onde cada papel se troca a pronto
Por ouro e prata — é claro, com desconto!
Depois, é talho, padeiro, botequins,
Meio mundo só pensa em lautos festins,
Enquanto o resto fatos novos ostenta:
A loja os vende, o alfaiate os apronta.
Nas caves brinda-se ao Imperador
E a cozinheira não tem mãos a medir.

MEFISTÓFELES:

E quem percorra a pé as esplanadas,
Logo verá beldades enfeitadas;
O leque de pavão tapa meio rosto,
Sorri para nós, o olhar na nota posto;
E mais que com engenho e falas mansas
O supremo favor de amor alcanças.
Bolsa, sacola, são coisa obsoleta —
É tão fácil no seio meter a nota!
Aí faz par com a carta de amor,
No breviário do padre, com fervor,
As vemos; e o soldado, para melhor

Se mexer, o cinto pode aliviar.
Perdoe-me a majestade o aparente
Apoucar da grande obra em baixa gente.

FAUSTO:

Os tesouros imensos que, parados,
No chão do teu Império estão enterrados,
São inúteis. E a mais ousada mente
De tal riqueza o alcance não pressente;
No seu mais alto voo, a fantasia
Por mais que faça nunca a avalia.
Só os génios capazes de olhar fundo
Confiam até ao fim no que é infindo.

MEFISTÓFELES:

Em vez de pérolas, de ouro, este papel
É tão cómodo! Sabe-se o que vale,
Sem de mercas nem trocas precisar,
Gozando amor e vinho a bel-prazer.
Queremos metal? O cambista dá troco.
E se faltar, basta escavar um pouco.
Taças, cordões, é tudo leiloado,
E logo ali o papel é amortizado,
Para vergonha do céptico insolente.
A febre já chegou a toda a gente.
Não faltarão no Império, a granel,
De ora avante ouro, jóias, papel.

IMPERADOR:

O nosso reino o bem geral vos deve;
Estará a paga à altura de quem serve.
A vós confio os solos do Império,
Sereis o guardião de ouro e minério
Sabeis onde os maiores tesouros achar,

Só vós dareis licenças para escavar.
Meus mestres do tesouro, cumpri com gosto,
E unidos, os deveres do vosso posto;
E feliz se junte o mundo inferior
Em harmonia com o superior.

TESOUREIRO-MOR:
Não haverá disputa nem refrega,
Aceito o feiticeiro como colega.
(*Sai com Fausto.*)

IMPERADOR:
E agora a corte quero presentear:
Um a um me direis como o gastar.

PAJEM (*recebendo*):
Eu gosto de viver, quero boa vida.

OUTRO (*igualmente*):
Eu dou colar e anéis à minha amiga.

CAMAREIRO (*recebendo*):
A partir de hoje melhoro a garrafeira.

OUTRO (*igualmente*):
Já os dados me saltam na algibeira.

BARONETE (*pensativo*):
Castelo e terras irei desempenhar.

OUTRO (*igualmente*):
É um tesouro que a tesouros vou juntar.

IMPERADOR:
Esperei que daí novo empenho viesse,
Mas não se engana em vós quem vos conhece.

Já vi: mesmo com todo o ouro do mundo
Sereis sempre o que sois, lá bem no fundo.

BOBO (*aproximando-se*):
Distribuís mercês e nada me dais?

IMPERADOR:
Vivo outra vez? Dum trago as gastarás!

BOBO:
Os papéis mágicos deixam-me confuso.

IMPERADOR:
Pudera, pois se lhes dás mau uso!

BOBO:
E caem mais! O que é que eu vou fazer?

IMPERADOR:
Apanha-as, se a teus pés foram cair.
(*Sai.*)

BOBO:
Cinco mil coroas! Golpe de sorte este!

MEFISTÓFELES:
Odre de duas pernas, renasceste?

BOBO:
Já várias vezes, mas esta é a melhor.

MEFISTÓFELES:
De tão contente, estás banhado em suor.

BOBO:
Ora dizei: é dinheiro a valer?

MEFISTÓFELES:

Para pança e goelas muito podes comprar.

BOBO:

E também terras, gado e um casarão?

MEFISTÓFELES:

É claro! Oferece, e não te faltarão!

BOBO:

E castelo com tapada e rio?

MEFISTÓFELES:

— Ah, pois!
Sempre quero ver que senhor tu me sais!

BOBO:

Senhor já hoje serei, é mais que certo!
(*Sai.*)

MEFISTÓFELES (*solus*):

E digam lá que o bobo não é esperto!

GALERIA SOMBRIA

Fausto. Mefistófeles.

MEFISTÓFELES:

Porque me trazes para antro tão sombrio?
Não há lá dentro animação?
Na corte inteira em corropio
Ensejo para folia e ilusão?

FAUSTO:

Deixa-te disso, que em tempos passados
Esgotaste esses discursos esfarrapados;
Mas agora esse teu ir e vir
É só para a palavra não cumprir.
A mim pedem-me acção primeiro,
Tenho à perna mordomo e camareiro.
Quer o Imperador o que adiar não posso:
Ver Páris e Helena em carne e osso;
De homem, mulher, a imagem escorreita,
Aqui os quer em efígie perfeita.
Dei a minha palavra. Anda, depressa!

MEFISTÓFELES:

Foi louca e leviana tal promessa.

FAUSTO:

Tu não pensaste, companheiro
Até onde tuas artes vão:
Deixámo-lo cheio de dinheiro,
Agora pede diversão.

MEFISTÓFELES:

Para ti é simples, dito e feito,
E é alta, tão alta a ravina!
Metes por terreno esquisito,
Arranjas novas dívidas por fim,
Achas tão fácil invocar Helena
Como o fantasma do papel-xelim. —
Para bruxarias, papões e feitiços,
Anões disformes, conta com os meus serviços;
Mas simples diabas, não sendo de desprezar,
Por heroínas não podem passar.

FAUSTO:

Já cá faltava a velha ladainha!
Contigo, do incerto não se sai,
De todos os obstáculos és o pai,
Queres paga nova para cada mezinha.
Sei que é possível, sem grande resmungo;
Num abrir e fechar de olhos põe-na cá!

MEFISTÓFELES:

Com tal gente pagã eu não comungo,
Tem seu inferno, e habita lá:
Mas há um meio.

FAUSTO:

— Fala! Qual é o plano?

MEFISTÓFELES:

A contragosto revelo um alto arcano.
Deidades há, sublimes, solitárias,
Ao espaço alheias, ao tempo refractárias;
Delas falar é empresa temerária.
São as Mães!

FAUSTO (*assustado*):

— Mães!

MEFISTÓFELES:

— Pareces assustado!

FAUSTO:

Mães! Mães! O nome deixa-me intrigado!

MEFISTÓFELES:

E com razão. Deusas desconhecidas
De vós, mortais, por nós não nomeadas.

No mais fundo a morada lhes buscamos;
Tua é a culpa, se delas precisamos.

FAUSTO:
E a via?

MEFISTÓFELES:
— Não há! Para o nunca explorado
E inexplorável, para o nunca implorado
E inimplorável. Estás pronto então? —
Não há cadeados nem ferrolhos para abrir,
Por solidões sem fim tu terás de ir.
Sabes o que é um ermo, a solidão?

FAUSTO:
Deixa-te de sentenças, vá, afrouxa!
Isto já cheira à cozinha da bruxa,
A outras eras, tempos que já lá vão.
Não andei eu pelo mundo a conhecê-lo?
A aprender o Nada e a ensiná-lo?
E se ao que vi dei a voz da razão,
Mais alto ecoava a contradição;
Fugindo aos golpes baixos que apanhei,
Para erma solidão me retirei,
E para não ficar só, ao fim e ao cabo
Acabei mesmo por me entregar ao diabo.

MEFISTÓFELES:
Tivesses tu passado o grande mar
E visto aí o sem-limite,
Onda após onda verias chegar,
Inda que o horror da morte te amedronte.
Algo verias. Verias decerto
Na verde calma os delfins por perto,
O Sol, a Lua, astros, nuvens correndo —

Nada verás no vácuo frio e infindo,
Não ouvirás teus passos ecoar,
Não terás terra firme onde parar.

FAUSTO:

Falas como o Grão-Mestre Mistagogo
Que enrola os neófitos no seu jogo —
Mas às avessas. Ao vazio me confias,
Para aí revigorar arte e energias:
Como ao tal gato me usas, é o costume,
Para que eu te tire as castanhas do lume.
Pois seja então! Vamos até ao fundo,
Que no teu Nada espero encontrar o Todo.

MEFISTÓFELES:

Meus parabéns! Agora podes ir.
Tu conheces o diabo até a dormir.
A chave aqui a tens.

FAUSTO:

— Essa coisinha?

MEFISTÓFELES:

Pega-lhe, e não a faças tão mesquinha!

FAUSTO:

Cresce na minha mão! Reluz, cintila!

MEFISTÓFELES:

Vês agora o valor de possuí-la?
Na chave um guia certo e seguro tens;
Segue-a! Com ela descerás às Mães.

FAUSTO (*estremecendo*):

Às Mães! Fico como que fulminado!
Só a palavra me deixa assustado!

MEFISTÓFELES:

Tolhe-te o tino assim palavra nova?
Só queres ouvir o que sabes de sobra?
Nada te abale, por mais longe que vá,
Viste já tudo que de mais estranho há.

FAUSTO:

Não procuro inactivo a salvação,
É mais Homem o Homem em comoção;
Por mais que o sentir sofra adversidade,
Comovido sente mais a imensidade.

MEFISTÓFELES:

Para baixo, pois! Ou para cima, por que não?
É indiferente. Foge do que existe
Para o reino das formas sem grilhão!
Deleita-te com o que há muito perdeste.
Já te cercam, quais nuvens em errância,
Agita a chave, mantém-nas à distância.

FAUSTO (*entusiasmado*):

É isso! A chave minhas forças redobra,
O peito cresce ao encontro da grande obra.

MEFISTÓFELES:

Uma tripeça em brasa é o sinal
De que ao fundo dos fundos, abismal,
Chegaste. À sua luz as Mães vais ver,
Umas sentadas, outras de pé, a andar,
Como calha. Forma, transformação,
Do eterno espírito eterna animação.
No meio de imagens de todas criaturas,
Não te vêem, só vêem formas puras.
Ânimo, pois, que o perigo grande é,
E vai direito ao dito tripé.
Toca-o com a chave!

Fausto faz com a chave um movimento decidido e voluntarioso.

MEFISTÓFELES (*observando-o*):
— É isso, exactamente!
Segue-te como um servo, fielmente;
Sobes, sereno, pela fortuna animado,
E antes que o notem estás cá deste lado.
E uma vez que à tripeça o poiso trocas,
Da noite herói e heroína invocas.
Foste o primeiro que tal passo arriscaste;
Está feito agora, e tu o consumaste.
Com artes de magia, ao que penso,
Em deuses mudaremos seu incenso.

FAUSTO:
E então?

MEFISTÓFELES:
— Teu ser empenha na descida;
Bate o pé para ir ao fundo, e bate-o para a subida.

Fausto bate com os pés no chão e afunda-se.

MEFISTÓFELES:
Espero que a chave lhe sirva para o melhor!
Estou curioso em saber se vai voltar.

SALÕES BRILHANTEMENTE ILUMINADOS

Imperador e Príncipes, movimento da Corte.

CAMAREIRO (*para Mefistófeles*):
É tempo já de ver espectros em cena;
Apressai-vos, nosso amo já acena.

MORDOMO-MOR:

Perguntou já por eles, na verdade,
Vossa demora ofende a majestade.

MEFISTÓFELES:

Por isso é que saiu o outro rapaz;
Ele sabe como a coisa se faz,
E labora nisso em sigilo,
Muito aplicado, noite e dia,
Que para encontrar esse tesouro, o Belo,
Suma arte é precisa, grã magia.

MORDOMO-MOR:

Que artes vós usais, tanto se me dá:
O Imperador quer tudo pronto, e já.

LOURA (*para Mefistófeles*):

Uma palavra, senhor! Vedes um rosto
Alvo, mas que no Verão, para meu desgosto,
Outro parece: sardas rubras, castanhas,
A alva pele me cobrem, às centenas.
Um remédio!

MEFISTÓFELES:

— Que pena! Um tal achado,
Em Maio como pantera mosqueado!
Línguas de sapo, ovos de rã tomai,
À lua cheia depurai, destilai,
E no minguante é só a cara untar:
Com a Primavera as sardas vão acabar.

MORENA:

Acorre a multidão a bajular.
Dai-me remédio! Um pé gelado, hirto,

Impede-me de andar e de dançar,
E até o cumprimento me sai torto.

MEFISTÓFELES:
Vosso pezinho com o meu posso pisar?

MORENA:
Mas isso é o que fazem namorados!

MEFISTÓFELES:
Meu pé, filha, tem sentidos mais altos!
O igual ao que é igual, para qualquer mal;
Pé cura pé, membro a membro se encosta.
Chegai-vos cá! Aí vai! Mas sem resposta…

MORENA (*gritando*):
Ai! Ai! É fogo! Que patada brutal!
Parece de cavalo!

MEFISTÓFELES:
— A cura vale!
Podes dançar agora a teu sabor,
Roçar com o pé, à mesa, o teu amor.

DAMA (*abrindo caminho*):
Deixai passar! Ai, que grandes dores são
Estas que me consomem o coração!
Até ontem só via os olhos meus,
Hoje fala com outra, e diz-me adeus.

MEFISTÓFELES:
O caso é grave, mas acorrer-te posso.
Deves chegar-te a ele com maneiras;
Dou-te um carvão: com ele faz-lhe um traço
Nas mangas, manto, ombros, onde queiras,

E o coração sente o doce remorso.
Mas deves engolir logo o carvão,
Água nem vinho tocará tua mão;
Seus suspiros esta noite inda ouvirás.

DAMA:
É veneno?

MEFISTÓFELES (*escandalizado*):
— Respeito reclamamos!
Longe teríeis de ir por tal tição;
Vem dum auto-de-fé cujo clarão
Noutros tempos com mais zelo atiçámos.

PAJEM:
Ninguém me leva a sério, estou apaixonado.

MEFISTÓFELES (*aparte*):
Já não sei quem ouvir, nem de que lado.
(*Para o Pajem.*)
Não deveis apostar nas jovens puras,
Apreciam-vos mais as mais maduras. —
(*Aproximam-se outros.*)
Isto não pára! Dura fatalidade!
Não há saída a não ser a verdade —
Triste recurso! Já não sei que fazer. —
Ó Mães, ó Mães! Deixai Fausto subir.
(*Olhando em volta.*)
Ardem, sombrios, na sala os lampadários,
Toda a Corte se move, e os emissários.
Segundo a etiqueta, vão seguindo
Por corredores, galeria sem fundo.
Mal dá para tanta gente o espaço imenso
Da sala antiga, dos Cavaleiros chamada.
Panos de arrás das paredes suspensos,

Armaduras nos nichos, à entrada;
Aqui nem há mister mágico ofício,
Que o lugar a fantasmas é propício.

SALA DOS CAVALEIROS

Luz crepuscular. O Imperador e a Corte acabam de entrar.

ARAUTO:

Meu antigo mister de anunciar
O espectáculo vêm perturbar
Agora os espíritos; e não há razão
Que explique os mistérios da sua acção.
Estão os assentos já no seu lugar,
Frente à parede fica o Imperador,
E assim nos grandes panos vê melhor
As batalhas de antanho e seu esplendor.
Soberano e Corte em círculo sentados,
Lá mais atrás os bancos apinhados,
E até a amante tem lugar, como queria,
Junto do amante, nesta hora sombria.
Tendo todos assim tomado assento,
Venham os espíritos! Chegou o momento.
(*Trombetas.*)

ASTRÓLOGO:

Comece então deste drama a demanda:
Abri-vos, muros, que o Imperador manda!
Nada se opõe à força da magia:
Como num fogo, rola a tapeçaria,
Abre-se o muro, gira sobre si mesmo,
Um grande palco parece erguer-se então,
Sobre nós desce o mistério de um clarão,
E eu de repente no proscénio me vejo.

MEFISTÓFELES (*saindo da caixa do ponto*):
Daqui espero receber aplauso e glória,
O diabo sopra ao ouvido, é a sua oratória.
(*Para o Astrólogo.*)
Tu, que conheces o ritmo das estrelas,
Entenderás minhas vozes, ao ouvi-las.

ASTRÓLOGO:
Por artes de magia, ao que cremos,
Vasto e imponente templo antigo vemos.
Como Atlas, que susteve os céus outrora,
Fiadas de colunas vejo agora;
Ao ciclópico peso bastarão,
Pois duas só já templos sustentaram.

ARQUITECTO:
Se é isto o clássico, não o posso admirar,
Tosco e pesado lhe deviam chamar.
O informe dizem grande, o rude nobre.
Eu amo o pilar esguio, que aspira e sobe,
Eleva a alma o zénite da ogiva,
Mais edifica o que assim se edifica.

ASTRÓLOGO:
Saudai os astros, que propícios nos são,
Deixai magia calar a razão;
E que livre se mova a fantasia,
Soberana e ousada neste dia.
O que mais desejais, agora is ver,
Digno de fé por impossível ser.

Fausto sobe pelo outro lado do proscénio.

ASTRÓLOGO:
De hábito e coroa, o mágico chegou,

Consuma o que, confiante, encetou.
De funda cripta sobe com um tripé,
Da urna sinto o incenso subir já.
Prepara-se para a obra abençoar:
O que aí vem, só bem nos vai trazer.

FAUSTO (*grandiloquente*):

Em vosso nome, Mães, que dominais
No sem-limite, eternamente sós —
Sozinhas não —, pelas imagens da vida,
Vivas sem vida, vossa fronte cingida.
O que já foi, em todo o seu esplendor
Aí se move, porque eterno quer ser.
E vós o repartis, omnipotentes,
Pela luz do dia, abóbadas das noites.
Uns, arrebata-os da vida o curso airoso,
Outros, busca-os o mágico audacioso;
Pródigo e confiante, ele faz que veja
Cada um a maravilha que deseja.

ASTRÓLOGO:

Já toca a urna a chave incandescente,
Já uma névoa enche o espaço envolvente;
Penetra em tudo, como nuvem nos ares,
Dispersa, densa, dividida, aos pares.
E um prodígio agora is admirar:
Tais formas fazem música ao andar.
Avolumam-se sons etéreos, e estranha
Melodia os envolve e acompanha.
Ouvem-se os tríglifos, soa a colunata,
Parece até que todo o templo canta.
Baixa a névoa, só leves véus se movem,
E deles sai, a passo, um belo jovem.

Não o nomeio, aqui meu cargo cesse.
O doce Páris, quem é que o não conhece?

Aparece Páris.

DAMA:
Oh, que brilho! Que juventude e alento!

SEGUNDA:
Parece um pêssego fresco e sumarento!

TERCEIRA:
Que lábios doces, cheios, belos de ver!

QUARTA:
Bem querias tu de tal taça beber!

QUINTA:
Bonito é, mas fino não diria!

SEXTA:
Mais elegância, mal não lhe faria!

CAVALEIRO:
Todo ele tem ar de campo, pegureiro,
De príncipe e de Corte nem o cheiro.

OUTRO:
Pois, é formoso, meio nu, como o vês,
Mas eu gostava era de o ver de arnês!

DAMA:
Senta-se agora, leve, gracioso.

CAVALEIRO:
No seu colo teríeis vosso gozo!

OUTRO:
Na nuca apoia o braço, delicado.

CAMAREIRO:
Que grosseria! Que gesto desastrado!

DAMA:
Vós em tudo defeito haveis de pôr!

O MESMO:
Espreguiçar-se perante o Imperador!

DAMA:
É teatro! Julga estar só, já vi.

O MESMO:
Teatro ou não, estamos na Corte aqui.

DAMA:
Um leve sono desce sobre o eleito.

O MESMO:
Não tarda a ressonar — tudo a preceito!

JOVEM DAMA (*deliciada*):
Que aroma é este, casado com o incenso,
Que ao meu coração traz bálsamo intenso?

DAMA DE MEIA-IDADE:
Tendes razão! Entra na alma um odor
Que dele vem!

DAMA MAIS VELHA:

— É a juventude em flor,
Que do mancebo como ambrósia se solta
E se espalha no ar à sua volta.

Aparece Helena.

MEFISTÓFELES:

Se ela é assim, não perco o sono, aposto!
Bonita é, mas outro é o meu gosto.

ASTRÓLOGO:

Neste momento minhas funções cesso,
Como homem de palavra aqui o confesso.
Eis a mais bela! Nem línguas de fogo…
Muito cantada foi, e desde logo
Fora de si fica quem a conhece,
Possuí-la foi sempre alta benesse.

FAUSTO:

Tenho inda olhos? Mostra-se no fundo
Da alma a fonte inexaurível do Belo?
Já dá frutos a descida ao inferno.
Como me era fechado, e vão, o mundo!
Desde o meu sacerdócio sinto-o estável,
Perene, enfim, um mundo desejável!
Se alguma vez te achar desagradável,
Que me abandone da vida a chama acesa!
A bela forma que antes me enfeitiçou,
Naquele espelho mágico me encantou,
Era mera sombra desta beleza! —
A ti só devo energia e acção,
És tu o centro da paixão,
A ti voto adoração, amor, loucura.

MEFISTÓFELES (*da caixa do ponto*):

Então faz teu papel com compostura!

DAMA DE MEIA-IDADE:

Alta, bem-feita — mas cabeça pequena!

A MAIS JOVEM:

E um pé tão pesadão que até faz pena!

DIPLOMATA:

Princesas tenho visto como ela,
Mas esta da cabeça aos pés é bela.

CORTESÃO:

Chega-se ao que dorme, maliciosa.

DAMA:

Que feia, ao pé de estátua tão formosa!

POETA:

Pela beleza dela ele é banhado.

DAMA:

Endimião e Lua! Nem pintado!

O MESMO:

Bem visto! Creio que a deusa declina
E para beber-lhe o hálito se inclina;
Digno de inveja! Um beijo!

UMA MATRONA:

— Que indecente!
Já passa as marcas! Diante de toda a gente!

FAUSTO:

Favor tremendo ao moço!

MEFISTÓFELES:

— Calma, espere!
Deixe o fantasma fazer o que quiser.

CORTESÃO:

Despertou ele, já ela se afastava.

DAMA:

Ela olha em volta. Era o que eu pensava!

CORTESÃO:

Ele pasma! Nos seus olhos não crê.

DAMA:

Para ela não é milagre o que vê.

CORTESÃO:

Volta-se agora, majestosa, para vê-lo.

DAMA:

Já vi que vai ensinar-lhe a lição;
Em tais casos, todo o homem é tolo,
Pensa que é o primeiro da colecção.

CAVALEIRO:

Eu gosto dela assim, altiva, inteira! —

DAMA:

Eu acho-a uma ordinária, aventureira!

PAJEM:

Estivesse eu em vez dele nessa cadeira!

CORTESÃO:

Quem não quer ser cativo em tal prisão?

DAMA:

A jóia já passou por muita mão,
Té o dourado já não disfarça os danos.

OUTRA:

Ficou sem préstimo a peça aos dez anos.

CAVALEIRO:

Cada um lança mão do melhor que acha;
A mim este belo rosto me basta.

ERUDITO:

Vejo-a distintamente, mas confesso
Que duvido se ela é de carne e osso.
Convida ao exagero todo o presente,
Pelo que está escrito deve guiar-se a gente.
E o que está escrito diz que ela agradou
Aos barbudos de Tróia, por onde andou;
Se não me engano, o mesmo aqui se passa:
Já não sou novo, mas acho-a uma graça.

ASTRÓLOGO:

Já não é rapazinho! É um herói
Ousado, deste abraço ela não sai!
Já nos braços a ergue, cheio de alento,
Vai raptá-la talvez?

FAUSTO:

— Que atrevimento!
Estás louco? És surdo? Já me chega! Espera!

MEFISTÓFELES:

Tu próprio armaste a grotesca quimera!

ASTRÓLOGO:

Uma palavra ainda! Após tal cena
Ao entremez chamo "O Rapto de Helena"!

FAUSTO:

Rapto? Que rapto? E eu, que faço aqui?
Não tenho eu esta chave em minha mão?
Com ela terra firme de novo vi,
Depois do mar de horrores da solidão.
Aqui eu tomo pé! Isto é real,
O espírito, aos espíritos é igual,
E prepara o duplo reino universal.
Tão longe esteve, e agora está tão perto!
É duas vezes minha, se a liberto!
Seja então! Mães, tendes de concedê-la!
Quem já a viu, não viverá sem ela!

ASTRÓLOGO:

Que fazes, Fausto? Fausto! Ele procura
Tê-la à força, já se esfuma a figura!
E agora toca com a chave o rapaz!
É o nosso fim! Ai dele, e ai de nós!

Explosão. Fausto cai por terra.
Os espíritos dissolvem-se numa nuvem de fumo.

MEFISTÓFELES (*carregando Fausto às costas*):

Quem com loucos se mete, ao fim e ao cabo,
Só perde com o negócio — até o diabo!

Escuridão, tumulto.

SEGUNDO ACTO

QUARTO GÓTICO, ACANHADO E DE ABÓBADA ALTA,

outrora de Fausto, intacto.

MEFISTÓFELES (*saindo de trás de um cortinado. Ao levantá-lo, olhando para trás, vê-se Fausto deitado numa cama antiga*):
Aqui estás, infeliz! Tentado
Por indissolúvel paixão!
Quem por Helena é paralisado
Não recobra logo a razão. (*Olhando em volta.*)
Olho para cima e à volta neste espaço,
Não há mudança, tudo está intacto,
Talvez o vidro de cor esteja mais baço,
Há mais teias de aranha, é um facto,
Secou a tinta, o papel descorou,
Mas tudo está no seu lugar;
Até a pena aqui ficou
Que a Fausto serviu para o pacto assinar.
Na cânula ainda ficou
Uma gota do sangue que tirou
A instância minha. É peça de valor,
Digna do melhor coleccionador.
E a velha pele, no gancho pendurada,
Lembra-me a conversa fiada
Que impingi ao estudante;

Quiçá útil lhe foi pela vida adiante.
Vem-me um desejo de, contigo,
Manto quente de pele, unido
Voltar a ser docente, ver se consigo
Imaginar-me de certezas munido.
Isso, que o lente sempre conheceu,
O diabo há muito que o perdeu.

Sacode o casaco de peles que tirou do cabide; saltam dele cigarras, escaravelhos e traças.

CORO DOS INSECTOS:

Bem-vindo, bem-vindo,
Patrão, te dizemos!
Voando, zunindo,
Bem te conhecemos!
Aqui nos plantaste,
Só um, tempos há,
E agora aos milhares,
Pai, vê quem cá está!
Gosta de esconder-se
No peito o traidor,
Das peles, os insectos
Querem é sair.

MEFISTÓFELES:

Que surpresa e alegria a ninhada me dá!
Quem semeia, a seu tempo colherá.
Sacudo o velo antigo uma vez mais
E saem mais alguns destes pardais. —
Trepai e voltejai, e em mil buracos
Ide esconder-vos, seus velhacos!
Naquelas caixas, ao cantinho,
Aqui, no sujo pergaminho,
Nos cacos já cheios de poeira,

No olho oco da caveira.
É no bolor e nos trastes esquecidos
Que os grilos e os caprichos estão escondidos.
(*Veste a capa.*)
Uma vez mais nos ombros te vou pôr,
Que hoje volto a ser o professor.
Mas não basta a mim mesmo o título dar:
Onde estão os que o vão reconhecer?

Puxa a campainha, que faz ouvir um som agudo e penetrante; estremecem as salas, as portas abrem-se de par em par.

FÂMULO (*cambaleando pelo longo e escuro corredor*):
Que terror! Que badaladas!
Tremem muros e rangem escadas,
Pela janela vejo o ar
Carregado relampejar.
Estala o soalho, e por pouco
Não chove cal e reboco.
E a porta, aferrolhada,
Por magia escancarada. —
E há um gigante, com a breca!,
Vestindo de Fausto a beca!
O seu gesto, o seu olhar,
Já me fazem ajoelhar.
Vou fugir? Fico para ver?
O que é que de mim vai ser?

MEFISTÓFELES (*acenando*):
Entrai, amigo! Chamais-vos Nicodemus?

FÂMULO:
Nobre senhor, é esse o nome. *Oremus*!

MEFISTÓFELES:
Antes não!

FÂMULO:

— Conheceis-me! Estou contente!

MEFISTÓFELES:

Conheço o tipo, sois o eterno estudante!
Também o sábio passa a vida a aprender,
Porque outra coisa não sabe fazer.
E cada um de cartas um castelo
Vai construindo, sem nunca acabá-lo.
Mas vosso doutíssimo mestre, esse,
O doutor Wagner, quem o não conhece?
É o primeiro no mundo da ciência,
É ele quem, sozinho, o sustenta,
Dia a dia espalhando o seu saber
Pelos muitos que aqui se vêm juntar,
Sedentos de aprender, mortos de o ouvir.
Da cátedra, seu brilho é imbatível,
Como São Pedro, usa a chave infalível
Para o que está em baixo e em cima abrir.
Como arde e chispa diante da assembleia!
Sobre os melhores ele leva a melhor;
Até o próprio Fausto ele encandeia,
Ele e só ele é o grande inventor.

FÂMULO:

Perdão, nobre senhor, se assim não penso,
E se a contradizer-vos me abalanço;
O que sobre ele dissestes não alcanço:
É a modéstia o que de melhor tem.
Não se conforma com o inexplicável
Sumiço desse homem tão notável;
No seu regresso toda a esperança põe.
O quarto, como Fausto o quis deixar,
Espera pelo velho senhor
Tal qual, sem ninguém lhe mexer.
Eu nem me atrevo sequer a entrar.

Que dizem os astros agora? —
Parece que os muros tremeram,
Ferrolhos fora, portas rangeram,
Ou não seríeis aqui nesta hora!

MEFISTÓFELES:

Onde é que o homem se meteu?
Trazei-o aqui, ou vou lá eu!

FÂMULO:

Não sei se o posso interromper,
As ordens são de o não fazer.
Por mor da Obra, há Invernos e Verões
Vive na solidão das solidões.
Um sábio franzino, caseiro,
Hoje mais parece um carvoeiro.
Negro, os olhos num vermelhão
De tanto assoprar o fogão,
Cada momento mais lhe apraz,
É música o som da tenaz.

MEFISTÓFELES:

E há-de a mim negar-me a entrada?
Com a minha ajuda, a solução não tarda.
(*O Fâmulo sai, Mefistófeles senta-se, com ar grave.*)
Mal na cadeira tomo assento,
E lá atrás já um freguês pressinto.
Este é da nova vaga, estou a ver
Que atrevimento não lhe vai faltar.

BACHAREL (*entrando de rompante*):

As portas de par em par!
Começa a esperança a nascer
De que o vivo, finalmente,
Saia do mofo em que a gente

Como morto o conhecia
Quando da vida morria.

Muros, paredes, tudo aqui
Ruindo, chegando ao fim,
E eu, se não tenho cuidado,
Inda morro soterrado.
Sou ousado, ah, isso sou,
Mas nem mais um passo dou.

Mas hoje, que aprenderei?
Não foi por aqui que andei
Há anos, todo encolhido,
Caloiro fresco, cheio de medo?
E aos barbudos me entreguei,
Nas suas lérias me fiei?

Lendo os velhos alfarrábios,
Mentiam, os grandes sábios;
Nem eles acreditavam,
Mas a vida nos roubavam.
O quê? Na cela, meio escura,
Vejo ainda uma figura!

Chego-me, e pasmo de espanto:
Lá está ele, no seu manto
De pele, tal como o deixei,
Com o velo de quando entrei!
Então, que o não entendia,
Grande sábio me parecia.
Hoje não enrolas cá o rapaz!
Vamos ver do que és capaz!

Velho senhor, se ao Letes não baixou
Vossa cabeça calva e decadente,

Agradecei, e olhai o estudante
Que de académicas torturas se livrou.
Vós estais igual ao que já fostes,
Mas *eu* não sou o que já vistes.

MEFISTÓFELES:

Ver-vos aqui dá-me grande alegria.
Estimava-vos já muito àquela data.
A lagarta a crisálida anuncia,
E as belas cores da borboleta.
O menino de então hoje já não sois,
Gola de renda, cabelo aos caracóis. —
De usar trança nunca tiveste ensejo
E eis que com corte à sueca vos vejo.
Bem ousado me pareceis, e resoluto,
Só espero que não fiqueis muito absoluto.

BACHAREL:

Caro e velho senhor, este lugar
É o de outrora, mas o tempo passou;
Deixai-vos, pois, desse dúbio arengar,
Que hoje outra atenção lhe dou.
O moço ingénuo, que bem que o enrolastes,
Com uma perna às costas o levastes!
Façanhas dessas hoje ninguém as faz.

MEFISTÓFELES:

Quem à juventude a verdade diz,
À verdura dos anos não apraz;
Mas quando, com o tempo, experimentaram
Na própria pele o que de nós ouviram,
Pensam então que de si tudo brota,
E concluem: o mestre era um idiota.

BACHAREL:

Um brincalhão talvez — pois que mestre ouço
Dizer-nos a verdade sem rebuço?
Põem daqui, tiram dali, e assim
Levam os ingénuos, a sério ou a rir.

MEFISTÓFELES:

Há um tempo próprio para aprender;
E, ao que vejo, estais pronto a ensinar.
Muita lua, muito sol é passado,
E vós funda experiência haveis ganhado.

BACHAREL:

Experiência! Só pó e espuma vã!
Com o espírito nem comparação há!
Tudo o que o mundo sabe, dizei lá,
Se do saber de mundo digno é?

MEFISTÓFELES (*depois de uma pausa*):

Com o que me dizes, amigo, não pasmo:
Se antes fui néscio, hoje sinto-me um asno.

BACHAREL:

Gostei de ouvir! Fala enfim o bom senso;
É o primeiro velho que diz coisas com tento!

MEFISTÓFELES:

Andava à cata de um tesouro escondido,
E só carvões queimados descobri.

BACHAREL:

Vossa cabeça calva, não duvido,
Vale então tanto como a caveira ali!

MEFISTÓFELES (*em tom bonacheirão*):

Nem te apercebes de como és malcriado?

BACHAREL:

Mentes em alemão, se és delicado.

MEFISTÓFELES (*aproximando-se, na cadeira de rodas, cada vez mais do proscénio, e falando para a plateia*):

Aqui em cima já me falta o ar;
Não me arranjam aí um bom lugar?

BACHAREL:

Que presunção! Com o tempo já esgotado
Inda quer ser o que não é, coitado!
Vive no sangue a vida dos homens —
E onde é mais vivo o sangue que nos jovens?
Há sangue vivo, com força renovada,
Se nova vida da vida é criada.
Aí tudo se move, tudo acontece,
Triunfa o forte, o fraco desfalece.
E enquanto nós conquistamos meio mundo,
Vós, que fazeis? Cogitando, dormindo,
Sonhos, cálculos e planos fazendo.
Pois é, a idade é uma febre lenta,
Um capricho de gelo, e inactivo.
Um homem que passou os trinta
Mais morto está já do que vivo.
Antes acabar cedo com vocês.

MEFISTÓFELES:

Vai ter o diabo de se calar de vez.

BACHAREL:

Diabo não há, desde que eu o não queira.

MEFISTÓFELES (*aparte*):

Espera, que ele já te passa a rasteira…

BACHAREL:

Esta é dos jovens a nobre missão!
Se existe mundo, é minha criação!
Fui eu que fiz erguer o Sol do mar,
Comigo começou o ciclo lunar,
Já se adorna o dia no meu caminho,
Viceja a terra, dá flor para mim sozinho.
E ao meu aceno, naquele caos primeiro,
Brilhou em seu esplendor o orbe inteiro.
Quem, senão eu, te libertou das peias,
Ó pensamento, preso em mesquinhas teias?
Eu, porém, livre, sigo o que a minha mente
Me dita, que a luz interior não mente,
E, ébrio de mim, sigo essa luz que leva
Sempre para diante, atrás de mim a treva.
(*Sai.*)

MEFISTÓFELES:

Geniozinho, em teu orgulho ufano
Será que sofres esta simples certeza:
Que não há nem estultícia nem sageza
Que não tenha já pensado o ser humano?
Mas não é este que nos há-de assustar,
Em breve outro será o seu caminho:
Que o mosto, no seu estranho fermentar,
Sempre vem afinal a dar em vinho.
(*Para os mais jovens da plateia, que não aplaudem.*)
Vós não me ouvis, mas não acabo
Sem uma coisa vos dizer:
Como ele é velho, o velho Diabo,
Só em velhos o haveis de entender!

LABORATÓRIO

ao estilo da Idade Média: aparelhos volumosos,
de difícil manipulação, para fins fantásticos.

WAGNER (*junto da fornalha*):

Que sismo é este, tenebroso,
Que os negros muros faz tremer?
A espera deste caso espantoso
Muito mais não pode durar.
Já clareia o fundo do poço,
E já no centro do balão
Se acende o mais vivo carvão:
É um carbúnculo brilhante
No escuro chispando, reluzente.
E agora a luz branca que cega!
Desta vez não o vou perder! —
Meu Deus, a porta está a ranger!

MEFISTÓFELES (*entrando*):

Salve! Eu venho em paz, sossega!

WAGNER (*com medo*):

Bem-vindo à estrela que guia esta hora!
(*Baixinho.*)
Mas suspendei-me fala e hálito agora,
Que a obra sublime chega ao fim esperado!

MEFISTÓFELES (*mais baixo*):

E qual é?

WAGNER (*ainda mais baixo*):

— Um homem está a ser gerado.

MEFISTÓFELES:

Um homem? E que parelha amorosa
Metestes vós no forno fumarento?

WAGNER:

Deus nos livre dessa moda rançosa
Da procriação! Farsa sem tento!
O ponto frágil de onde a vida nasceu,
A doce força que da alma cresceu
Para dar e receber, forma tomar,
O próximo e o distante assimilar,
Essa, do pedestal foi apeada;
Se à fera nisso inda volúpia é dada,
Já o Homem, que é dotado a valer,
Mais alta origem no futuro há-de ter.
(*Voltado para a fornalha.*)
Já brilha! Vede! — Agora há esperanças
De, a partir de centenas de substâncias,
E por mistura — que é isso que conta! —
Compor lentamente a humana matéria
Numa retorta bem fechada,
Correctamente destilada,
E assim a Obra em silêncio se acaba.
(*Voltado para a fornalha*)
Está quase! A massa agita-se, mais clara,
E a minha fé cresce, não pára:
Os arcanos da natureza celebrados
Nós ousamos com a razão experimentar,
E o que ela organicamente criava,
Nós fazemos cristalizar.

MEFISTÓFELES:

Quem muito viveu, muito conheceu.
O mundo para ele não tem segredos.

No meu périplo já me aconteceu
Ver povos inteiros cristalizados.

WAGNER (*até agora dando sempre atenção à retorta*):
Sobe, lampeja, o volume redobra,
Não tarda, e está pronta a Obra.
Parece louca a ideia, ao começar;
Mas vamos rir-nos do acaso doravante,
E um cérebro tão brilhante a pensar
Produzirá um dia um ser pensante.
(*Observando a retorta, maravilhado.*)
Ecoa o vidro, actua a força pura,
Turva-se, aclara, desta vez é que é!
Vejo já uma fina figura,
Um homenzinho delicado, de pé.
Que queremos nós, que quer o mundo mais?
Eis o arcano revelado!
Se a este eco ouvido dais,
Vereis que é som articulado.

HOMÚNCULO (*na retorta, para Wagner*):
Então, papá, que tal? Custou, mas vim!
Venha de lá aquele grande abraço!
Mas não apertes de mais, senão estilhaço.
As coisas são feitas assim:
Não basta o universo às naturais,
Fechado é o espaço das artificiais.
(*Para Mefistófeles.*)
E tu cá estás, magano, meu padrinho
Na hora certa. Muito obrigadinho!
Foi o destino que para cá te fez vir;
Enquanto cá estiver tenho de agir;
Por mim, começo já a trabalhar,
E tu és o homem para me ajudar.

WAGNER:

Uma palavra só! Tenho passado
Por vergonhas, sempre assediado
Por problemas: não entende ninguém
Como alma e corpo se ajustam tão bem,
Em perfeita união vivem e se entendem,
E apesar disso um ao outro se ofendem.
E depois…

MEFISTÓFELES:

— Basta! De outro caso é mister:
Porque se dão tão mal homem e mulher?
Isto é que nunca ninguém entendeu.
Há que fazer aqui, é o que ele pediu.

HOMÚNCULO:

Fazer o quê?

MEFISTÓFELES (*apontando para uma porta lateral*):

— Mostra do que és capaz!

WAGNER (*continuando a olhar para a retorta*):

Não há dúvida! Que excelente rapaz!

A porta lateral abre-se, e vê-se Fausto deitado na cama.

HOMÚNCULO (*admirado*):

Notável!
(*A retorta solta-se das mãos de Wagner, paira sobre Fausto e ilumina-o.*)
— Belas vistas! Águas claras
Em densos bosques! Mulheres desnudadas —
Isto promete! Que belezas raras!
Mas uma delas avulta entre todas,
Filha de heróis, ou de deuses nascida,
Põe o pé no diáfano elemento,

Do nobre corpo a doce chama da vida
Na dócil, fresca onda busca alento. —
Mas que estrépito ouço de asa agitada,
Que o liso espelho revolve apressada?
Fogem, assustadas, as donzelas da cena;
A rainha, porém, olha serena,
Vê com orgulho e feminil prazer
O rei dos cisnes seus joelhos envolver,
Meigo e insistente. Está nos preliminares. —
Mas eis que súbito um vapor nos ares
Se eleva e envolve em véu brumoso
O quadro mais delicioso.

MEFISTÓFELES:

Que histórias tu não tens para nos contar!
Tão pequeno e com tal fantasiar.
Eu nada vejo.

HOMÚNCULO:

— Pudera! Pois vieste
Lá do Norte, e entre brumas cresceste,
No meio de cavaleiros e padralhada!
E admiras-te de não ver nada!
Teu elemento é o obscuro.
(*Olhando à sua volta.*)
Pedras amareladas, mofo, asco,
Ogivas, tectos baixos, grotesco! —
Este, se acorda, traz-nos novo cuidado,
Vê o lugar e cai morto, coitado.
Fontes, cisnes, tanta ninfa nua,
Foi seu sonho, sua promessa;
A isto aqui não se habitua!
Nem eu, flexível como sou, vou nessa.
Fora daqui com ele!

MEFISTÓFELES:

— Por mim, é já.

HOMÚNCULO:

Leva o guerreiro a pelejar,
A moça ao baile, e dançará,
E tudo está no seu lugar.
Esta é a noite, se bem me estou a lembrar,
De Walpurgis, a clássica. Melhor
Ocasião a ter não voltaremos:
Ao seu próprio elemento o levaremos!

MEFISTÓFELES:

É coisa de que nunca ouvi falar!

HOMÚNCULO:

Como é que ao vosso ouvido ia chegar?
Espectro para vós, romântico há-de ser;
Mas clássico será, se vero for.

MEFISTÓFELES:

E que destino é o nosso? Queres que te diga?
Repugnam-me os colegas da era antiga.

HOMÚNCULO:

A noroeste, Satã, são teus terrenos;
Desta vez, para sueste rumaremos —
Corre livre o Peneu pela planura,
Cheio de arvoredos, moitas, enseadas;
Chega o plaino às gargantas afiladas,
E a Farsália, velha e nova, é lá na altura.

MEFISTÓFELES:

Ai! Para aí não! E poupa-me aos enganos
Dessas lutas de escravos, de tiranos.

Já não posso com isso; mal fazem pazes,
Logo noutra se metem, os rapazes.
E não percebem que estão a ser usados
Por Asmodeu: ele é que lança os dados.
Dizem que lutam pela sua liberdade;
Escravos são, contra escravos, na verdade.

HOMÚNCULO:

Deixa aos homens a índole indomável,
Cada um defende-se como é capaz
Desde menino, e assim homem se faz.
Importa ver se o mal deste é curável.
Se tens remédio, podes tu tentar,
Se não, deixa-o comigo, e já vais ver.

MEFISTÓFELES:

No Brocken algum meio havia de ter,
Mas ferrolho pagão não sei abrir.
Os Gregos nunca foram grande povo,
Mas cegam-nos com esse prazer novo
Dos sentidos, alegres desvarios;
Nossos pecados serão sempre sombrios.
E então?

HOMÚNCULO:

— Por parvo não te posso tomar;
Se das bruxas da Tessália te falar,
Alguma coisa, por certo, te conto.

MEFISTÓFELES (*lascivo*):

Da Tessália? São fêmeas de encantar,
Há muito que as procuro e não encontro.
Noite após noite com elas passar
Não me seduz a esse ponto…
Mas para visitar, debicar —

HOMÚNCULO:

— Venha a capa,
Com ela este barão envolve e tapa!
Esse trapo há-de servir, como já fez,
Para vos levar aos dois duma só vez;
Eu alumio.

WAGNER (*com medo*):

— E eu?

HOMÚNCULO:

— Tu ficas cá.
Muita coisa importante a fazer há.
Retoma os pergaminhos ancestrais,
Junta a preceito elementos vitais
E funde-os com cuidado um com o outro.
Medita mais no Como que no Quê,
E eu, viajando pelo mundo um pouco,
Talvez encontre a pintinha para o i.
E então terás o fim tão almejado,
E paga por ânimo tão esforçado:
Ouro, honra, fama, vida que nunca acabe,
A ciência… e a virtude até, quem sabe?
Adeus!

WAGNER (*triste*):

— Adeus! Sinto a alma arrefecer.
Acho que não te vou voltar a ver.

MEFISTÓFELES:

Para o Peneu então voemos!
O primo tem que se lhe diga.
(*Ad spectatores*.)
No final, todos dependemos
Dos seres a quem demos a vida.

NOITE DE WALPURGIS CLÁSSICA.
CAMPOS DA FARSÁLIA

Escuridão.

ERICTO:

Para a festa dos terrores desta noite aqui estou.
Como outras vezes, Ericto, eu, a tenebrosa;
Não tão medonha como me hão caluniado
Com exagero odiados poetas… Nunca
Largam as loas e censuras… Pálido,
Vejo já o vale ondeando na cinza
Das tendas, rosto da mais terrível das noites.
Quantas vezes não se repete já! E sempre
Eternamente há-de voltar… Ninguém a outro
Cede o ceptro; não o cede ninguém que à força
O conquistou e forte rege. Pois aquele
Que a si próprio se não governa quer reger
A vontade do vizinho com capricho orgulhoso…
Mas grande exemplo foi a luta aqui travada:
De como à prepotência outra luta se opõe,
Desfeita a coroa de mil flores da liberdade,
Rígido louro cinge a testa do vencedor.
Aqui Pompeu sonhou o apogeu de glórias idas,
Ali vigiou César o fiel da balança.
Mediram forças. O mundo sabe quem venceu.
Ardem fogos na noite, de chama avermelhada,
Na terra o reflexo do sangue derramado,
E, atraída pelo estranho brilho desta noite,
Acorre a legião de helénicas figuras.
Rondando o fogo pairam, incertos, sentados,
Os seres de fábula das antigas eras…
Não cheia ainda, mas brilhante, a Lua clara
Sobe, cobrindo tudo de um brilho suave;
Vai-se a ilusão das tendas, ardem fogos azuis.

Mas lá no ar, que meteoro inesperado!
Tem luz e alumia, a esfera que é um corpo.
Pressinto vida. Mas não devo chegar-me
Muito a seres vivos, porque lhes faço mal;
Traz-me má fama, e de nada me aproveita.
Já vai descendo, e eu é melhor que me retire.
(*Afasta-se.*)

Os viajantes do ar, em cima.

HOMÚNCULO:

Sobrevoa o acampamento
De chamas, terrores, visões;
Lá em baixo é um espavento
De espectros e aparições.

MEFISTÓFELES:

Vejo, por velha janela,
O caos e os terrores do Norte:
É grotesca a clientela!
Conheço esta e a outra corte.

HOMÚNCULO:

Olha aquela ali, tão alta,
Foge a passos de gigante.

MEFISTÓFELES:

Inda o coração lhe salta,
Com o medo de ver a gente!

HOMÚNCULO:

Deixa-a ir! Poisa-o no chão
E verás que terá cura!
Neste reino o teu barão
Tem a vida que procura.

FAUSTO (*tocando o chão*):
Onde está ela?

HOMÚNCULO:
— Não sei que responder.
Mas aqui é o lugar para perguntar.
Apressa-te, antes de amanhecer,
A procurá-la de fogueira em fogueira;
Para quem às Mães ousou descer,
Nada mais será uma barreira.

MEFISTÓFELES:
Também eu aqui tenho que fazer;
Mas para todos penso que o melhor
É: cada um corre por esses fogos
E busca a sua aventura e os seus jogos.
Para reunir, Pequeno, faz então
Ecoar e luzir o teu balão.

HOMÚNCULO:
Assim hei-de vibrar e de luzir!
(*O vidro retumba e ilumina fortemente.*)
Vamos então prodígios descobrir!

FAUSTO (*só*):
Onde está ela? Não volto a perguntar…
Se não foi este o chão que ela pisou,
Nem esta a onda que seus pés varreu,
A sua língua já encheu este ar.
E eu, por milagre, à Grécia aportei!
Senti-o assim que este chão pisei;
Inda em sono, novo alento me invadiu,
E eis-me agora com o ânimo de Anteu.
Por estranho que seja este ajuntamento,
Devassarei o ígneo labirinto.
(*Afasta-se.*)

MEFISTÓFELES (*observando as redondezas*):

E à medida que entre os fogos avanço,
Sinto que a este mundo não pertenço;
Quase tudo nu, sem fralda nem fronha,
Esfinges, grifos, tudo uma desvergonha,
E tantos outros, cabeludos, alados,
Mirando-se de frente, atrás, de lado…
Também nós sabemos ser indecentes,
Mas não temos a vida destas antigas gentes;
Quem lhes aplicasse, de um jeito moderno,
Uns emplastros à moda, a cola e ferro!
Gente asquerosa! Mas não posso deixar
De, como hóspede novo, os saudar…
Salve, belas mulheres, e sábios grisos!

GRIFOS (*rosnando*):

Grisos não! Grifos! — Ninguém gosta de ouvir
Dizer que é grisalho. A palavra viva
Mostra sempre a origem de onde deriva:
Gris, griséu, grifenho, gridelim, grifaria,
Todas análogas na etimologia,
Soam-nos mal.

MEFISTÓFELES:

— Mas, seguindo a meada:
No nobre nome de Grifo o *gri* agrada.

GRIFO (*como antes, e sempre assim*):

Claro! O parentesco está provado,
Uns o censuram, por muitos é louvado;
Se a grifa lanças a coroas, ouro ou moça,
Sempre sorri Fortuna a quem a lança.

FORMIGAS (*da espécie gigante*):

Falais de ouro, nós muito acumulámos.
E em secretas cavernas o guardámos;

Os Arimaspos depois o descobriram,
E agora riem, pois longe o esconderam.

GRIFOS:

A confissão já lhes vamos extorquir.

ARIMASPOS:

Mas não nesta noite de festa.
Até amanhã já nada resta,
Desta vez vamos conseguir.

MEFISTÓFELES (*que se meteu entre as Esfinges*):

Tão depressa aqui nos habituamos!
É porque a todos podemos entender.

ESFINGE:

Nós sons etéreos soltamos,
E vós dais-lhes corpo a seguir.
Como te chamas? Queremos saber quem és!

MEFISTÓFELES:

Julgam conhecer-me por muitos nomes —
Há ingleses aqui? Viajam tanto
Para ver campos de guerra, cataratas,
Sítios sem graça, muralhas desfeitas,
Que este lugar mereceria o seu espanto.
Dizem que em velhos autos eu apareci
Na terra deles como "Old Iniquity".

ESFINGE:

Porquê?

MEFISTÓFELES:

— Eu próprio nunca o percebi.

ESFINGE:

Seja! E dos astros, tens algum saber?
Sobre esta hora, que te ocorre dizer?

MEFISTÓFELES (*olhando para cima*):

Estrela após estrela corre, o crescente lunar
Brilha, e eu sinto-me bem neste lugar,
Teu velo de leão vai-me aquecer.
Perder-me nos astros não leva a nada;
Propõe enigmas, ao menos uma charada.

ESFINGE:

Basta que de ti fales, e é um enigma.
Tenta do que és dar a definição:
"Útil ao homem bom e ao homem mau:
A um, escudo para ascético viver,
A outro, sócio para loucuras fazer,
E as duas coisas só para Zeus divertir."

PRIMEIRO GRIFO (*rosnando*):

Não gosto deste!

SEGUNDO GRIFO (*rosnando mais forte*):

— Que anda ele a cheirar?

AMBOS:

Este nojento que se ponha a andar!

MEFISTÓFELES (*em tom brutal*):

Achas que as minhas unhas são mais brandas
Do que essas tuas garras afiadas?
Pois experimenta!

ESFINGE (*em tom brando*):

— Deixa, fica por cá.

Teu próprio ser de nós te afastará.
Estás como peixe na água entre a tua gente,
Mas aqui, ao que vejo, não estás contente.

MEFISTÓFELES:

Vendo-te só o busto és mesmo apetitosa,
Mas a fera por baixo é tenebrosa.

ESFINGE:

Vieste fazer dura penitência,
Falso! Olha que temos patas sãs.
Mas tu, com essa cavalar excrescência,
Não tens lugar entre as minhas irmãs.

Sereias preludiam em cima.

MEFISTÓFELES:

Que aves são estas, singulares,
Baloiçando-se no choupal?

ESFINGE:

Tomai cuidado, que aos melhores
A cantilena trouxe mal.

SEREIAS:

Ora, porque vos perdeis,
Com estas feias harpias?
Nós vimos em coro, vereis,
Cantar belas melodias,
Como é próprio de Sereias.

ESFINGES (*troçando delas, com a mesma melodia*):

Se a descer as obrigamos,
Vereis que escondem nos ramos
Garras de abutre afiadas

À perdição destinadas
De quem ouvidos lhes der.

SEREIAS:

Fora o ódio! Fora a inveja!
Nosso lema a festa seja,
Sob todo o céu estrelado!
Que haja na terra e no mar
Gestos de alegria e amor
Para o nosso convidado.

MEFISTÓFELES:

Isto é que é modernice pura:
De uma voz, de uma corda dura,
Tiram um som, uma canção.
Comigo o trinado é perdido:
Faz-me cócegas no ouvido,
Mas não me chega ao coração.

ESFINGE:

Coração é exagerado!
Um saco de couro engelhado
Vai melhor com o teu carão.

FAUSTO (*aproximando-se*):

Só de ver me contento. Que beleza!
Inda que nos repugne, tem grandeza.
Sinto que a sorte me vai bafejar.
Para onde me leva este sério olhar?
(*Para as Esfinges.*)
Diante destas esteve Édipo sentado;
(*Para as Sereias.*)
Perante estas torceu-se Ulisses amarrado;
(*Para as Formigas.*)
Estas acumularam um tesouro,

(*Para os Grifos.*)
E estes foram os guardiões desse ouro.
Há um espírito novo que me penetra;
Que grandes vultos! A memória desperta.

MEFISTÓFELES:
Antes acharias isto um horror,
Agora parecem-te lindos;
Pois quando se busca um amor,
Até os monstros são bem-vindos.

FAUSTO (*para as Esfinges*):
Dizei-me agora, formas de mulher:
Chegou alguma de vós Helena a ver?

ESFINGES:
A tempos tão recentes não chegamos,
As últimas às mãos de Hércules morremos.
Mas Quíron te recomendamos,
Que entre os espectros por aí há-de andar;
Terás sorte, se ele ouvidos te der…

SEREIAS:
Também tu a hás-de encontrar…
Ulisses por nós passou,
Sem pressas, não desdenhou,
E teve muito que contar;
A ti tudo contaremos,
Se daqui levar-te pudermos
Para o nosso reino, o do mar.

ESFINGE:
Ilustre, não te deixes enganar.
Em vez de, como Ulisses, te amarrares,
Agarra-te antes ao nosso conselho:

Se encontrares por aí Quíron, o velho
Vai revelar-te o que tu saber queres.

Fausto afasta-se.

MEFISTÓFELES (*agastado*):
Quem vem assim grasnando, a voar,
Sem ninguém os poder enxergar?
Um atrás do outro a passar,
Cansariam o caçador.

ESFINGE:
Mal lhe chegam as setas de Alcides,
Como os ventos cortam o ar,
São os velozes Estinfálides,
Seu grasnar é um saudar manso,
Bico de abutre, pé de ganso,
Pedem, como parentes nossos,
Lugar nestes nocturnos espaços.

MEFISTÓFELES (*como que aterrorizado*):
Mas há mais coisas que silvando vêm.

ESFINGE:
Descansem, que essas não as tereis à perna!
São as cabeças da Hidra de Lerna;
Cortadas, pensam que inda vida têm.
Mas dizei-nos o que desejais!
Que nervosos, que inquietos estais!
Aonde quereis ir? Ide, pois,
Já vejo que aquele coro vos faz
Virar a cabeça. Claro, sem etiquetas,
Ide lá, saudai as moças bonitas!
São as Lâmias, finas raparigas,
Sorriso nos lábios, atrevidas,

Como aos sátiros agrada;
Ali, está em casa o pé-de-cabra.

MEFISTÓFELES:

E a vós, volto a ver-vos neste lugar?

ESFINGE:

Sim, junta-te a esse povo do ar,
Nós vimos do Egipto, e há mil anos
Que estamos sentadas nos nossos tronos.
Tem cada uma seu ponto cardeal,
E assim regemos o curso de Lua e Sol.
Frente às pirâmides estamos,
Somos juízes da Terra;
E impassíveis ficamos,
Haja cheias, paz ou guerra.

O rio Peneu, rodeado de águas e ninfas.

PENEU:

Vibrai, suspiros dos juncais!
Respirai, canaviais,
Leves salgueiros, ondeai,
Ciciai, trémulos choupais,
Para o meu sonho interrompido!...
Sinto um frémito de horrores,
Tremem de mistério os ares,
Cessa o descanso merecido.

FAUSTO (*aproximando-se do rio*):

Oiço bem, ou é miragem?
Por detrás desta folhagem,
Ramos, arbustos, no ar
Voz humana anda a falar.

Parece que a onda ouvi,
Que a brisa graceja e ri.

NINFAS (*para Fausto*):

O melhor para ti
É ficares deitado,
Descansar à sombra
O corpo cansado.
A paz que te falta
Aqui irás ter;
Nós te embalaremos
Para te adormecer.

FAUSTO:

Eu estou desperto, e quero ver
As belas figuras sem par
Que o meu olhar além divisa.
É um prodígio de emoção!
Será sonho? Recordação?
Já gozei toda esta beleza.
A fita de água que atravessa
Na aragem fresca a mata densa,
Sem um murmúrio, mal se ouvindo;
Juntam-se mil fontes, trazendo
Águas claras ao lago fundo
E plano, ao banho convidando.
E o corpo das ninfas, formoso,
Reflectido no espelho aquoso,
Redobra as delícias do olhar!
Banham-se em grupo, alegremente,
Chapinham, nadam afoitamente;
Por fim, gritos e água no ar!
Estas me deviam bastar
Para meus olhos deleitar,
Mas vai mais longe a mente minha.

Já o meu olhar, fixo, se perde
Na capa de folhagem verde
Que esconde a sublime rainha.

Estranho! Vêm cisnes também
Das enseadas além,
Deslizando, majestosos.
Comitiva harmoniosa,
Cheia de orgulho, vaidosa,
Cabeça e bicos nervosos…
Mas há um que, mais audaz,
No meio dos outros se faz
Notar; avança orgulhoso,
Suas plumas enfunando,
Onda em ondas ondeando,
Para o sacro lugar umbroso…
Os outros andam nadando,
Bela plumagem luzindo,
E perseguem novo alvo,
As ninfas, para as afastar;
E elas deixam de pensar
No serviço, e põem-se a salvo.

NINFAS:

Poisai, irmãs, o ouvido
No verde chão, para apurá-lo;
Se me não falha o sentido,
Ouço cascos de cavalo.
Não sei, em noite como esta,
Que mensageiro vem à festa.

FAUSTO:

Vibra a terra em todo o lado!
É cavaleiro apressado.

Fixo além o olhar!
Talvez esteja a chegar
A minha boa hora!
Oh, maravilha rara!
Vem a galope o cavaleiro,
Traz força e ardor do mundo inteiro,
Monta um cavalo branco com arte…
Já vi quem é! Não é mentira!
É o célebre filho de Fílira! —
Alto, Quíron, pára! Quero falar-te…

QUÍRON:

Que há? Que queres?

FAUSTO:

— Refreia o passo, amigo!

QUÍRON:

Eu nunca paro.

FAUSTO:

— Leva-me então contigo!

QUÍRON:

Monta! Assim converso descansado:
Para onde vais? Vejo-te aqui tão quieto!
Atravessamos o rio para o outro lado?

FAUSTO (*montando*):

Se quiseres. Estou-te eternamente grato…
Ao grande homem, nobre pedagogo,
Famoso preceptor de heróico povo,
Do círculo dos preclaros Argonautas
E quantos mais inspiraram poetas.

QUÍRON:

Disso, o melhor é nem falar.
Nem Palas foi Mentor respeitado;
No fim comportam-se a seu bel-prazer,
Como se os não tivessem educado.

FAUSTO:

És médico, e com saber nos dizes
Nome e uso de plantas e raízes,
Dás alívio ao enfermo e cura ao ferido,
De corpo e alma aqui te abraço, amigo!

QUÍRON:

Se a meu lado caía um herói, inerte,
Para o ajudar eu tinha mil maneiras;
Mas acabei por deixar minha arte
Aos padres e às velhas curandeiras.

FAUSTO:

Em ti vera grandeza reconheço,
No recusares os louvores que te teço.
Com modéstia te sabes escusar,
Como se para ti houvesse par.

QUÍRON:

És hábil a fingir, já reparei,
Sabes como adular o povo e o rei.

FAUSTO:

Mas hás-de conceder que conheceste
Os grandes do teu tempo, que os teus feitos
Nada devem aos dos grandes eleitos,
Que como um semideus, austero, viveste.
Mas, entre tanta heróica figura,
Qual achas que mostrou mais bravura?

QUÍRON:

No círculo dos nobres Argonautas
Todos tinham virtudes, das mais altas;
E, seguindo a força que o animava,
Cada um provia ao que aos outros faltava.
Os Dioscuros levavam a melhor
Onde mandavam beleza e vigor.
Já aos filhos de Bóreas competia
Ajudar outros, com zelo e valentia.
Forte e sensato, prestável, reflectido,
Era Jasão, pelas mulheres preferido.
Depois Orfeu: figura terna e calma,
Na arte da lira ninguém lhe leva a palma.
E Linceu, de olho vivo, conduzia
Por mares e escolhos a nave, noite e dia…
Só em grupo os perigos desafiam,
E quando um age, todos o apoiam.

FAUSTO:

E de Hércules, não vais falar?

QUÍRON:

Ai, não mo faças recordar!
Antes de Febo conhecer,
E Hermes, Ares e outros mais,
Aos meus olhos foi dado ver
Quem deus é para todos os mortais.

Já rei nasceu, já moço era
Para a vista um gozo, podes crer;
E o irmão mais velho venera,
E inda mais toda a mulher.

Não gera Geia outro varão
Igual, nem Hebe ao céu o leva;

Bem pode esforçar-se a canção,
Bem podem atormentar a pedra.

FAUSTO:

Nenhum escultor, por mais esforçado,
No seu esplendor no-lo fez ver.
Desse belo homem hás falado,
Fala da mais bela mulher!

QUÍRON:

Ora! É vã a bela mulher,
As mais das vezes estátua fria;
Eu só os seres posso adorar
Que respirem vida e alegria.
A beldade a si só se abraça,
O que ao belo atrai é a graça.
Como Helena, que veio comigo.

FAUSTO:

Contigo?

QUÍRON:

— Sim, onde tu estás.

FAUSTO:

É tudo tão confuso, amigo,
E inda tal assento me dás?

QUÍRON:

Ela agarrava-me os cabelos
Como tu fazes.

FAUSTO:

— Assim? Pelos
Deuses, deliro! Diz-me já,

Pois é só a ela que eu quero,
Porque andastes para cá, para lá?

QUÍRON:

A coisa é simples, e eu não espero:
Nesse tempo o par de Dioscuros tinha
Salvo dos seus raptores a irmãzinha.
Mas estes, que não sabiam perder,
Ganharam ânimo para os perseguir.
E em Elêusis dos irmãos a corrida
Pelos pântanos foi interrompida;
Passam os irmãos a vau, eu atravesso a nado,
Com ela, e ela me afagou
A crina húmida e se curvou,
Grata, amável, digna como rainha.
Baba-se o velho! Que encanto, tão novinha!

FAUSTO:

Sete anos só…

QUÍRON:

— Vejo que te levaram
Os filólogos que também se enganaram.
Curiosa é a mulher obra do mito,
Usa-a o poeta como lhe dá jeito:
Nem velha nem madura a vejo.
É sempre objecto de desejo,
Raptada infanta, na idade inda adorada;
Em suma: para o poeta o tempo é nada.

FAUSTO:

Pois viva ela fora de quaisquer eras!
Também Aquiles a encontrou em Feras
Fora de todo o tempo. Estranho fado:
Contra o destino o amor consumado!

E não hei-de eu, nesta ânsia de a ter,
À vida essa figura ímpar trazer?
O ser eterno, aos deuses igualável,
Tão grande e terna, tão sublime e amável?
Tu viste-a um dia; *hoje* vi-a eu a ela,
Bela e atraente, desejada e bela.
Preso ficou meu ser e meu sentido,
Não viverei sem a ter possuído.

QUÍRON:

Caro forasteiro! Entre humanos é pura
Paixão o que sentes — para os espíritos, loucura!
Estás em maré de sorte, no entanto,
Pois todos os anos visito Manto,
A filha de Esculápio; em geral são
Só uns momentos, quando ela, em oração,
Pede ao pai que, para glória sua,
Ele a mente dos médicos instrua
E a audácia de matar neles refreie…
Da estirpe das sibilas é a melhor,
Sem espalhafato, sabe acalmar a dor;
Se ficares algum tempo — que me dizes? —,
Vai curar-te com ervas e raízes.

FAUSTO:

Eu de curas não curo, estou são de mente,
Não quero descer ao nível dessa gente!

QUÍRON:

Tão nobre fonte não queiras desdenhar!
Agora desce! É este o lugar.

FAUSTO:

Onde me trazes, em noite tenebrosa,
Atravessando tanta água pedregosa?

QUÍRON:

Aqui se guerrearam Grécia e Roma,
À direita o Peneu, o Olimpo em cima,
É o grande Império que se perde na areia;
Já foge o rei, vence a cidadania.
Levanta os olhos! Daqui já podes ver
O templo eterno no clarão do luar.

MANTO (*sonhando, absorta*):

Oiço som de cavalgada
Já na soleira sagrada,
São semideuses a entrar.

QUÍRON:

Assim é!
E agora levanta o olhar!

MANTO (*despertando*):

Vejo que não nos esqueceste. Salve!

QUÍRON:

Também o teu templo continua de pé!

MANTO:

E tu sempre incansável, sem parar?

QUÍRON:

Tu recolhes-te em paz neste lugar,
Eu circulo, e nunca me aborreço.

MANTO:

Eu estou no centro do tempo — permaneço.
E este?

QUÍRON:

— É esta noite de má fama

Que em louca vertigem para aqui o chama.
No desvario dos sentidos é Helena
Que ele quer possuir. Ouviste? Helena!
E nem sabe por onde entrar em cena;
Merece de Esculápio a nobre cura.

MANTO:

Gosto de quem o impossível procura.

Quíron já se afastou muito.

MANTO:

Entra, ousado herói, com alegria!
A Perséfone leva a escura galeria,
Que aos pés do Olimpo, em funda caverna,
Espera a saudação vedada, eterna.
Por aqui fiz entrar Orfeu outrora;
Vamos! Coragem, usa-a melhor agora!

Descem.

SEREIAS (*no Alto Peneu, como antes*):

Vinde ao Peneu, mergulhai,
E chapinhai na corrente!
Para bem desta infausta gente
Belas canções entoai.
Só a água traz salvação!
Vamos sob o claro céu
Sem demora ao mar Egeu:
Lá, prazeres nos esperarão.

Tremor de terra.

SEREIAS:

Espumando, volta a onda,
Já não flui em baixo, funda;

Treme a terra, a água afoga,
Racha a rocha, o chão fumega.
Fujamos todas, fujamos,
Que tais portentos não queremos!

Fujam, nobres companheiros,
Para a festa do mar, ligeiros,
Lá, onde a onda cintila,
Beija a areia, leve, oscila,
E a Lua grande, luzindo,
Sagrado orvalho esparzindo,
Livres nos deixa viver.
E aqui? Só terra a tremer.
Fuja, pois, quem sábio for,
Que este é um lugar de horror.

SISMO (*bramindo e retumbando debaixo da Terra*):

É só um empurrão! Depois,
Cos ombros levanto mais
O monte e cheguei ao cimo:
Aí, sou eu quem domino.

ESFINGES:

Que detestável tremor,
Abana tudo, que horror!
Tudo mexe, oscila, cai,
Balança o chão em vaivém!
Terrível perturbação!
Mas não arredamos pé,
Nem que venha o inferno já!

Arqueia-se agora o chão.
Maravilha. É aquele ancião
— Como o tempo o encaneceu! —
Que Delos, a ilha, ergueu,
Das águas a fez nascer

Para uma mãe proteger.
Sim: num trabalho esforçado,
Braço firme, dorso curvado,
Qual Atlas, com o mundo em guerra,
Levanta chão, ervas, terra,
O cascalho, a areia, a argila
Da nossa margem tranquila.
Fica rasgada e aberta
Do vale calmo a coberta.
Sem cansaço, em esforço ingente,
Cariátide imponente,
Faz de pedras um terraço
Que o envolve num abraço
Até ao peito. Já parou,
E a Esfinge serenou.

SISMO:

Sozinho fiz todo este espanto,
Um dia irão reconhecê-lo;
Se não fosse eu a abanar tanto,
Seria o mundo assim tão belo? —
Estariam ali as montanhas
Tão puras no éter azulado,
Se não viesse das entranhas
Da terra este soberbo quadro?
Quando, frente aos senhores primeiros,
A Noite, o Caos, eu me afirmava
E, tendo os Titãs por companheiros,
Com Ossa e Pélion como à bola jogava,
Em brincadeira juvenil tresloucada
Andávamos, e por fim, cansados,
O Parnaso com a boina geminada
Encimámos, sem razão, descarados...
Apolo, alegre, agora anda
Por lá, de Musas rodeado,

E até Júpiter os seus raios manda
Do trono por mim ali plantado.
E agora, em esforço de gigante,
Subo dos fundos, e depois da subida
Quero ser povoado de gente
Feliz, para uma nova vida.

ESFINGES:

Parece vir do fim dos tempos
O que aqui agora nasceu,
Mas com os nossos olhos vemos
Que foi o chão que o vomitou.
Já a encosta se cobre de floresta,
Pedra a pedra uma a outra é sobreposta;
Com nada disso nos impressionaremos:
Nosso sagrado poiso manteremos.

GRIFOS:

Oiro em folhas, em palhetas,
Vejo reluzir nas gretas.
Que não se perca oiro de lei:
Vamos, Formigas, escavai!

CORO DAS FORMIGAS:

O que os gigantes
Ergueram sós,
Vós, pernas-grandes,
Trazei-o à luz!
Façam carreiro
Nesse buraco!
Grão é dinheiro,
Deve ir para o saco.
Correi voando,
A descobrir
Em cada canto

Tudo o que houver.
Lestas sereis,
Sois legião;
Só ouro trareis —
As pedras não!

GRIFOS:

Trazei, trazei o ouro para o montão!
Nossas garras o cobrirão;
São ferrolho bem trabalhado,
Não há tesouro mais bem guardado.

PIGMEUS:

É verdade, já cá estamos,
Sem saber que terra é esta.
Não pergunteis de onde vimos:
Estamos cá, é quanto basta!
Em qualquer lugar se medra
E se vive em diversão;
Onde quer que abra uma pedra,
Da fenda sai o anão.
Zelosos, anão e anã
Formam o par ideal;
Não sei se havia este afã
No Éden original.
Aqui, o anão está contente,
Grato, à sua estrela apela,
Pois a leste e a ocidente
Gera os seus seres a Mãe-Terra.

DÁCTILOS:

Se numa noite gerou
Os pequenos e os criou,
Mais pequenos nascerão,
Uns aos outros se acharão.

DECANO DOS PIGMEUS:

Ide arranjar
Um bom lugar!
Que a obra nasça!
Qual raio, sem força!
Há paz, até ver
Para a forja erguer
E arnês forjar
Para a tropa armar.

E vós, Formigas,
Muitas, activas,
Metal, amigas!
E a vós ordeno,
Povo pequeno,
Dáctilos: venha
Para o fogo a lenha,
Carvão também!
Juntai-os bem,
E a chama vem.

GENERALÍSSIMO:

O arco armai,
Prontos, marchai!
Que alvo vos trago?
Garças do lago,
Milhares de ninhos,
Prosápia aos molhos —
Todo o soldado
Atirará!
E aparecerá
De elmo emplumado.

FORMIGAS E DÁCTILOS:

Quem nos vem salvar?

O ferro que acharmos
É para nos prender!
Para nos libertarmos
Não é inda a hora:
Ficai, pois, à espera.

OS GROUS DE ÍBICO:

Gritos de morte, estertores!
Bater de asas e clamores!
Que gemidos, ais, agruras,
Chegam às nossas alturas!
Estão todas agonizando,
De sangue o lago tingindo.
A cobiça traz desgraça,
Rouba às garças sua graça.
Usam suas penas mortas
Os pançudos pernas-tortas.
Vinde, companheiros dos ares
Esquadrões alados dos mares,
Chamamo-vos para vingar
Esta causa singular.
Sangue e forças empenhai
E esta raça exterminai.

Dispersam-se, grasnando, nos ares.

MEFISTÓFELES (*na planície*):

As bruxas do Norte sem custo eu amestro,
Mas estes espíritos têm outro estro.
O meu Blocksberg é um belo lugar,
Sei sempre os caminhos, esteja onde estiver.
No alto da *Pedra, Dona Ilse* atenta,
Alegre, o *Henrique* da *Altura* espreita,
Os *Roncadores* fazem da *Miséria* troça,
Mas mil anos passam, e nada se passa.

E aqui? Quem sabe por onde seguir,
Se o chão não irá sob os pés se abrir?...
Passeio por um vale, muito descansado,
E atrás de mim sobe, bem agigantado,
Um monte — a que monte não posso chamar,
Mas que altura tem para me separar
Das minhas Esfinges — e o fogo a correr
Pelo vale abaixo, chamas a lamber...
E ainda me atrai, já o perco de vista,
Um galante coro, brincando, trocista.
Não vou desistir! Quem é de prazeres
Vai sempre atrás delas, não olha a lugares.

LÂMIAS (*atraindo Mefistófeles*):

Depressa, inda mais!
Não pares, vem atrás!
Mas depois paramos,
Rimos, conversamos.
É tão divertido
Ver o pervertido
Vir para onde vamos,
Penando, coitado;
Com o seu pé pesado,
Vem aos abanões
E aos tropeções,
Arrastando a perna
Se nós nos esquivamos,
Nesta dança eterna!

MEFISTÓFELES (*parando*):

Sexo desgraçado, sempre na ilusão!
Seduzidos sempre, desde o pai Adão!
Velhos ficam todos — mas inteligentes?
Não caíste ainda em logros bastantes?

Esta espécie, sei bem, não vale nada,
Usam cintas, têm a cara pintada.
Não há muita saúde em povo tal,
Onde quer que lhes toque, é tudo mole.
Sabemos isso, vemo-lo, apalpamos,
E porém, mal acenam, nós lá estamos!

LÂMIAS (*detendo-se*):
Alto! Ele pensa, hesita, pára;
Vão ao encontro dele, senão dispara!

MEFISTÓFELES (*avançando*):
Vamos, não te deixes cair
Na tolice de duvidar;
Não fosse as bruxas existir,
Quem, diabo, diabo queria ser?

LÂMIAS (*muito afáveis*):
Este herói vamos cercar,
Que em seu coração o amor
Por uma há-de despertar.

MEFISTÓFELES:
Ao lusco-fusco pareceis
Mais bonitas do que sois,
Não vou de vós desdenhar.

EMPUSA (*intrometendo-se*):
Nem de mim! Sou como vós,
Vou convosco, mesmo atrás.

LÂMIAS:
Nem pedes para te intrometeres!
É uma desmancha-prazeres.

EMPUSA (*para Mefistófeles*):

A prima Empusa te saúda!
Com pé de burro, sou parecida
Contigo. O teu é de cavalo,
Mas, primo, quero felicitá-lo!

MEFISTÓFELES:

E eu, que entre estranhos pensei estar,
E só parentes venho encontrar!
Folheiem-se os livros antigos:
Do Harz à Grécia é tudo primos!

EMPUSA:

Sei sempre o que devo fazer,
Muito hábito posso vestir;
De burro a cabeça escolhi
Para vos honrar, a vós e a ti.

MEFISTÓFELES:

Laços de parentesco aqui
São muito importantes, já vi;
Mas no meu plano, nem que o mundo desabe,
Cabeça de asno é que não cabe!

LÂMIAS:

Esta megera! Manda-a embora!
O que é bonito, estraga-o na hora;
O que podia ser belo, amável,
Chega ela e pronto — é impensável!

MEFISTÓFELES:

E estas priminhas, frágeis e esbeltas?
Não me convencem, desconfio delas;

E nestas faces frescas de rosas
Temo que haja outras metamorfoses.

LÂMIAS:

Nós somos tantas! Podes tentar!
Agarra uma! Se te agradar,
É como teres a sorte grande.
Para quê toda essa lábia picante?
És muito fraco pretendente,
Dás-te ares, passeias, todo galante —
Olhem, agora já se mistura:
Tirem as máscaras e a pintura
Para que ele saiba quem é a gente.

MEFISTÓFELES:

Já não me escapas, linda boneca…
(*Abraçando-a.*)
Ai! Isto é uma vassoura seca!
(*Agarrando outra.*)
E esta?… esta é de fugir!

LÂMIAS:

E achas que mereces melhor?

MEFISTÓFELES:

Desta pequena não me aparto…
Foge-me como um lagarto!
Parece cobra, a lisa trança.
Vou-me à grande, é a minha esperança…
Calhou-me um tirso — sorte a minha!
Em vez de cabeça — uma pinha!
E agora? Esta gorda talvez
Me console por uma vez.
É a última! Homem, aguenta!

Só geleia! Por delícias tais
Até se pelam os Orientais…
E esta! O cogumelo rebenta!

LÂMIAS:

Dispersai-vos pelos ares, pairai
Céleres, de asas negras, cercai
O intruso, filho de bruxa,
Em círculos vagos, pavorosos,
Como morcegos silenciosos!
Que pague caro, antes que fuja!

MEFISTÓFELES (*arrepiado*):

À voz do bom senso continuo surdo;
Aqui como no Norte — tudo absurdo;
Espectros cá e lá caprichosos,
Povo e poetas uns tinhosos.
É mascarada, não adianta,
Só para os sentidos, como há tanta.
Formosas máscaras na mão
Julguei ter — e eram seres de vento…
Eu até gosto de ilusão —
Se ao menos durasse mais tempo!
(*Perdendo-se entre a penedia.*)
Onde é que eu estou? Como é que eu saio?
Perdi o atalho, quase desmaio.
Vim por planícies com arvoredos,
E agora só vejo penedos.
Ando para cima, para baixo, em vão,
E as minhas Esfinges, onde é que estão?
Nunca sonhei perder-me aqui,
Nasce *numa* noite um monte assim!
Novo tropel de bruxas se ergue
E estas trazem um Blocksberg.

ORÉADE (*de cima de um rochedo natural*):

Vem cá acima! É rocha viva,
Conserva a forma primitiva.
Gosto de escarpas íngremes, altas,
Do Pindo são as últimas faldas!
Assim, sem medo, estava eu já
Quando Pompeu fugiu por cá.
Essas quimeras da fantasia
Desaparecem mal nasce o dia.
Vi muitas dessas visões nascer
E logo a seguir desaparecer.

MEFISTÓFELES:

Honra te seja, veneranda fronte,
Cingida de carvalhos em teu monte!
Nem da lua o argênteo clarão
Penetra nessa escuridão. —
Mas nos arbustos bruxuleia
Uma luzinha — uma candeia?
Que acaso este! Quem o esperaria?
É o Homúnculo! Quem diria?
De onde vens tu, meu pequenino?

HOMÚNCULO:

Ando a voar de pino em pino,
O que eu queria era sair e ser,
Impaciente, o vidro quebrar;
Mas pelo que até agora pude ver,
Hesito em nesse mundo entrar.
Acontece — contigo posso falar —
Que de dois filósofos ando no encalço:
Natureza, natureza, é tudo o que ouço!
Destes dois não me vou separar,
Da Terra a essência devem conhecer;

E assim também eu saberei
Qual o melhor caminho que seguirei.

MEFISTÓFELES:
Fá-lo por tua conta e risco.
Pois onde fantasmas já há
O filósofo bem-vindo será.
A sua arte inda mais nos tenta:
Ele próprio uma dúzia mais inventa!
Quem não arrisca, não prova do petisco.
Se queres sair, assume tu o risco!

HOMÚNCULO:
Um bom conselho não é de desprezar.

MEFISTÓFELES:
Então, adeus! Quero ver no que vai dar.
(*Separam-se.*)

ANAXÁGORAS (*para Tales*):
Teimoso como és, não vais ceder;
Queres mais provas para te convencer?

TALES:
A onda cede aos ventos de bom grado,
Mas afasta-se do rochedo aguçado.

ANAXÁGORAS:
A tua rocha nasceu do fogo activo.

TALES:
Da água e na água nasce tudo o que é vivo.

HOMÚNCULO (*entre os dois*):

A vosso lado quero ir,
Também eu quero sair e ser!

ANAXÁGORAS:

Diz-me, ó Tales, se *numa* noite só,
Viste um monte sair de lama e pó?

TALES:

Em seu vivo devir, nunca Natura
Dependeu de dia, noite e hora.
Em seu ritmo dá forma a toda a forma
E nem no colossal transgride a norma.

ANAXÁGORAS:

Aqui o fez! O fogo de Plutão
Ergueu a velha crosta deste chão
E com força explosiva, gás vibrante,
Novo monte fez nascer num instante.

TALES:

E que veio isso acrescentar ao mundo?
Sabemos que aí está. Está bem, no fundo.
Com tais disputas perdemos nosso tempo
E iludimos o povo sem tento.

ANAXÁGORAS:

Enche-se o monte de Mirmidões,
Moram nas fendas, aos milhões;
Formigas, Dáctilos, Pigmeus,
E mil outros parentes seus.
(*Para Homúnculo.*)
À grandeza nunca aspiraste,
Encerrado sempre viveste;
Se te habituares ao poder
Um rei de ti posso fazer.

HOMÚNCULO:

E o meu Tales, que diz?

TALES:

— Que não!
Para pequenos, modesta acção.
Com os grandes eles se engrandecem.
Olha os grous: escurecem o céu
E assustam este povoléu
E os reis também assustariam;
De bico adunco, garra forte,
Aos mais pequenos vão dar morte;
Já a desgraça prenunciam.
Um crime as garças exterminou
Na paz do lago. E provocou
Com a desvairada matança
Sangrenta sede de vingança.
E atiça a ira dos seus
Contra a infâmia dos Pigmeus.
De que serve agora escudo e lança?
E aos anões as penas de garça?
Escondem-se Dáctilo e Formiga,
Vacila e foge a tropa amiga.

ANAXÁGORAS (*depois de uma pausa, solene*):

Até agora as forças térreas admirei,
Mas neste caso para o alto olharei…
Tu, que lá em cima perduras,
A de três nomes, três figuras,
Invoco-te, para meu povo e sua pena,
Luna, Hécate, Diana!
Inspiradora, meditativa,
Serena luz, força emotiva,
De tuas sombras abre o abismo, amiga,
E mostra, sem magia, a força antiga. (*Pausa.*)
Fui ouvido nesta hora?

A minha oração
Às que mais alto estão
Perturbou a ordem da Natura?

E, cada vez maior, já se aproxima
O trono da deusa, circular, lá em cima;
É um portento, terrível de ver,
No escuro seu fogo vermelho a crescer…
Não te aproximes mais, disco gigante,
Senão é o fim de terra, mar e gente!

É pois verdade que, com audácia, um dia
As mulheres da Tessália e sua magia
Te desviaram, para aqui te atraíram
E perigosos segredos te extorquiram?…
Agora o claro véu escureceu,
Há raios e faíscas no céu de breu!
Como retumba! Como assobia!
O trovão casa-se com a ventania! —
Aos pés do vosso trono estou prostrado! —
Perdoai, por tudo ter provocado. —
(*Lança-se de bruços.*)

TALES:

O que este homem não viu e não escutou!
Eu nem sei bem o que aqui se passou,
Nem nada do que ele disse senti.
Estranhos momentos se vivem aqui,
E lá em cima, tranquila, está a Lua,
E em sua órbita, como sempre, flutua.

HOMÚNCULO:

Olhem o monte dos Pigmeus lá ao fundo:
É pontiagudo, e antes era redondo.
Eu bem senti aquele barulho,

Caiu da Lua o pedregulho;
Se amigo ou não, nem perguntou,
Tudo desfez, tudo esmagou.
Mas tenho de reconhecer:
Lá criativa é esta arte!
Num sobe e desce fez nascer
Esta montanha — e *numa* noite!

TALES:

Acalma-te! É ilusão, que eu sei!
Raça danada! Bom, já lá vai.
E ainda bem que não foste rei.
E agora vamos à festa do mar.
Lá, hóspedes raros sabemos honrar.

Afastam-se.

MEFISTÓFELES (*subindo do lado oposto*):

Aqui ando eu por íngremes atalhos,
Raízes secas de vetustos carvalhos!
Nas montanhas do Harz é acre o ar,
Aí há pez e enxofre para cheirar...
Disso é que eu gosto! Mas aqui na Grécia
De tais coisas não encontro nem réstia;
E a minha curiosidade de moderno
Pergunta: como atiçam o inferno?

DRÍADE:

Na tua terra podes ser muito esperto,
Em terra estranha não o és, por certo.
Tua pátria aqui devias esquecer
E nossos sagrados bosques venerar.

MEFISTÓFELES:

Pensamos sempre naquilo que deixámos;

O paraíso é a terra onde crescemos.
Mas diz-me: quem são as três figuras
Acocoradas naquela cova, às escuras?

DRÍADE:

As Fórcides! Chega-te às mulheres
E fala-lhes, se medo não tiveres.

MEFISTÓFELES:

Se tudo o que é me espanta, porque não?
Não sou modesto, mas devo confessar:
Tal coisa não me foi dado ver.
Estas, piores que a mandrágora são…
Serão os pecados mortais
Assim tão feios para nós, depois
De este tríplice monstro avistar?
Não haveria para elas lugar
No nosso inferno, nem no limiar.
E aqui estão na terra da beleza,
Que dizem antiga, e tão formosa…
Devem ter-me visto, soltam suspiros
Soprados, quais morcegos-vampiros.

FÓRCIDE:

Dai-me o olho, irmãs, para perguntar
Quem do templo se ousa aproximar.

MEFISTÓFELES:

Veneráveis! De perto vos quero ver
E vossa tripla bênção receber.
Entro, é certo, como desconhecido,
Mas, se não erro, sou parente afastado.
Já pus a vista em muito deus antigo,
Venerei Ops e Reia, aqui vos digo;

As próprias Parcas, irmãs do Caos, e vossas,
Inda ontem as vi — ou anteontem;
Mas como vós, nunca vi ninguém.
Sou todo ouvidos, rendo-me às vossas graças.

FÓRCIDES:

Tem tino o espírito que agora entrou.

MEFISTÓFELES:

Nunca nenhum poeta vos cantou?
Como pôde tal coisa acontecer,
Que em efígie vos nunca pude ver?
Vós mereceis o cinzel, venerandas,
Não Juno, Palas, Vénus e quejandas.

FÓRCIDES:

Sepultadas na solidão e na noite,
Não temos entre as três quem a tal se afoite.

MEFISTÓFELES:

E como? Se numa cova destas
Ninguém vedes, nem por ninguém sois vistas?
Tereis de mudar-vos para um lugar
Onde o fausto e a arte andam a par
E dia a dia mão célere extrai
Do mármore sempre mais algum herói.
Onde —

FÓRCIDES:

— Cala-te, não faças nascer
Em nós desejos! De que iriam servir?
Das trevas parentes, na noite nascemos,
Desconhecidas, mal nos conhecemos.

MEFISTÓFELES:

Problema aí não me parece haver,
Podemos passar-nos para outro ser.
Às três um olho, um dente bastaria;
Ora, é possível, na mitologia,
Em duas juntar das três a essência,
Dar-me a mim da terceira a aparência
Por pouco tempo.

UMA DELAS:

— É mesmo? Realmente?

AS OUTRAS:

Tentar podemos! — mas sem olho e sem dente.

MEFISTÓFELES:

Se o que tendes melhor quereis retirar,
A melhor cópia deixa a desejar!

UMA DELAS:

Fecha tu um olho, coisa fácil é,
E põe à vista um dos caninos, já:
De perfil ninguém dirá então
Que não és nosso perfeito irmão!

MEFISTÓFELES:

Que honra! Pois seja!

FÓRCIDES:

— Seja!

MEFISTÓFELES (*com perfil de Fórcide*):

— Está pintado
Do Caos o filho bem-amado.

FÓRCIDES:

Filhas do Caos somos nós, acredita.

MEFISTÓFELES:

E a mim vão chamar-me… hermafrodita!

FÓRCIDES:

És a mais bela das três irmãs, não sentes?
Nós ficamos com dois olhos, dois dentes.

MEFISTÓFELES:

Eu aos olhos de todos me vou furtar
Para no inferno os diabos assustar. (*Sai.*)

BAÍAS ROCHOSAS DO MAR EGEU

A Lua permanece no zénite.

SEREIAS (*nas rochas, tocando flauta e cantando*):

Se, em negra saturnália,
Feiticeiras da Tessália
Te atraíram impiamente,
Olha agora calmamente
Da tua esfera a luzente,
Inquieta vaga, e o clarão
Que ilumina a multidão
Que das ondas se levanta!
Por toda a devoção nossa
Dá-nos, Luna, tua graça!

NEREIDES E TRITÕES (*como monstros marinhos*):

Tocai, cantai em tons fortes,

Para que do fundo as coortes
Acorram dos mares em bandos!
Nós, das tormentas fugimos,
Fundos mais calmos escolhemos
Atraídos por tais cantos.

Vede bem como folgamos,
De cordões de ouro nos ornamos,
De coroas e diademas,
Belos cintos, ricas gemas!
É obra vossa esta orgia;
Dos naufrágios os tesouros
Nos chamaram, e vossos coros,
Espíritos da nossa baía.

SEREIAS:

Bem sabemos que no mar
Gostam os peixes de nadar,
Numa vida sem cuidado;
Mas hoje, cardumes festivos,
Ireis provar-nos, amigos,
Que sois mais que só pescado.

NEREIDES E TRITÕES:

Antes de para aqui ter vindo,
Tudo estava decidido;
Irmãs, irmãos, vinde, vamos!
Muito não temos de andar,
Para sem dúvidas provar
Que nós mais que peixes somos. (*Afastam-se.*)

SEREIAS:

Já lá vão — e que eficácia! —
Direitos a Samotrácia

Com o vento de feição.
Não sei que buscam aí,
No reino dos Cabiros. Vi
Que são deuses prodigiosos,
Multiplicam-se, numerosos,
E nunca sabem quem são.
Fica, Luna bela,
No zénite e vela
Por que a noite cresça
E o dia não nasça!

TALES (*na praia, para Homúnculo*):
Gostaria de a Nereu te levar,
É perto a sua gruta, aqui no mar,
Mas o velho é um casmurro
E tudo lhe cheira a esturro.
Não importa o que o Homem faz:
Ele é contra, nada lhe apraz.
Mas, como o futuro desvenda,
Não há quem preito lhe não renda
E não respeite o seu lugar.
E tantos já pôde ajudar!

HOMÚNCULO:
Pois vamos lá bater-lhe à porta!
Não será o fim da retorta.

NEREU:
Humanas são estas vozes, pelo jeito.
Já sinto a ira a crescer-me no peito!
São criaturas que deuses querem ser,
Para sempre iguais a si mesmas ficar.
Bem podia eu com os deuses descansar,
Mas sempre quis os melhores ajudar;

E ao ver depois os actos consumados,
Pensava: aí tens os conselhos dados!

TALES:

Contudo, ancião dos mares, confia em ti
A gente. És sábio, não nos expulses daqui!
Olha esta chama, que humana forma tem
E para ouvir teus conselhos aqui vem.

NEREU:

Conselhos! Ninguém os quer escutar!
Sábio alvitre no ouvido duro lhes morre.
Por mais amargos que os factos mostrem ser,
O povo é caprichoso, e não discorre.
Não dei a Páris paternal aviso?
E a mulher estranha fez-lhe perder o siso!
A estas praias, altivo, veio um dia,
E eu dei-lhe conta do que já antevia:
Chamas vermelhas, os ares de fumo cheios,
Vigas em brasa, morte e crimes feios.
O fim de Tróia, que menestréis cantaram
E os séculos temeram e registaram.
O insolente deste velho se riu,
À paixão deu ouvidos, Ílion caiu —
Cadáver colossal, festim bem-vindo
Ao fio dos anos, para as águias do Pindo.
E Ulisses? A tempo o avisei e lhe disse
Do horror do Ciclope, dos ardis de Circe.
As delongas suas, dos seus a imprudência,
E o mais que se sabe… Serviu-lhe a advertência?
Até que — bem tarde! — a errância cessou
E uma onda em praia amiga o lançou.

TALES:

Um tal proceder o sábio apoquenta,

Mas não é por isso que o outro o não tenta.
Uns pozinhos apenas de gratidão
Das vozes ingratas o compensarão.
Não é pouco aquilo que vimos pedir:
Que tu, sabiamente, o faças nascer.

NEREU:

Não queirais estragar o meu bom humor!
Para hoje tenho tarefa bem melhor:
As minhas filhas mandei convocar,
Chamam-se Dórides, são as Graças do mar.
Não há na vossa terra, nem no Olimpo,
Formas mais belas, espectáculo tão lindo;
Lançam-se, em graciosas procissões,
Dos cavalos de Neptuno para os dragões
Marinhos. O elemento as faz viver,
E a própria espuma, parece, as faz subir.
No seu carro de cores, concha de Vénus,
Vem Galateia, a mais bela, até nós;
Chamou-se Cípris, e um dia nos deixou,
Desde então Pafos como deusa a adorou.
A minha doce filha há muito herdou
O carro-trono e o templo onde ficou.
Ide! Sou um pai feliz nesta hora,
Nada propícia a ódios nem censura.
Dir-vos-á Proteu, o deus do disfarce,
Como é possível nascer e transformar-se.

Afasta-se em direcção ao mar.

TALES:

De nada nos serviu a tentativa,
Proteu, mal o vês, logo se dissipa;
E mesmo quando o consegues parar,
Tudo o que diz é para te baralhar.

Mas tu não vais agora desistir:
Continuemos, até o descobrir.

Afastam-se.

SEREIAS (*no alto das rochas*):

Quem é que vem chegando,
As ondas cavalgando?
Como velas içadas
Pelo vento enfunadas,
Luminosas no ar,
As donzelas do mar.
Desçamos entretanto:
Não lhes ouvis o canto?

NEREIDES E TRITÕES:

Com o que nas mãos trazemos
A todos agradaremos:
De Quelone a carapaça
E nela o brilho e a graça
De belos deuses. Olhai,
E cânticos entoai.

SEREIAS:

Na estatura anões,
Em força leões,
Salvam-nos dos perigos,
São deuses antigos.

NEREIDES E TRITÕES:

Os Cabiros trazemos,
Festa de paz teremos;
Onde seu génio manda
Neptuno a vaga abranda.

SEREIAS:

Sois melhores que nós;
Quando se desfaz
A nau, acorreis
E os nautas salvais.

NEREIDES E TRITÕES:

Três conseguimos trazer,
Mas o quarto não quis vir;
Era o único, alegava,
Que pelos outros pensava.

SEREIAS:

Gosta um deus de fazer troça
De outro deus. A sina nossa
É pelas mercês graças dar
E castigos recear.

NEREIDES E TRITÕES:

Já antes sete contaram!

SEREIAS:

E os três, onde se enfiaram?

NEREIDES E TRITÕES:

Não sabemos responder,
O Olimpo deve saber;
Aposto que aí estará
O oitavo que não há cá!
Para nos servir sempre atentos,
Mas no fundo inda não prontos.

Estirpe incomparável,
De grande ambição,

Sempre aspirarão
Ao inalcançável.

SEREIAS:

Para nós é regra,
Onde um trono se erga,
Sempre o venerar;
Vale a pena orar.

NEREIDES E TRITÕES:

Vir a esta festa, reparo,
Muito mais fama nos traz.

SEREIAS:

Aos heróis da Antiguidade
Roubastes celebridade;
Por mais que os cantem em coro
Eles tinham o velo de ouro
E os Cabiros tendes vós.
(*Repetem todos em coro.*)
Se eles tinham o velo de ouro,
Os Cabiros [temos nós. / tendes vós.]

Passam Nereides e Tritões.

HOMÚNCULO:

Vejo estas disformes figuras,
Uns potes de barro assim,
E quebram sábios cabeças duras
Em disputas sem fim.

TALES:

É a moeda que o mundo quer:
Se tem ferrugem, tem mais valor.

PROTEU (*sem ser visto*):

Disto é que eu gosto, velho fabulista!
Tanto melhor quanto mais fantasista.

TALES:

Proteu, estás onde?

PROTEU (*voz de ventríloquo, ora perto, ora longe*):

— Aqui! E aqui!

TALES:

Esta perdoo-te! És tu, já vi!
Mas, a um amigo, palavras tortas?
Sei bem que me trocas as voltas.

PROTEU (*como de longe*):

Adeus!

TALES (*baixinho, para Homúnculo*):

— Está perto! Põe-te luminoso!
Parece um peixe, de curioso!
E onde quer que esteja escondido,
Pelo fogo é logo atraído.

HOMÚNCULO:

Uma torrente de luz vou derramar,
Mas com cuidado, para o vidro não estalar.

PROTEU (*em forma de tartaruga-gigante*):

Que luz é esta, clara e bela?

TALES (*encobrindo Homúnculo*):

Se quiseres, podes de perto vê-la.
Pequeno é o esforço que farás,
Mas como homem te mostrarás.

Por nossa vontade, nosso favor,
Verá o que escondemos quem quiser.

PROTEU (*de aspecto nobre*):
Não há truques que não saibas e uses.

TALES:
E tu pélas-te por metamorfoses.

Revelando Homúnculo.

PROTEU (*espantado*):
Um anãozinho de luz! Raro de ver!

TALES:
Pede conselho, quer sair e ser.
Veio-me dizendo, e é verdade,
Que nasceu apenas por metade.
Os dotes de espírito nele bem ressaltam,
São os atributos físicos que faltam.
Assim como é dá-lhe peso o cristal,
Mas queria ter substância corporal.

PROTEU:
És filho de virgem, deveras,
Pois antes de seres, já eras!

TALES (*baixinho*):
E tem mais que se lhe diga, acredita,
Acho que o rapaz é hermafrodita.

PROTEU:
Mais fácil a empresa será,
Venha ele, e tudo se fará.
Mas não há muito que pensar,

Começarás no alto mar!
Nele não há quem não comece
Os mais pequenos devorando,
E assim pouco a pouco cresce,
Mais perfeito ser se tornando.

HOMÚNCULO:
Há uma brisa branda a soprar,
Tudo tão verde, e o odor do mar!

PROTEU:
Lindo menino, é mesmo assim,
E o melhor ainda vem aí;
Nesta estreita língua de areia
Mais irreal será a praia.
Vês ali ao fundo o cortejo
Que para cá vem? Eu já o vejo!
Venham daí.

TALES:
— Vou ver de perto!

HOMÚNCULO:
Estranho passo de triplo espectro!

Telquines de Rodes montados em hipocampos e dragões-marinhos, com o tridente de Neptuno na mão.

CORO:
De Neptuno forjámos o tridente,
Com ele aplaca a vaga mais potente,
Às nuvens que Zeus, cheias, faz troar
Respondem as vagas, altas a enrolar;
Quando lá de cima os raios fulminam,
Em baixo, espumando, as ondas se empinam;

E quem, entre os dois, luta estarrecido,
Baloiça e é, por fim, pelo abismo engolido.
Por isso, hoje o ceptro do rei empunhamos
E em festa de paz a vós o mostramos.

SEREIAS:

Vós, a Hélio consagrados,
Por seus raios abençoados,
Sede bem-vindos na hora
Em que o mundo Luna adora.

TELQUINES:

Deusa, lá no alto do celeste andor,
Ouves, enleada, do irmão o louvor.
Prestas atenção ao canto bendito
Que o celebra em Rodes, eterno e infinito.
Do nascer do dia até ao Sol-posto
Ele olha para nós com olhos de fogo.
As praias e as ondas, cidades e montes
Agradam ao deus, são claros como as fontes.
A névoa não mora nas nossas paragens,
Ele limpa a ilha com um raio, uma aragem.
Ali se revê em imagens mil,
Mancebo, colosso, manso, varonil.
Fomos os primeiros que digna estatura
Demos aos divinos, em humana figura.

PROTEU:

Deixa-os cantar no seu alarde,
Que quando o sagrado Sol arde
Obras mortas são brincadeira.
Moldam o metal de empreitada,
E uma vez a estátua acabada
Pensam que é obra de primeira.
E no que deu todo este orgulho?

Grandes estátuas, todos as viram —
Tremeu a terra, elas caíram;
Voltaram a ser metal e entulho.

É só tormento a vida aqui
Nesta terra, assim como assim.
É mais propício à vida o mar
Sem fim; para aí te há-de levar
Proteu-golfinho. (*Transforma-se.*)
— Já estou pronto!
Aí podes nascer sem esforço:
Eu transporto-te no meu dorso
E com o Oceano te junto.

TALES:

Cede à louvável intenção
De reiniciar a criação!
Dispõe-te ao célere plano!
Seguirás as eternas normas,
Passas por mil e uma formas,
Tens tempo para ser humano.

Homúnculo monta Proteu-Golfinho.

PROTEU:

Vem às húmidas vastidões,
Para aí viver sem restrições
E, espírito que és, ser servido;
Mas não aspires a altos valores
Porque, se humano te fizeres,
Estás completamente perdido.

TALES:

Tudo depende! Também seu valor tem
No tempo próprio ser um homem de bem.

PROTEU (*para Tales*):

Como tu, se bem percebi!
E não vais ficar por aqui,
Porque neste espectral cortejo
Há muitos séculos já te vejo.

SEREIAS (*em cima das rochas*):

Que anel de nuvens abraça
A Lua, e um halo produz?
São pombas cheias de graça,
Asas, brancas como a luz.
Vem de Pafos a embaixada
De tanta ave fervorosa;
Fica a festa assim encerrada
Num mar de luz, primorosa!

NEREU (*aproximando-se de Tales*):

O nocturno viajante
Veria nisto uma visão;
Mas dos espíritos é diferente,
E mais certa, a opinião:
São pombas que, em revoada,
Acompanham minha filha
E sua concha. Maravilha
Dos ares, há muito adorada.

TALES:

Também tenho por melhor
O que ao homem bom agrada,
Que em sereno e íntimo lar
Mantém a chama sagrada.

PSILOS E MARSOS (*montados em touros, vitelos e carneiros-marinhos*):

Em Chipre, nas rudes cavernas
Que o deus do mar não tapou,

Que Sismo não abalou,
No meio de brisas eternas
E, como em tempos passados,
Alegres, não perturbados,
O carro de Cípris guardamos
E em noites frescas trazemos,
Para a nova estirpe invisível,
Pelo chão das ondas, sensível,
A mais terna filha aqui.
Laboramos sem ter medo
De águia nem leão alado,
Nem de cruz, nem de crescente;
Esses reinam entre a gente,
Matam-se alternadamente,
Perseguindo-se, atacando,
Seara e burgo arrasando.
Entre nós, foi sempre assim,
Trazemos esta bela rainha até aqui.

SEREIAS:

Deslizam leves, tranquilas,
Cercando o carro, em espiral;
Formando apertadas filas,
Serpenteia o carrocel.
Vinde, vós, fortes Nereides,
Ásperas, de índole selvagem,
E vós trazei, ternas Dórides,
De Galateia a imagem:
Séria, aos deuses se irmana,
De digna imortalidade,
Mas, como a mulher humana,
Seduz pela graciosidade.

DÓRIDES (*passando por Nereu, em coro, todas montadas em golfinhos*):

Teus raios, Luna, reluzem

Sobre a mocidade em flor!
São esposos que nos seduzem
E ao pai viemos mostrar. (*Para Nereu.*)
São rapazes que salvámos
Das vagas e seu furor,
Que em musgo e juncos deitámos,
Dando-lhes vida e vigor;
Com beijos quentes irão
Mostrar sua gratidão:
Concede-lhes teu favor!

NEREU:

É duplo ganho, que sei apreciar,
Ser caridosas e do amor desfrutar.

DÓRIDES:

Pai, se aprovas nosso agir,
Dá-nos o prazer final
De eternamente os cingir
Ao nosso seio imortal.

NEREU:

Que bela pesca! E que alegria!
Em homem o moço heis-de tornar.
Mas eu nunca concederia
O que só Zeus pode aprovar.
A onda em que vos balançais
Também ao amor não dá constância;
Quando o encanto não durar mais,
Levai-os a terra em segurança.

DÓRIDES:

Nós, mancebos, de vós gostamos,
Mas vamos ter de separar-nos;

O eterno amor a que aspiramos
Não querem os deuses conceder-nos.

OS MANCEBOS:

Basta que assim continueis
A mimar os vossos marujos;
Nunca antes tivemos mais,
Nem mais queremos que vossos beijos.

Galateia aproxima-se na concha que lhe serve de carro.

NEREU:

És tu, minha querida!

GALATEIA:

— Que alegria, pai!
Que bela visão! Golfinhos, parai!

NEREU:

Já lá vão, nem os consigo ver,
No seu rodopio, sem parar,
Sem à minha emoção ligar!
Ah, quem dera convosco ir!
Mas um só olhar me deleita
E um ano inteiro me alimenta.

TALES:

Salve, salve, outra vez!
Renasces, quando aqui vês
Juntos o Belo e a Verdade…
Tudo da água nasceu!
Tudo pela água cresceu!
Rege, Oceano, sem tempo nem idade!
Se tu as nuvens não mandasses,

Se grossos ribeiros não enchesses,
Se torrentes não desviasses,
Se grandes rios não engrossasses,
Que seria o mundo, montanha e planura?
Só tu manténs viva a vida mais pura.

ECO (*coro de todos os grupos*):

É de ti que nasce a vida mais pura.

NEREU:

Já regressam; longe no mar
Não se encontra olhar com olhar;
Em largos círculos nadando,
E todos juntos festejando,
Serpenteia o longo cortejo;
Mas eu no trono Galateia
Em sua concha ainda vejo.
Como estrela brilha
Entre a multidão.
No meio da turba a amada filha,
Longínquo clarão,
Nítido e brilhante,
Próximo e presente.

HOMÚNCULO:

No espelho húmido e frio
Tudo o que eu alumio
Tem graça e é formoso.

PROTEU:

Na água viva e fria
Teu clarão alumia
Com som delicioso.

NEREU:

Que novo mistério se vem revelar
Aos nossos olhares lá no alto mar?
Que chama é aquela que envolve Galateia?
Ora é frouxa e doce, ora se incendeia,
Parece que o impulso do amor a seduz.

TALES:

É Homúnculo, e Proteu o conduz…
São sinais da ânsia que o domina e vence,
Há um frémito, um medo, que aqui já se sente;
Irá estilhaçar-se no trono de luz:
Aviva, lampeja, desfaz-se a seus pés.

SEREIAS:

Que prodígio é este, que as ondas em fogo
Vai pondo? Já chispam e entram num jogo
De choques, vaivém, de clarões e lume:
Já ardem os corpos no meio do negrume,
O fogo em redor já tudo cercou:
Deixai reinar Eros, que tudo iniciou!
Glória ao mar, e glória à vaga
Que o fogo já quase traga!
Glória ao fogo, à água pura!
E a esta estranha aventura!

TUDO E TODOS:

Glória aos ares mansos e etéreos,
Às grutas e seus mistérios!
Festejem-se estes portentos:
Glória aos quatro elementos!

TERCEIRO ACTO

DIANTE DO PALÁCIO DE MENELAU EM ESPARTA

Entra Helena e o Coro de prisioneiras troianas.
Pantalis, Corifeia.

HELENA:

Helena, a muito amada, Helena, a censurada,
Da praia venho onde agora mesmo aportámos,
Ainda ébria do baloiçar agitado
Das ondas que das planícies da Frígia até
Aqui, na espuma de altas cristas, pela graça
De Posídon e a força de Euro nos trouxeram.
Lá em baixo festeja Menelau, o rei,
O regresso com os mais bravos dos seus homens.
Mas dá-me tu as boas-vindas, nobre casa
Que Tíndaro, meu pai, ao regressar um dia
Da colina de Palas construiu na encosta,
Em ornato e riqueza de Esparta a melhor.
E onde eu também cresci em alegres folguedos
Com Clitemnestra, a irmã, com Pólux e Castor.
Brônzeos batentes desta porta, eu vos saúdo!
De par em par aberta outrora recebeste
A noiva entre muitas escolhida, e em teus umbrais
Se mostrou, deslumbrante, Menelau, meu esposo.
Dá-me de novo entrada, tenho de cumprir

Do rei ordem urgente, como à esposa compete.
Deixai-me entrar! E que fique para trás o mais
Que até aqui, trágica sina, me assolou.
Pois desde que passei sem cuidado esta soleira
Para visitar de Citereia o templo, cumprindo
Sacra promessa e aí o Frígio me raptou,
Muito aconteceu, que os homens em toda a parte
Gostam de contar, mas que não gosta de ouvir
Aquela cuja história em mito se tornou.

CORO:

Não desprezes, ó augusta rainha,
A nobre posse do mais alto bem!
Pois a ti foi dada a suprema ventura
Da beleza, glória maior que todas.
Ao herói o nome o precede,
Por isso ele se ufana;
Mas à beleza soberana se rende
Logo o mais duro varão.

HELENA:

Basta! Com o meu esposo até aqui naveguei,
E adiante ele me envia para a sua cidade:
Mas não sei que terá ele comigo em mente.
Como esposa me traz? Venho como rainha?
Vítima para expiar o sofrimento do rei
E para a longa desgraça pelos Gregos sofrida?
Conquistada fui — não sei se cativa estou,
Pois fama e sina ambígua os imortais me deram,
Da beleza ambas companheiras duvidosas
Que até nesta soleira a meu lado estão,
Perfiladas, ameaçadoras e sombrias.
Pois já no bojo da nau o esposo me olhava
Raramente, sem uma palavra de conforto,
Como que tragédia prevendo, à minha frente

Sentado. Mas agora, quando dos primeiros
Navios as proas penetraram do Eurotas
Nas fundas enseadas, falou inspirado:
"Desembarcarei meus guerreiros em boa ordem
E aqui na praia em revista os passarei;
Mas tu prossegue, e vai subindo do sagrado
Eurotas a fértil e arborizada margem,
Levando os corcéis pelo belo e húmido prado,
Até enfim chegares à formosa planície
Onde se ergue, outrora um vasto e fértil campo,
Lacedemónia, e à sua volta austeros montes.
Entra na régia residência de altas torres
Inspecciona as servas que em tempos lá deixei
Entregues à velha e sábia governanta.
Esta te mostrará dos tesouros o acervo
Deixado por teu pai, e que eu próprio aumentei,
Multiplicando-o em tempos de guerra e de paz.
Encontrarás tudo na melhor ordem, pois
Do príncipe é esse o privilégio: achar
Em seu regresso no palácio cada coisa
Em seu lugar, tal como as deixou ao partir.
Pois nada pode nem deve o escravo mudar."

CORO:

Deleita agora no rico tesouro,
Sempre aumentado, olhos e alma!
Pois do colar o brilho, da coroa os adereços
Ali jazem, e de si se orgulham.
Mas se entras e os desafias,
Logo eles se armam.
Alegra-me ver a beleza em luta
Com ouro, pérolas e gemas preciosas.

HELENA:

Seguiu-se então do rei e senhor nova ordem:

"Quando depois tudo em ordem tiveres deixado,
Podes juntar quantas tripeças precisares,
Toda a sorte de vasos que o oficiante
Deseja ter à mão para os rituais solenes.
Caldeiros e taças, e as páteras rasas;
Que a água pura das fontes sagradas encha
As esguias ânforas; e hás-de também ter
Pronta a lenha seca, das chamas amiga;
Por fim, não faltará faca bem afiada,
E tudo o resto ao teu cuidado ficará."
Assim falou, instando-me a partir; mas sem
Concretamente me dizer que animal vivo
Ele aos Olímpicos queria sacrificar.
É inquietante, mas mais não quero eu cuidar,
Pois tudo deverá ficar em mãos dos deuses,
Que tudo fazem como seu sentido dita,
Quer os homens pensem que é bom, quer mal agoirem;
A nós, mortais, isso compete suportar.
Quantas vezes não levantou o sacerdote
O cutelo sobre o cachaço do animal
Prostrado, sem o golpe consumar, porque entrou
Em cena o inimigo próximo ou um deus?

CORO:

O que será, não o decides tu;
Avança, pois, rainha,
De ânimo forte!
O bem e o mal vêm
Ao homem de imprevisto;
Nem quando os profetizam acreditamos.
Não ardeu Tróia? Não vimos nós
A morte, mísera, diante dos olhos?
E não estamos aqui
Contigo, para alegres te servir?
Olhamos o Sol deslumbrante no céu,

Vemos-te, à mais bela da Terra,
E felizes te veneramos.

HELENA:

Seja o que tem de ser e o que vier; a mim
Cabe-me sem demora ao palácio subir
Que deixei, tanto desejei, quase perdi,
E agora ante meus olhos está, nem sei bem como.
Mas já não sobem com coragem os meus pés
Os degraus que em criança sem medo galgava. (*Sai.*)

CORO:

Lançai, ó irmãs, vós,
Infelizes cativas,
Para longe toda a dor;
Partilhai com Helena
A sorte de nossa ama,
Que do paterno lar se abeira
Num passo em verdade tardio,
Mas por isso tanto mais firme,
Neste alegre regresso.

Glorificai os deuses
Sagrados que repõem
A sorte e à casa levam!
Paira o liberto,
Como que alado,
Sobre o que é rude, enquanto
O preso, ansioso, se consome
E sobre as ameias do cárcere
Triste seus braços estende.

Mas a ela um deus lhe deu
A mão, à desterrada;
E dos escombros de Ílion

Aqui a fez regressar
À renovada, velha
Casa paterna,
Para recordar de novo,
Depois de inauditas
Alegrias e penas,
Distante juventude.

PANTALIS (*no papel de Corifeia*):

Esquecei ora do canto a jubilosa senda
E voltai o olhar para a porta entreaberta!
Que vejo, irmãs? Não é a rainha que vem
Em grande agitação de novo ao nosso encontro?
Que se passa, grande rainha, que terrores
Em vez de saudação em tua própria casa
Te podem assaltar? Tu não o dissimulas,
Pois na fronte te vejo gravada a repulsa
E nobre indignação, em luta com o espanto.

HELENA (*que deixou os batentes da porta entreabertos, agitada*):

Não vai com a filha de Zeus vulgar temor,
Nem ao de leve a toca a mão que outros assusta;
Mas o horror que desde o início sempre veio
Do seio da noite antiga e, variando as formas,
Sobe da cratera de fogo como nuvens
Em chamas, inda abala o peito dos heróis.
Assim também hoje me assinalam os estígios
Deuses a entrada com o horror. Qual importuno
Hóspede me apresso a fugir da tão pisada
E tão longamente desejada soleira.
Mas não! De volta à luz eu recuei, e vós,
Ignotos deuses, não me forçareis a entrada.
No rito certo pensarei para que, pura,
Do lar a chama a dona e o senhor receba.

CORIFEIA:

Às tuas servas, que te assistem e veneram,
Revela, ó rainha, o que na casa viste.

HELENA:

O que eu vi, vós próprias também o ireis ver,
Se a noite antiga não arrastou a figura
Que criou para o fundo do seu seio monstruoso.
Mas, para que o saibais, às palavras recorro:
Quando, solenemente, o interior pisei
Do palácio, para o primeiro dever cumprir,
Estranhei o silêncio dos corredores vazios.
Ao meu ouvido não chegavam os ruídos
De passos diligentes, nem azáfama
Via. Nem servas, nem governanta aparecia,
Como é costume, a receber os forasteiros.
Quando, porém, do lume mais me aproximei,
Vi, junto a um resto morno de cinza apagada,
No chão um vulto enorme de mulher, velada,
Não como adormecida, antes como quem pensa.
Com autoridade a instiguei ao trabalho,
A governanta imaginando, que o esposo
Previdente, antes da partida, contratara.
Mas ela permanece imóvel e embuçada,
Por fim reage à minha ordem levantando
A mão direita, como a indicar-me a saída.
Volto costas, irada, e apresso-me a subir
Do tálamo os degraus, que esplendoroso se ergue
Tendo logo a seu lado a câmara dos tesouros.
Mas eis que o monstro se ergue súbito do chão,
À força o passo me vedando, e a estatura
Seca mostrando, olhar cavo raiado a sangue:
Estranha aparição, que confunde vista e mente.
Mas são palavras vãs as minhas, já que em vão

Tenta a palavra a tais criaturas dar forma.
Vede por vós! Ei-la que ousa à luz chegar!
Aqui temos vantagem, até que chegue o rei.
Febo refreia ou manda para covis escuros
Tais abortos da noite, ele que ama a beleza.

Fórcide aparece na soleira entre as ombreiras.

CORO:

Muito vivi, embora juvenil
Madeixa a fronte me enfeite!
Muita coisa terrível já vi,
Os desastres da guerra, a noite de Ílion,
Quando caiu.

Entre nuvens de pó, na confusão
Dos guerreiros lutando, ouvi os deuses
Soltar gritos terríveis e a voz
Brônzea da discórdia ecoar
Até à muralha.

Ah, estavam ainda de pé
De Ílion os muros, mas a fúria
Das chamas casa a casa consumia,
Crescendo e alastrando,
Com o próprio ímpeto do fogo,
A toda a cidade na noite.

Na fuga, vi entre fumo e fogo
E à luz das labaredas
Passar deuses disformes de ira,
Figuras monstruosas andando,
Gigantescas, entre os vapores
E o fumo pelo fogo iluminado.

Terei eu visto isso? Ou foi
Visão do espírito angustiado
Tal confusão? Isso nunca
O poderei dizer. Mas este
Horror aqui, posso afirmar
Que o vejo sem dúvidas ter;
Até tocar-lhe poderia,
Se me não tolhesse o medo
Diante de coisa assim perigosa.

Qual das filhas de Fórcis
És tu afinal?
Pois a essa linhagem
Eu te comparo.
Terás nascido dessa escura
Prole que troca entre si
Um olho e um dente,
E a que chamam Greias?

Ousas tu, monstro,
Mostrar-te, ao lado
Da beleza, ao olhar
Penetrante de Febo?
Pois seja! Avança para a luz,
Que ele o feio não contempla,
Tal como o seu sagrado olhar
Nunca sombra avistou.
Mas a nós, mortais, obriga-nos
Infelizmente a um triste fado,
A sofrer a indizível dor
Que o hediondo e maldito
Causa nos amantes da beleza.

Ouve, pois, se te atreves a vir
Ao nosso encontro, a maldição!
Ouve o insulto e a ameaça

Da boca implorante dos ditosos,
Daqueles a quem deuses deram forma!

FÓRCIDE:

Velho é o dito, mas mantém-se o seu sentido:
Que pelos caminhos deste mundo nunca seguem
Juntas e de mão dada vergonha e beleza,
Fundas raízes tem nas duas ódio antigo
Que sempre as leva a voltar costas uma à outra
Como inimigas, onde quer que elas se encontrem.
Segue cada uma apressada o seu caminho,
Perturbada a vergonha, a beleza atrevida,
Até que a vácua noite do Orco as abraça,
Se já antes não foram pela idade domadas.
Agora aqui vos encontro, insolentes, vindas
De terra estranha, de soberba cheias, qual
Bando de roucos grous, sobre as nossas cabeças
Lançando em longa nuvem agudo grasnar
E atraindo para o céu o olhar do viajante
Tranquilo; eles, porém, prosseguem o seu voo,
É este o seu caminho, e assim será connosco.

Quem sois, pois, vós, para vir gritar junto ao palácio
Quais Ménades possessas, como ébrias Bacantes?
Quem sois vós, pois, para uivar assim à governanta,
Como à Lua faz a matilha de mastins?
Julgais acaso que não sei que raça é a vossa,
Vós, geração nova criada entre batalhas,
Lúbrica de homens, seduzida e sedutora,
Minando a força do guerreiro, do cidadão?
Juntas pareceis mais um enxame de cigarras
Que sobre nós se abate e cobre os campos verdes.
Devoradoras do trabalho alheio! Gulosas
Destruidoras da abundância que desponta!
E tu? Conquistada, pura mercadoria!

HELENA:

Quem na presença da ama as servas ofende
Excede-se e infringe o velho e senhoril direito;
Pois só a ela cumpre o mérito louvar,
Tal como aquilo que é censurável punir.
E mais estou com o serviço satisfeita que elas
Me prestaram quando de Ílion o altivo forte
Cercado estava e cedeu e caiu; não menos
Quando da travessia as árduas peripécias
Suportávamos, em que de si cada um trata.
Também aqui o mesmo espero do alegre grupo:
Da serva indago como serve, e não quem é.
Por isso, cala-te e deixa de escarnecê-las.
Se até agora em vez da esposa bem guardaste
Do rei a casa, por isso serás louvada
Mas agora ela volta, e tu o lugar deves
Ceder, para em vez da paga castigo não teres.

FÓRCIDE:

Grande prerrogativa é a de admoestar
Os servos, que a nobre esposa do augusto rei
Merece após longos anos de sábio mando.
Pois que, reconduzida, o antigo posto teu
De rainha e ama de novo ocupar vens,
Retoma as rédeas que largaste, manda então,
E toma posse do tesouro e de nós todas.
Mas não deixes de proteger-me a mim, mais velha,
Contra o grasnar destes gansos tão depenados,
Se as comparo com o cisne da tua beleza.

CORIFEIA:

Que feia ao lado da beleza é a fealdade!

FÓRCIDE:

Que inepta ao lado da sabedoria a inépcia!

Daqui em diante são as Corétides que respondem, avançando uma a uma a partir do Coro.

CORÉTIDE 1:

Fala do pai Érebo, fala da mãe Noite.

FÓRCIDE:

E tu fala de Cila, que é tua sobrinha.

CORÉTIDE 2:

Muito monstro descubro na tua ascendência.

FÓRCIDE:

Ao Orco desce tu, e busca aí os teus.

CORÉTIDE 3:

Os que aí moram são inda jovens para ti.

FÓRCIDE:

Vai lá, faz-te a Tirésias, o velho profeta.

CORÉTIDE 4:

A ama de Oríon é já tua trisneta.

FÓRCIDE:

Na imundície, vejo, Harpias te criaram.

CORÉTIDE 5:

Com que alimentas tu toda essa magreza?

FÓRCIDE:

Com sangue não será, que tu tanto apeteces.

CORÉTIDE 6:

E tu os mortos, repugnante cadáver!

FÓRCIDE:

São de vampiro os dentes dessa boca imunda.

CORIFEIA:

E eu calo já a tua se disser quem és.

FÓRCIDE:

Diz primeiro o teu nome, e resolve-se o enigma.

HELENA:

Sem ira, com pesar me intrometo entre vós
Para proibir o destempero de tal contenda!
Pois nada é mais nocivo a quem a casa governa
Do que a discórdia surda entre servos fiéis.
Não vê nesse caso o eco das suas ordens
Volver, harmonioso, em acção transformado;
Não, fervilha em seu redor a arbitrariedade,
E, confuso também ele, em vão ameaça!
E mais ainda: em vossa desbragada fúria
Atraístes infaustas formas de visões
Aterradoras que me cercam e para o Orco
Me arrastam, apesar de solo natal pisar.
Será recordação? Loucura que me toma?
Fui eu tudo isso? Ainda o sou? Ou sê-lo-ei,
Sonho e terror daqueles que arrasam cidades?
Estremecem as moças; tu, porém, que és mais velha,
Nem pestanejas; fala, diz algo com sentido.

FÓRCIDE:

Quem desses anos recorda a sorte diversa
Vê no mais alto favor dos deuses um sonho.
Tu, porém, foste mais do que favorecida,
E em teus dias só viste amantes, pretendentes,
A toda a sorte de ousadias decididos.

Cedo Teseu te perseguiu, cheio de lascívia,
Forte como Hércules, e uma estampa de homem.

HELENA:
Raptou-me era eu inda uma corça de treze anos,
Na Ática à guarda de Afidno me deixou.

FÓRCIDE:
Em breve liberta por Pólux e Castor,
Heróis sem conta a tua mão foram pedindo.

HELENA:
Mas devo confessar: no íntimo quis sempre
Mais a Pátroclo, imagem viva de Peleu.

FÓRCIDE:
Mas paterna vontade a Menelau te deu,
Ousado navegante, e da casa pilar.

HELENA:
Deu-lhe a filha e também do seu reino a herança.
E Hermíone nasceu, fruto dessa união.

FÓRCIDE:
Mas quando ele de Creta a herança disputava,
A ti, sozinha, um belo hóspede aparece.

HELENA:
Porque me vens lembrar a meia viuvez
E todo o mal que desses anos eu colhi?

FÓRCIDE:
Também a mim, cretense livre, essa viagem
O cativeiro e longa escravidão me trouxe.

HELENA:

Para aqui te trouxe logo, e como governanta
Te confiou o palácio e o tesouro conquistado.

FÓRCIDE:

Que tu abandonaste, e pelas torres de Ílion
E inexauríveis delícias de amor trocaste.

HELENA:

Não me lembres delícias, pois amargas dores
Sem fim me encheram o coração e a mente.

FÓRCIDE:

Mas dizem que era dupla a existência tua,
Que em Ílion foste vista e no Egipto também.

HELENA:

Não me confundas mais o espírito em delírio.
Mesmo agora, não sei ao certo quem eu sou.

FÓRCIDE:

E dizem mais: que, vindo do mundo dos mortos,
A ti se uniu Aquiles com ardor, e contra
A lei dos fados, o mesmo que antes te amara.

HELENA:

Era sombra, e a uma sombra então me uni.
Um sonho foi, e disso dão conta as palavras.
Aqui desmaio, e sou para mim mesma uma sombra.

Cai nos braços do Semicoro.

CORO:

Cala-te, cala-te,
Tu, de olhar frio, fala pérfida!
Que hálito sai dessa

Boca horrível de um só dente,
Do abismo dessas fauces assustadoras!

Pois o malvado que finge inocência,
Lobo que veste pele de cordeiro,
Mais terrível o acho que as fauces
Do tricéfalo cão.
Aqui estamos, ouvindo amedrontadas:
Quando, como, de onde surgiu
Tal monstro
De perfídia sempre à espreita?

Que fazes? Em vez de palavras de consolo,
Propícias ao olvido, apaziguantes,
Remexes no passado,
Evocando mais males que bens,
Ensombrando a um tempo
Com o brilho do presente
Também a luz
Ténue da esperança no futuro.

Cala-te, cala-te!
Para que a alma da rainha,
Quase a soltar-se,
Permaneça unida
À mais bela de todas as figuras
Que o Sol já iluminou.

Helena recompôs-se e ocupa novamente o centro da cena.

FÓRCIDE:

Sai das nuvens tão fugazes, nobre Sol deste dia,
Tu, que nublado já encantas, e agora a brilhar nos cegas.
Tal como o mundo a ti se abre, teu olhar meigo o contempla.
Eu, que todos dizem feia, conheço bem a beleza.

HELENA:

Saio eu, trémula, do vácuo que no desmaio me cercou.
Bem queria eu descansar, tão frouxos os membros sinto:
Mas à rainha compete — a qualquer um, afinal —
Refazer-se, ganhar forças, seja qual for a ameaça.

FÓRCIDE:

Estás agora em majestade, bela como és, ante nós,
O teu olhar é já ordem: diz, pois, que coisas ordenas?

HELENA:

Tua disputa nos fez perder tempo, até de mais;
Vai, prepara o sacrifício que o rei a mim me ordenou.

FÓRCIDE:

Tudo está pronto na casa, taça, trípode e cutelo,
Água lustral e incenso: e a vítima, qual será?

HELENA:

Não me disse o rei qual era.

FÓRCIDE:

— Não to disse? Oh, *não* funesto!

HELENA:

Em que desgraça é que pensas?

FÓRCIDE:

— Rainha, a vítima és tu!

HELENA:

Eu?

FÓRCIDE:

— E elas.

CORO:

— Maldição!

FÓRCIDE:

— Tu, degolada serás.

HELENA:

Oh, que horror! Já o pressentia!

FÓRCIDE:

— É tua sorte, está escrito.

CORO:

Ah, e a nós, que nos espera?

FÓRCIDE:

— Nobre será sua morte;
Vós na alta trave lá dentro, a que suporta o telhado,
Quais tordos numa armadilha em fila estrebuchareis.

Helena e o Coro ficaram paradas, cheias de espanto e terror, formando um grupo bem ordenado e muito expressivo.

FÓRCIDE:

Fantasmas! Mais pareceis assim estátuas de pedra,
Temendo apartar-vos da luz que não é vossa.
Os seres humanos, que como vós são fantasmas,
Não renunciam de bom grado à luz do Sol;
Nem preces nem ninguém, porém, do fim os salva;
Todos o sabem, mas bem poucos se resignam.
Basta, perdidas estais! Vamos então à obra.
(*Bate palmas; aparecem à porta anões mascarados que executam as ordens dadas imediata e rapidamente.*)
Vem cá, monstrozinho roliço e tenebroso!

Rebolai-vos! Mal para fazer não faltará.
Trazei o altar portátil, o de pontas de ouro,
O cutelo, brilhando no bordo de prata,
Enchei de água as ânforas, para lavar
Do negro e espesso sangue a assustadora mancha.
Estendei no pó aqui o precioso tapete.
Para a real vítima de joelhos se postar
E em rica mortalha, mas, é claro, degolada,
Condignamente à sepultura descer logo.

CORIFEIA:

Pensativa, a rainha de nós se apartou,
Ficam as moças murchas como erva ceifada;
Mas eu, mais velha, tenho o sagrado dever
De contigo, antiquíssima que és, discorrer.
Tens experiência, bom senso, e és benevolente,
Inda que, sem saber, te ofendessem estas tontas.
Diz-nos, por isso, se há para nós qualquer saída.

FÓRCIDE:

É fácil de dizer: tudo depende da rainha.
Salvar-se pode e a vós, apêndices, com ela.
Decisão é precisa, e a mais pronta possível.

CORO:

Tu, das Parcas a mais digna, tu, a mais sábia Sibila,
Fecha a tesoura dourada, dá-nos luz e salvação;
Pois sentimos já tremer, oscilar cambaleantes,
Nossos membros que preferem deliciar-se a dançar,
E depois o amado abraçar.

HELENA:

Deixa-as ter medo! Eu não temo, só me dói;
Mas se salvação sabes, gratas a aceitamos.

A quem é sábio e previdente muitas vezes
O impossível é possível. Fala, pois.

CORO:

Fala, pois, di-lo depressa: como podemos sair
Deste abraço, negra corda que, como a pior das jóias,
Nossos colos já aperta? Pobres de nós, pressentimos
A falta de ar, o sufoco, se tu, Reia, mãe dos deuses,
De nós não te apiedares.

FÓRCIDE:

Tereis paciência para, tranquilas, ouvir
A longa prédica? Muitas histórias são.

CORO:

Paciência temos, que nossa vida é escutar.

FÓRCIDE:

Quem, à casa apegado, nobre tesouro guarda,
E sabe cimentar da alta morada os muros
E proteger das águas da chuva o telhado,
Esse pode fruir de boa e longa vida;
Mas quem com passos levianos, temerários,
A sagrada linha do umbral da casa passe,
No regresso dará com o mesmo lugar,
Mas tudo está diferente, ou mesmo destruído.

HELENA:

A que vêm agora esses ditos com barbas?
Se narrar é o que queres, deixa o que nos agasta.

FÓRCIDE:

É história conhecida, e não qualquer censura.
Saqueou Menelau, feito corsário, baías,

Praias e ilhas, tudo a ferro e fogo pondo,
E com os despojos que aí tens enriquecendo.
Dez longos anos frente aos muros de Ílion passou;
E para voltar à pátria não sei quantos mais.
E a nobre casa de Tíndaro aqui? Qual foi
O seu destino, e qual o do resto do reino?

HELENA:

De tal modo anda em ti a censura entranhada
Que só para criticar sabes abrir a boca?

FÓRCIDE:

Ficou todo esse tempo abandonado o monte
Que por detrás de Esparta para norte sobe;
Acima dele o Taígeto, de onde desce,
Ribeiro cantante, o Eurotas pelo nosso vale,
Entre juncais alimentando os vossos cisnes.
Nesse tranquilo vale da montanha um ousado
Povo se fixou, vindo da noite ciméria,
Inexpugnável castelo aí levantou,
De onde assolam, impunes, a terra e as gentes.

HELENA:

E fizeram tudo isso? Quase impossível é.

FÓRCIDE:

Tempo não lhes faltou, foram talvez vinte anos.

HELENA:

E têm chefe? São bandidos, e aliados?

FÓRCIDE:

Não são bandidos, e *um* deles é o senhor.
Não o acuso, embora aqui já tenha vindo.

Podia ter levado tudo, mas bastou-lhe
Pequeno donativo, disse, não tributo.

HELENA:

Que aspecto tem?

FÓRCIDE:

— Nada mau, até gosto dele.
Alegre, audaz, homem de boa catadura,
E de bom senso, como poucos de vós, Gregos.
Chamais bárbara a essa gente, mas não creio
Que haja um tão cruel como alguns dos heróis
Que em Ílion o inimigo mataram e comeram.
Respeitei sua grandeza e nele confiei.
E o seu castelo! É coisa digna de se ver!
Muito diferente desta rude alvenaria
Que vossos pais sem arte alguma amontoaram
Como Ciclopes, pedra bruta sobre pedra
Bruta lançando; o dele, pelo contrário, o dele
É construído a prumo, a nível e com arte.
Olha-o de fora, e parece que chega ao céu,
Tão direito, aprumado e liso como aço.
Subir por esses muros? Só de pensares escorregas.
E lá dentro tem pátios espaçosos, à volta
Construções de toda a espécie e para todo o uso:
Colunas, colunetas, arcos, arcarias,
Terraços, galerias, frestas e seteiras
E armas.

CORO:

— Que são armas?

FÓRCIDE:

— Já Ájax tinha

No escudo armas, duas serpentes enlaçadas.
E em Tebas os Sete tinham também no escudo
Cada um sua figura e seu significado.
Havia neles estrelas, Lua em céu nocturno,
Também deusas, heróis, chefes, espadas e fachos
E outros símbolos, ameaças para as cidades.
Tais figuras, de avós herdadas, também usa
Em profusão de cores nosso bando de heróis.
Vedes aí leão, águia, garras e bicos,
Cornos de búfalo, asas, rosas, pavões
E faixas: ouro, prata e negro, azul, vermelho.
Também nos seus salões alinhadas as vês,
Salões tão vastos como a vastidão do mundo;
Aí podíeis vós dançar!

CORO:

— E eles dançam?

FÓRCIDE:

Como os melhores. São moços louros, frescos, galantes.
Jovens em flor! Só Páris tinha tal fragrância
Quando à rainha se encostou.

HELENA:

— Estás a sair
Do teu papel. Acaba a história que começaste.

FÓRCIDE:

O fim é teu. Se disseres claramente sim,
Logo para o castelo te levarei.

CORO:

— Oh, diz
A palavrinha que nos salva, a ti e a nós.

HELENA:

Pois quê? Devo eu temer de Menelau, do rei,
Gesto cruel que contra mim possa atentar?

FÓRCIDE:

Já esqueceste como Deífobo morreu,
Barbaramente mutilado? Era irmão
Do teu Páris, morto em combate. Pertinaz,
Te fez a corte, e conseguiu. Nariz e orelhas
Lhe cortou, e mais: foi cena horrível de se ver.

HELENA:

Se o fez, e é verdade, foi por minha causa.

FÓRCIDE:

Por causa dele agora a ti também o fará.
A beleza é indivisível; quem a teve
Toda, prefere destruí-la a partilhá-la.
(*Trombetas ao longe; o Coro estremece.*)
Cortante é o som da trombeta nos ouvidos
E nas entranhas; assim o ciúme crava
As garras no peito do homem, que não esquece
O que um dia foi seu, perdeu, e já não tem.

CORO:

Não ouves o som das trompas? Não vês o fulgir das armas?

FÓRCIDE:

Bem-vindo, rei e senhor, minhas contas prestarei.

CORO:

E nós?

FÓRCIDE:

— Vós bem o sabeis: contemplai a morte dela,
A vossa lá dentro é certa. Não, não tendes salvação.

HELENA:

Pensei em tudo o que agora posso arriscar.
És um espírito mau, sente-se isso a teu lado,
Receio que tudo o que é bom tu em mal transformes.
Quero, no entanto, a esse castelo acompanhar-te;
Quanto ao resto, sei bem: aquilo que a rainha
No fundo do peito secretamente guarda
A todos seja oculto. Velha, vai à frente!

CORO:

Que bom é partir,
Com célere passo;
Para trás fica a morte,
Diante de nós
De novo um castelo
E muros altaneiros.
Que eles nos protejam
Como os da nossa Ílion,
Que só no fim caiu
Por pérfida traição.

Descem névoas, que podem envolver o fundo, ou também o primeiro plano da cena.

Que é isto? Que é isto?
Irmãs, olhai bem!
Não era claro dia?
Bancos de névoa sobem
Das águas sagradas do Eurotas;
Ao olhar se furtam já

Os verdes juncos das margens;
E também os belos e altivos
Cisnes selvagens,
Deslizando em grupo,
Já os não vislumbro!

Mas ouço, ah, ouço
Os sons que fazem,
Sons roucos ao longe!
Agoiro de morte, diz-se.
Ah, que eles não venham,
Em vez da prometida salvação,
Anunciar o nosso fim!
A nós, irmãs de colo
Alvo e alto como vós, cisnes!
E a ela, de cisne nascida!
Ai de nós, ai de nós!

Tudo em volta está
Coberto de brumas.
Nem umas às outras nos vemos!
Que se passa? Avançamos?
Ou pairamos só
Tocando ao de leve o chão?
Não vês nada? Não é Hermes, à frente,
Voando? Não brilha o caduceu de ouro
Impondo-nos o regresso
Aos fundos lúgubres, sombrios,
Pejados de sombras, cheios
E sempre vazios, do Hades?

Tudo tão escuro, de repente, sem luz a névoa se esvai,
Formas pardas, muros castanhos. Erguem-se ante nós muralhas,
Altas, tapam-nos a vista. É um pátio, ou é um fosso?

Apavorante, um ou outro! Irmãs, estamos prisioneiras,
Mais prisioneiras que nunca.

PÁTIO INTERIOR DE CASTELO

rodeado de sumptuosas e fantásticas construções medievais.

CORIFEIA:

Sem tino, irreflectidas, imagem acabada
Da mulher! Presas do instante e dos seus caprichos,
Da sorte e da desdita! Nenhuma das duas
Sabeis equânimes suportar. Uma sempre
A outra contradiz, e as outras a ela;
Sois parecidas só na alegria e na dor.
Silêncio agora! Esperai pelo que a nossa rainha
Em sua sensatez para ela e nós resolve.

HELENA:

Pitonisa, onde estás? Como quer que te chames,
Sai das sombrias abóbadas do castelo.
Se acaso foste ao celebrado herói e senhor
Anunciar-me e preparar a recepção,
Eu te agradeço. Leva-me à sua presença:
Quero ver o fim desta deriva, quero paz.

CORIFEIA:

Em vão, ó rainha, à tua volta olhas;
Foi-se a negra visão, talvez tenha ficado
Naquela bruma além, de cujo seio nós,
Não sei bem como, aqui chegámos sem dar passo.
Talvez ela erre também no labirinto,
No estranho castelo, de muitos outros feito,
Buscando o senhor para o saudar condignamente.

Mas olha: lá em cima há grande agitação,
Nas galerias, nas janelas e portais
A criadagem diligente e numerosa
Prenuncia um bom e distinto acolhimento.

CORO:

Meu coração exulta! Ora vede
O recato e o vagaroso passo
Do belo grupo juvenil descendo
Em cortejo ordenado. Quem os manda
Nesta harmonia tão logo aparecer,
A esta bela hoste de mancebos?
Que admiro mais neles? O seu porte airoso?
Ou os caracóis, a cingir-lhes a fronte?
As faces, talvez, dois pêssegos vermelhos,
E por isso como veludo macias?
Bem os morderia, se não fosse o medo;
Pois num caso destes — que horror, só dizê-lo! —
A boca se me encheu de cinza!

Mas os mais belos,
Ei-los que chegam;
Que trazem eles?
Degraus para o trono,
Tapete, assento,
Cortinas, panos
Para um dossel;
Sobem e pairam,
Coroas de nuvens,
Sobre a rainha;
Já a convidam
A subir para o estrado.
Aproximai-vos
E nos degraus
Alas formai.

Nobre, mui nobre, três vezes nobre
Tal recepção! Agradeçamos!

Tudo o que diz o Coro vai sucessivamente acontecendo. Depois de terem descido, em longo cortejo, pajens e escudeiros, aparece Fausto no alto da escadaria em traje cortês de cavaleiro medieval, descendo lenta e solenemente.

CORIFEIA (*olhando-o com atenção*):

Se não lhe deram os deuses, como é seu costume,
Por pouco tempo só este admirável porte,
O sublime decoro, a amável presença,
Se assim não foi, então ele sempre terá
Sucesso no que faz, quer em viril combate,
Quer nas pequenas guerras com as mulheres mais belas.
A muitos outros ele sem dúvida excede
Que antes meus olhos viram e muito admiraram.
Já desce o príncipe com passo majestoso,
Lento e reverente: volta o olhar, rainha!

FAUSTO (*aproxima-se, trazendo consigo um homem acorrentado*):

Em vez da saudação solene devida,
Em vez do mais festivo acolhimento,
A teus pés ponho, em ferros, este servo
Que, a seu dever faltando, o meu manchou.
Ajoelha aos pés desta bela mulher
E confessa-lhe a ela a tua culpa.
Este é, nobre senhora, aquele homem
Que, com olhar de lince, lá da torre
Tem missão de atalaia, devassando
A vasta terra e o celeste espaço:
Dar sinal do que aqui e ali se passe,
De tudo o que se agite, das colinas
Do vale até ao castelo, sejam rebanhos,
Tropas talvez: àqueles protegemos,

A estas damos luta. E hoje falhou!
Tu chegas, e ele não o anuncia,
Em causa pondo a recepção devida
A tão ilustre hóspede. Cometeu
Crime de morte; em sangue banhado
Estaria já; mas tu o castigarás,
Ou perdoarás, se assim te aprouver.

HELENA:

É grande a honra que ora me concedes
De soberana julgar, inda que apenas
A título de experiência, ao que presumo —
Do juiz pelo primeiro dever começo,
O de ouvir o acusado. Fala então.

LINCEU, O ATALAIA:

Quero ajoelhar, olhar quero,
Irei morrer ou viver,
Entrego-me por inteiro
A esta divina mulher.

Esperando eu, deliciado, ver
Nascer o dia a oriente,
Eis que vejo o Sol subir
A sul, milagrosamente.

Desviei o olhar para sul,
Pico nem vale descobri,
Nem terra, nem céu azul,
Só ela, a única, vi.

Tenho uma vista apurada
Como lince árvore subindo,
Mas hoje ficou perturbada
Como em sonho obscuro, profundo.

Já não sabia onde estava —
É torre? Ameia? Portão?
Vinha a névoa, levantava,
E surge esta deusa então!

Olhos e alma entreguei,
No seu brilho me perdi,
Vi a bela, deslumbrei,
Cegou-me, pobre de mim.

Esqueci meu dever e a jura
Do atalaia, sagrada;
Dá-me a sentença — que a ira
Pela beleza é aplacada.

HELENA:

Não posso castigar o mal que fiz.
Ai de mim! Que destino impiedoso
Me persegue, para assim perturbar
O coração dos homens e os levar
A não se respeitar, nem ao que é digno.
Roubam, seduzem, raptam, fazem guerra,
Semideuses, heróis, deuses, demónios
A esta confusa errância me forçaram.
Sendo uma, o mundo confundi; dupla, inda mais,
Agora tríplice, quádrupla desgraça
Acumulo. Liberta este bom homem;
Culpa não tem aquele que o deus cega.

FAUSTO:

Atónito, rainha, vejo a um tempo
A exímia archeira, e aqui o seu alvo;
Vejo o arco que a seta despediu,
E aqui o atingido. Seta após seta
A mim me atinge. Sinto-as por todo o espaço
Do castelo, a zunir emplumadas.

Que sou agora? Tu chegas, e o servo
Fiel rebela-se, e ficam vulneráveis
Estas muralhas. Receio que o meu exército
A mulher triunfante e invicta siga.
Que me resta, mais que entregar-me, e a tudo
O que, iludido, antes por meu tomava?
Permite que a teus pés, leal e livre,
Eu por rainha tome quem meu trono
E domínio ganhou, só por mostrar-se.

LINCEU (*com um cofre, seguido de homens que trazem outros*):

Vês-me, senhora, regressar!
O rico pede um mero olhar,
Olha para ti e sente-se, eu sei,
Pobre pedinte e rico rei.

Eu quem era? Que sou agora?
Que quero e faço nesta hora?
Que vale o olhar mais penetrante
Face a teu trono brilhante?

Nós viemos do Oriente,
E foi o fim do Ocidente;
Povos sem fim a avançar,
Sem uns dos outros querer saber.

Quando este cai, aquele avança,
Já o terceiro pega na lança;
Por cada um, mais cem soldados,
Morrem milhares sem ser notados.

Nós avançando e assaltando,
Terra após terra conquistando;
E onde hoje o meu pendão ondeia,
Outro amanhã rouba e saqueia.

Só o olhar, veloz, contava;
Este bela mulher tomava,
Aquele o touro forte levou,
E nenhum cavalo escapou.

Mas eu gostava de espiar
O que mais raro há para ver;
E o que outro já possuía
Só erva seca me parecia.

Para mim, um tesouro era tudo,
Seguia o meu olhar agudo,
Devassava a bolsa das gentes,
As arcas eram transparentes.

Acumulei ouro sem fim.
E pedras, as melhores que vi.
Só a esmeralda tem direito
A luzir, verde, no teu peito.

Da tua orelha irão pender
Pérolas do fundo do mar;
E o rubi empalidece
No vermelho da tua face.

E assim deponho ora a teus pés
Este grande tesouro que vês;
De sangrentas guerras o ganho
A ti agora oferecer venho.

Estes cofres que vês aqui,
São parte só do que há ali;
Se teus passos puder seguir,
Com mais tesouros te irei servir.

Pois mal ao trono tu subiste,
Poder, dinheiro, razão preclara
Inclinaram-se, como viste,
Ante tua beleza rara.

Tudo isto eu tinha e era meu,
Agora ofereço-to, é teu.
Pensei que era um bom cabedal,
Agora sei que nada vale.

Do que juntei, não tenho nada,
É como erva seca e cortada.
Mas tu, com um olhar sereno,
Restituis-lhe o seu valor pleno.

FAUSTO:

Sem censura, mas sem prémio também,
Leva daqui o espólio conquistado.
Já lhe pertence tudo o que o castelo
Em si encerra. Mais coisas lhe oferecer
É supérfluo. Vai e põe em ordem
Tesouro sobre tesouro, para que se veja
A sublime colecção! E deixa as caves
Brilhar qual céu estrelado, e ergue aí
Paraísos com inanimadas formas.
Ante seus passos faz estender tapetes
E mais tapetes, de flores matizados;
Que os seus pés encontrem chão suave; o olhar,
Que só deuses não cega, o maior brilho.

LINCEU:

É simples o que ordenais,
O servo o fará, sem mais,
Que esta beleza divina
Riqueza e sangue domina.

As tropas estão amansadas,
Embainharam as espadas,
Vendo formosura tal,
Baço e frio fica até o Sol;
O seu rosto resplandece
E tudo se desvanece. (*Sai.*)

HELENA:

Quero conversar contigo. Sobe, pois,
Vem sentar-te a meu lado! Este lugar
Vazio chama o senhor que o meu defenda.

FAUSTO:

Deixa que primeiro de joelhos te preste
A homenagem devida, alta rainha,
E beije essa mão que agora me estendes.
Confirma-me como regente deste
Teu reino ilimitado, e ganharás
Um admirador, um servo, um guardião.

HELENA:

Tantos portentos vejo e ouço aqui,
Estou atónita, mil perguntas tenho.
Podeis explicar-me por que razão a fala
Do homem é tão estranha e agradável?
Um som parece acomodar-se ao outro,
Se uma palavra ao ouvido se aconchega,
Outra se segue, que esta acaricia.

FAUSTO:

Se te agrada o falar dos nossos povos,
Mais ainda seu canto admirarás,
Que é grato ao ouvido e ao fundo da alma.
Mas o melhor é experimentarmos já,
Pois o diálogo o estimula e atrai.

HELENA:

Diz-me então: como hei-de falar tão bem?

FAUSTO:

É fácil, tem de vir do coração.
E quando transborda do peito a chama,
Nós buscamos saber —

HELENA:

quem connosco ama.

FAUSTO:

Não cuida a alma de futuro nem passado,
Pois só o presente —

HELENA:

é nossa sorte e fado.

FAUSTO:

Ele é tesouro, ganho, posse, canção.
Quem mo confirma?

HELENA:

Esta minha mão.

CORO:

Quem condenaria nossa ama
Por ela ao senhor do burgo
Semblante alegre mostrar?
Pois confessai: cativas somos
Todas aqui, como antes,
Desde a ignominiosa queda
De Ílion e do pesadelo
Da labiríntica viagem.

A mulher, acostumada
Ao amor dos homens, não escolhe,
Mas é conhecedora.
E tanto ao louro pastor
Como ao hirsuto fauno,
Dependendo da ocasião,
Concede os mesmos direitos
Ao túrgido membro.

Cada vez mais se chegam
Um ao outro se encostam,
Ombro com ombro, joelho
Com joelho, mão na mão se embalam
Sobre o áureo trono
E suas almofadas.
Não se coíbe a majestade
De aos olhos do povo mostrar
De forma exuberante e livre
Seus íntimos prazeres.

HELENA:

Estou tão longe, e afinal perto de ti;
Digo e repito: Aqui estou eu, aqui!

FAUSTO:

Treme-me a voz, mal posso respirar;
Isto é um sonho, sem tempo nem lugar.

HELENA:

Sou tão antiga, e por moça me tenho,
A ti unida, fiel ao que me é estranho.

FAUSTO:

Não queiras pôr em causa o destino evidente!
Ser é dever, nem que seja um instante.

FÓRCIDE (*entrando de rompante*):

E eles soletrando o amor,
Pensando só em amar,
Perdem-se em amores a pensar —
Mas não há tempo para isso.
Não sentis surdo tremor
E a trombeta a anunciar
Vosso fim? Eu vos aviso!
Menelau já vem chegando,
Com suas hostes marchando;
Preparai-vos para lutar!
Pelos vencedores cercado,
Qual Deífobo mutilado,
Pagarás por ter tal par:
Forca para a gente mais fraca,
E a rainha tem a faca
À sua espera no altar.

FAUSTO:

Atrevido transtorno, detestável intrusa:
Nem no perigo me agrada irreflectida fúria.
Notícia ruim torna feio o mais belo arauto;
E tu, que és a mais feia, só más notícias trazes.
Desta vez não tens sorte; pode transtornar
Os ares a tua voz oca; aqui não há perigo,
E se houvesse seria só vã ameaça.

Sinais, explosões vindas das torres, trombetas e cornetins, música marcial, desfilar de um poderoso exército.

FAUSTO:

Vais ver, vais ver a fina-flor
De heróis prontos a combater;
Da mulher só merece o favor
Quem a souber bem proteger.

Dirigindo-se aos chefes militares, que se destacam das colunas e se aproximam.

Com o ânimo contido e forte
Que a vitória vos irá dar,
Vós, a juventude do Norte,
Vós, do Oriente a força em flor.

Vestidos de aço, raiando fogo,
A vós cedeu muita nação.
Chegais, e a terra treme logo,
Segue-vos o eco do trovão.

Em Pilos nós desembarcámos,
Morto estava o velho Nestor,
E os pequenos reis destroçámos
Com este exército sem par.

Destes muros Menelau forçai
A recuar até ao mar;
Que erre por lá, roube, saqueie,
É esse seu fado e pendor.

Duques vos devo nomear,
Me ordena de Esparta a rainha;
Com reinos podereis contar,
Se dela for vale e montanha.

Germano: as coríntias baías
Te confio, com torres e fosso!
A Acaia e suas penedias
Entrego-as, Godo, ao teu esforço.

Os Francos para Élis irão,
Messénia aos Saxões irei dar,

Normandos os mares limparão
Para a grande Argos edificar.

Aí vos deveis instalar,
Defendendo-vos do inimigo,
E a Esparta tributo prestar,
Que é deste reino centro antigo.

E a rainha vê-vos fruir
Do que a terra tem para vos dar,
E vós a seus pés haveis de ir
Vosso direito sancionar.

Fausto desce, os chefes fazem um círculo à sua volta, para melhor ouvirem ordens e instruções.

CORO:

Quem a mais bela cobiçar,
Sábio, deve acima de tudo
De armas se munir.
Se com artes soube ganhar
O que neste mundo é mais precioso,
Não gozará tranquilo dessa posse:
Uns com ardis lha seduzem,
Outros com audácia lha roubam.
Ele que trate de se precaver.

Por isso louvo o nosso príncipe,
Mais do que outros o prezo,
A ele, que soube aliar-se
Sensatamente aos fortes, que o seguem
E a cada gesto seu obedecem.
Cumprem as suas ordens fielmente,
Tirando daí proveito próprio

E ao senhor mostrando gratidão,
Para honra e fama de ambos.

Pois quem a roubará agora
Ao seu poderoso senhor?
É sua, e deve ser-lhe concedida,
Por nós duplamente concedida,
Já que a todas nos protegeu, com muros
Cá dentro, e forte exército lá fora.

FAUSTO:

As doações que a estes fiz —
A cada um um reino rico —
São generosas. Vós partis,
Eu no centro do império fico.

Eles disputam-te a defesa,
Península por mares banhada,
Por suaves colinas presa
À ponta da Europa escarpada.

A cada tribo trará sorte
A terra, mais que outra qualquer,
Que agora é da minha consorte
E que ela foi primeira a ver,

Quando, no Eurotas sussurrante,
Saiu do ovo, e à mãe divina
E aos dois irmãos, deslumbrante,
Cegou sua luz hialina.

Esta terra, que a ti regressa,
A ti se dá, no seu esplendor;
Todo o orbe é tua pertença,
Mas à pátria dá teu amor!

E quando desce nos montes, sobre a encosta,
A seta fria do Sol coroado,
Logo o rochedo seu verde põe à mostra
E a cabra rói o seu parco bocado.

Jorra a nascente, saltam ribeiros unidos,
E verdes ficam penha, encosta e prado.
Nos outeiros, por vales interrompidos,
Passa, pastando, o lanígero gado.

Dispersos, prudentes, a passo lento,
Trepam os bois pelas escarpas, com perigo;
Mas nenhum deles dormirá ao relento,
Que o monte em mil cavernas dá abrigo.

Protege-os Pã aí, e ninfas da vida
Moram nas frescas fendas dos rochedos;
E, aspirando à coroa mais subida,
Cerram-se mais os densos arvoredos.

São florestas antigas! Imponente
E emaranhado, o carvalho aí cresce;
E o ácer de seiva doce, e elegante,
Sobe direito, e o seu peso esquece.

E maternal, na frescura frondosa,
Para a criança e para o anho leite corre;
Em frutos a planície é generosa,
E em troncos ocos, doce, o mel escorre.

Herda-se aqui felicidade e bem-estar,
Boca e semblante sorridentes;
Cada um é imortal em seu lugar:
Vivem saudáveis e contentes.

E assim cresce, sob uma luz pura,
A criança à imagem dos pais.
Espantamo-nos, e a dúvida perdura:
Se deuses, se seres humanos sois?

Tanto pastores imitam de Apolo a figura,
Que um dos mais belos com ele se parecia;
Pois quando em pura esfera age natura,
Fundem-se os mundos numa só cadeia.

(*Sentando-se junto dela.*)

Assim me aconteceu, e a ti também;
Ambos devemos o passado esquecer;
Quem, como tu, do mais alto deus vem,
Ao primevo mundo há-de pertencer.

Não ficarás neste burgo encerrada!
De nós a juventude não se aparta;
As delícias desta nossa morada
Trazem a Arcádia para bem perto de Esparta.

Chegada a este chão abençoado,
Aqui encontras refúgio auspicioso!
É bosque já o trono, e nosso fado
Livre será na Arcádia, e venturoso!

O cenário muda totalmente.

Caramanchões encostados a uma série de grutas nos rochedos. Bosque frondoso, até às escarpas rochosas que circundam o lugar.
Fausto e Helena não se vêem em cena.
O Coro está disperso e adormecido no chão.

FÓRCIDE:

Não sei há quanto tempo estas moças já dormem;

Se estiveram sonhando o que já claramente
Eu tinha visto, é coisa que também não sei.
Por isso as vou acordar. A gente nova deve
Pasmar; e também vós, barbudos lá em baixo,
Para verdes finalmente o fim deste milagre.
De pé, de pé! E sacudam-me essas melenas!
Esfregai os olhos e ouvi sem pestanejar!

CORO:

Por que esperas? Conta, conta que milagre aconteceu!
O que mais queremos ouvir é aquilo em que ninguém crê,
Porque fartas estamos nós de só ver estes rochedos.

FÓRCIDE:

Inda mal abris os olhos, e já tédio sentis, meninas?
Pois ouvi: nestas cavernas, nestas grutas, nestes bosques
Abrigo e paz encontraram, como idílicos amantes,
Nosso rei e nossa rainha.

CORO:

— O quê, lá dentro?

FÓRCIDE:

— Isolados
Do mundo, a mim só chamaram, para discreta os servir.
Muito honrada me senti; mas, como a discrição manda,
Olhei para o outro lado. Busquei aqui e ali
Raízes, musgo, carqueja, ciente de seus efeitos,
E assim os deixei a sós.

CORO:

Pelo que tu dizes, lá dentro abrem-se mundos inteiros,
Bosques, prados, rios e lagos: que histórias estás a inventar?

FÓRCIDE:

Tendes razão, ignorantes! Fundos insondáveis são:

Salas e salas, e pátios, que eu fui explorando, curiosa.
Mas eis que ecoam risadas nos espaços daquelas grutas;
Olho, e salta um rapazinho do colo da mãe para o homem,
E do pai para a mãe de novo; e as carícias e os jogos,
E folguedos inocentes, gritinhos, sustos fingidos,
Sem parar, e eu quase tonta.
Nu, como um génio sem asas, faunozinho sem rudeza,
Salta sobre a terra firme; mas o solo, reagindo,
Ao ar, rápido, o eleva, e ao segundo, terceiro salto
Já chega ao tecto da gruta.
E a mãe, ansiosa, grita: Podes saltar quanto queiras,
Mas não penses em voar: livre voo não te foi dado!
E o pai adverte também: Da terra vem essa força
Que para cima te lança; toca só com o pé no chão,
Como Anteu, filho da Terra, e as forças redobrarás.
E assim ele vai saltando sobre os rochedos, da ponta
Deste para outro, e de volta, como bola de jogar.
Mas eis que desaparece na fenda de uma garganta;
Todos o julgam perdido. A mãe chora, o pai consola,
Eu, com medo, encolho os ombros. Mas, de novo, que visão!
Há tesouros ali escondidos? Vem de roupagens floridas
Vestido, todo imponente.
Caem-lhe borlas dos braços, esvoaçam fitas no peito,
Na mão a lira dourada, tal qual um pequeno Febo,
Sobe a sorrir para a beira do abismo; e nós pasmados.
E os pais, de júbilo caem já nos braços um do outro.
E na cabeça, que brilho! Que luz é, não sei dizer.
É adorno de ouro? É chama própria da força do génio?
E assim seus gestos já mostram, e na infância anunciam,
Futuro mestre da beleza, em cujos membros já vivem
As eternas melodias; e assim o haveis de ouvir,
E assim o haveis de ver, para muito o admirar.

CORO:

Chamas milagre a isto,

Filha de Creta?
Nunca a sábia palavra
Do vate escutaste?
Jamais da Jónia ouviste,
Nem da Hélade sabes
As primitivas lendas
Ricas em deuses e heróis?

Tudo o que acontece
Nos dias de hoje,
Pálido eco é dos gloriosos
Dias de antanho;
Não se compara a tua história
Com a bela invenção,
Mais crível que a verdade,
De Maia sobre seu filho.

O delicado e forte
Menino recém-nascido
É envolto em macias fraldas,
Ligado com preciosas faixas,
Pelo enxame tagarela das aias
Néscias e descuidadas.
Forte e delicado, porém,
Já o malandrim solta
Os flexíveis e elásticos
Membros, deixando
Em seu lugar no leito o purpúreo
Envólucro que o aperta;
Como a borboleta feita,
Que do rígido casulo,
Criando asas, logo se solta
Para, ousada e livre, voar
Pelo éter banhado de sol.

Assim também ele, veloz,
Se tornou o deus que ajuda
Ladrões e traficantes
E todos os exploradores;
E disso mostra ser capaz
Pelas artes mais subtis.
Logo ao senhor dos mares rouba
O tridente, e até a Marte
A espada toma da bainha;
Arco e flechas a Febo,
A tenaz a Hefesto;
E até a Zeus, o pai, tirou
O raio, não temendo o fogo;
E a Eros vence também
Com um truque na luta,
E a Cípria, que o afagava,
Rouba do seio o cinto.

Da gruta chega uma música doce,
harmoniosa, tocada por instrumentos de cordas.
Todos se põem à escuta e parecem logo ficar muito comovidos. A partir daqui, e até à pausa adiante indicada, continua a ouvir-se a música.

FÓRCIDE:

Ouvi belos sons, amigas,
De fábulas vos livrai!
E as divindades antigas,
Esquecei, isso já lá vai!

Ninguém as quer entender,
Queremos mais alto valor:
Do coração tem de vir
O que aos corações falar.

Retira-se para os rochedos.

CORO:

Se a ti, feia criatura,
Te toca este belo canto,
A nós, despertas agora,
Move-nos até ao pranto.

A luz do Sol desdenhamos —
Se é na alma que amanhece,
No coração encontramos
O que todo o mundo esquece.

Helena, Fausto, Eufórion, vestidos como atrás foi descrito.

EUFÓRION:

Ouvis canções de criança,
Logo entrais nelas, brincais,
Ao ver esta minha dança
Salta o coração aos pais.

HELENA:

O amor, em humano deleite,
Dois seres faz aproximar;
Para a união ser perfeita
Um terceiro há-de gerar.

FAUSTO:

Tudo então está resolvido:
Pertenço-te, e tu a mim;
Fica o par junto e unido,
E tinha de ser assim!

CORO:

Muitos anos de ventura
A pequena aparição
A este par assegura.
Que comovente união!

EUFÓRION:

Deixai-me agora
Correr, saltar,
Não vejo a hora
De ao alto, ao ar
Subir, subir!
Não posso esperar.

FAUSTO:

Mais devagar!
Pode levar-te
Tal ousadia
À queda, à morte,
E a nós o caro
Filho roubar.

EUFÓRION:

Não quero ficar
Preso a este chão;
Os meus cabelos
Soltai, e as mãos,
Soltai-me as roupas,
Que minhas são!

HELENA:

Oh, pensa, pensa,
De quem provéns!
E a dor imensa
Se acabar vens

Com a perfeição
De a três viver.

CORO:

Não vai durar
Muito a união!

HELENA E FAUSTO:

Vence, domina,
Por amor aos pais,
A febre insana,
Fatal que tens!
Desce, e embeleza
A planície imensa.

EUFÓRION:

Vosso filho vos preza,
Por isso se amansa.
(*Metendo-se pelo meio do Coro, e arrastando as moças numa dança.*)
É mais fácil, diria,
Arrastá-las num abraço.
Está certa a melodia?
Vai bem assim o passo?

HELENA:

Está, sim! Nunca pensei
Que tu assim tão bem
Na dança as guiarias!

FAUSTO:

Quando é que isto lhe passa?
Não acho mesmo graça
A estas fantasias.

Eufórion e o Coro, cantando e dançando em rodas que se entrelaçam.

CORO:

Quando os braços volteias,
Tão gracioso,
Quando, solto, ondeia
Teu cabelo sedoso,
Quando o teu pé desliza
Leve no chão que pisa
E aqui e ali, girando,
Os corpos vão rodando,
Tua meta alcançaste,
Belo menino!
E nossa alma e destino
Assim ganhaste.

Pausa.

EUFÓRION:

Vós tantas sois,
Corças ligeiras!
Mudemos, pois,
As brincadeiras!
Eu caço, e vós
Sereis a presa.

CORO:

Pode ser já.
Não tenhas pressa,
Que em nós só há
Afinal essa
Sede de abraçar
Tua beleza!

EUFÓRION:

Metam pelos matos!
Corram pelos prados!
A presa fácil
Não me seduz,
Só a difícil
Gozo me traz.

HELENA E FAUSTO:

Que ímpeto, e que furor!
Não vejo como acalmá-lo.
É como o forte clangor
De trombetas ecoando.
Que barulho! Que desmando!

CORO (*entrando uma a uma, rapidamente*):

Passou, nem pudemos vê-lo,
Desdenhoso, escarnecendo,
Arrasta só pelo cabelo
A mais arisca do bando.

EUFÓRION (*puxando para a cena uma moça jovem*):

Apanhei esta, a mais esquiva,
Para gozar presa merecida;
Apertando-a me deleito:
Ela quer negar-me o peito!
Beijo-lhe a boca, não quer,
E eu mostro-lhe o que é poder!

A MOÇA:

Solta-me! Nesta aparência
Há também força da mente;
Como a vossa, a nossa essência
Não se vence facilmente.

Achas que me podes ter?
Confias de mais em ti.
Espera, que te ponho a arder!
Nunca assim me diverti!
(*Inflama-se e sobe em chamas no ar.*)
Pelo ar te sirvo de guia,
Segue-me para a cripta fria,
Teu alvo morreu aqui!

EUFÓRION (*sacudindo as últimas chamas*):
Este lugar escarpado
Entre o mato frondoso —
É tudo tão apertado,
E eu tão jovem e fogoso.
E há ventos a soprar,
E há ondas a enrolar;
Bem os oiço aos dois além,
Queria estar lá também.

Salta, subindo cada vez mais alto, pelos rochedos acima.

HELENA, FAUSTO E CORO:
Como as cabras queres subir?
A queda faz-nos tremer!

EUFÓRION:
Sempre mais alto quero ir,
E sempre mais longe ver.
Sei eu onde me encontro?
Desta ilha no centro
Que de Pélops foi lar,
Afim de terra e mar.

CORO:
Na floresta e no monte

Não vives em paz?
Busquemos mais adiante
Vinhedos, nós,
Vinhedos em fieiras,
Frutos de apetecer.
De terras prazenteiras
Goza o prazer!

EUFÓRION:

Sonhais já com a paz?
Sonhe quem for capaz!
"Guerra!", ouço gritar,
E "Vitória!" ecoar.

CORO:

Se na paz
À guerra queres tornar,
Longe estás
Da esperança e do bem-estar.

EUFÓRION:

Aos filhos desta terra
Que só o perigo espera,
Que, livres, corajosos,
De seu sangue generosos,
Mostraram, resistentes,
Seu valor e glória —
Que a todos os combatentes
Ela traga vitória!

CORO:

Vede onde vai, a subir!
E não é pequeno, não:
Como de arnês, para vencer,
De aço e bronze. Que visão!

EUFÓRION:

Não quero fosso nem muralha,
Basta-te a ti, estás seguro;
Fortaleza que nos valha?
Só do homem o peito austero.
Quem viver sem jugo quer,
Armado para o campo sai;
Amazona é a mulher,
Cada criança um herói.

CORO:

Que a poesia, sagrada,
Aos céus seja elevada!
Formosa estrela, brilha,
Distante maravilha!
Chega-nos sua luz
Sempre, e seu som seduz.
Que bom é ouvi-la!

EUFÓRION:

Não sou criança, venho armado,
Como convém a adolescente;
Aos fortes e aos bravos ligado
Andava eu já em minha mente.
Chegou a hora!
Abre-se agora
Da glória a estrada à minha frente.

HELENA E FAUSTO:

Mal na vida ainda entraste,
Mal do dia vês a cor,
Já dos degraus te lançaste
Da vertigem para a dor.
E em nós dois
Nada vês?
E a união, não tem valor?

EUFÓRION:

Não ouvis no mar o trovão?
E o eco que o vale atravessa?
No pó, nas ondas, legião
Contra legião se arremessa.
E nossa sorte
É a morte:
Não há verdade como essa.

HELENA, FAUSTO E CORO:

Mas que desgraça, que horror!
Pois escolhes a morte, filho?

EUFÓRION:

Querem que fique a olhar?
Não! O mal dos outros partilho.

OS ANTERIORES:

Orgulhoso e em perigo —
É morte certa!

EUFÓRION:

Seja! E já lobrigo
A asa aberta!
É para além que devo ir!
Deixai-me voar!

Lança-se nos ares, as roupas sustentam-no um instante, a fronte resplandece, deixa um rasto de luz.

CORO:

Ícaro! Ícaro!
Vais-te perder!

Um belo jovem cai aos pés dos pais; parece reconhecer-se no morto uma personagem conhecida; mas a substância corpórea esvai-se imediatamente, a auréola sobe aos céus como um cometa, deixando ficar o fato, o manto e a lira.

HELENA E FAUSTO:

Depois da alegria
A dor tem de vir.

VOZ DE EUFÓRION (*das profundezas*):

Mãe, desta galeria
De sombras quero sair!

Pausa.

CORO (*cântico fúnebre*):

Sairás! Onde estiveres,
Que a gente bem te conhece,
Apesar de já partires
Nenhum coração te esquece.
Nem podemos lamentar-te;
A inveja cantar nos faz:
Bela e grande foi tua arte
Nas horas boas e más.

Nascido para ser feliz,
Nobres pais, vontade forte,
Cedo entregaste, infeliz,
Tua juventude à morte.
Olhar sagaz sobre o mundo
À compaixão sempre pronto,
Para as mulheres amor profundo
E um inconfundível canto.

Mas tu correste, sem tento,
Para uma teia fatal,
E rompeste, violento,
Com a lei e a moral;
Mas sublime ideia veio
Redimir o ardor sem tino,
Tinhas o mais nobre anseio
Mas não quis o teu destino

Que ganhasses. — Quem o alcança?
Cai sobre a pergunta o véu
Do fado. Em dia sem esperança
Todo um povo emudeceu.
Mas cantemos novos cantos,
Vamos a cabeça erguer,
Pois nesta terra onde estamos
Outros virão a nascer.

Pausa total. Cessa a música.

HELENA (*para Fausto*):

Um velho dito, ai!, em mim também se prova:
Não vivem juntas muito tempo sorte e beleza.
Rompeu-se o fio da vida, e com ele o do amor:
Os dois chorando, em grande dor te digo adeus
E pela última vez em teus braços me acolho.
Perséfone, recebe-me, e ao meu filho!

Abraça Fausto, a sua substância corpórea esvai-se,
deixando ficar nos braços dele o vestido e o véu.

FÓRCIDE (*para Fausto*):

Guarda bem o que de tudo isto resta.
Não largues o vestido, que já puxam

Pela sua fímbria demónios que querem
Levá-lo para o Orco. Agarra-o bem!
Não é a deusa já que tu perdeste,
Mas divino é. Aproveita esse dom
Supremo e único, e eleva-te nos ares:
Por sobre tudo o que é banal te leva
Pelo éter, enquanto tu forças tiveres.
Até à vista, longe, bem longe daqui.

As roupas de Helena dissipam-se em nuvens, envolvem Fausto, elevam-no nos ares e afastam-se com ele.

FÓRCIDE (*apanha o fato, o manto e a lira de Eufórion, avança para o proscénio, mostra bem os despojos e diz*):

Sempre foi feliz o achado!
O fogo, é certo, está apagado,
Mas pelo mundo não vou chorar.
Para aos poetas dar inspiração
Basta a sua inveja aguçar;
Dar talentos não está na minha mão,
Mas fica o trajo para alugar.

Senta-se no proscénio, encostada a uma coluna.

PANTALIS:

Vamos, moças! Livrámo-nos enfim do encanto,
Da vil magia da velha bruxa da Tessália
E do destrambelho daqueles sons confusos
Para o ouvido, e mais ainda para a mente.
Para o Hades, vamos! Não se apressou a rainha
A descer com majestoso passo? Segui
Suas pegadas, como cumpre a fiéis servas.
Junto ao trono da Inescrutável a veremos.

CORO:

As rainhas, é claro, estão bem em toda a parte;
Também no Hades estão na mó de cima,
Altivez a altivez se junta,
É tu cá, tu lá com Perséfone;
Mas nós, as que estamos ao fundo
Do campo dos asfódelos,
Junto dos plátanos esguios,
Irmãs dos estéreis salgueiros,
Que passatempos temos?
Piamos apenas como os morcegos,
Sussurramos, tristes e espectrais.

PANTALIS:

Quem nome não ganhou nem ao que é nobre
Aspira, é do reino elemental. Ide!
Quero juntar-me à minha rainha: o que nós somos
Fidelidade o funda, não só o mérito. (*Sai.*)

TODAS:

Restituídas à luz do dia,
Pessoas não somos já,
Isso sentimo-lo, sabemo-lo;
Mas jamais ao Hades voltaremos.
A natureza eternamente viva
Tem sobre nós, espíritos,
E nós sobre ela, pleno direito.

UMA PARTE DO CORO:

Nós, nestes mil ramos trémulos e seus leves sussurros,
Da raiz, folgando, vamos levando as fontes da vida
Até aos ramos; com folhas, ou com flores em profusão,
Os cabelos esvoaçantes ornamos e aos ventos damos.
Cai o fruto e logo acorre, contente, povo e rebanho

Para o apanhar e provar, numa azáfama constante;
E, como com os primeiros deuses, tudo se curva ante vós.

OUTRA PARTE DO CORO:

Nós afagamos a luzente parede deste rochedo,
A ele nos aconchegamos, vibrando em ondas suaves;
Atentas estamos, ouvimos todo o som, de ave ou de flauta
Ou a voz de Pã, terrível, e logo damos resposta;
Rumoreja? Nós também. Troveja? Os nossos trovões
Terrificamente ecoam, duas, três, dez vezes mais.

UMA TERCEIRA PARTE DO CORO:

Irmãs! Nós, mais animadas, descemos com os ribeiros
Porque nos atraem ao longe as colinas verdejantes.
Sempre a descer, e mais fundo, regam os nossos meandros
Encostas, prados, e logo o jardim junto da casa.
Ciprestes de copa esguia assinalam-nos na paisagem,
Sobem direitos para o éter na margem de rios e lagos.

UMA QUARTA PARTE DO CORO:

Ide vós para onde quiserdes; nós cercamos, envolvemos
Colinas todas plantadas com pés de vinha a crescer;
A qualquer hora do dia a paixão do vinhateiro
Se mostra, e o seu esforço e empenho, para resultados incertos.
Trabalha de enxada e pá, amarra, poda e empilha,
E reza a todos os deuses: a mais que todos ao Sol.
Baco liga pouco, o fraco, ao seu fiel servidor,
Dorme pelas matas, nas grutas folgando com os jovens faunos.
Para a meia embriaguez que seus devaneios lhe pedem
Tem sempre odres e tonéis, ânforas bem alinhadas
Em frescas grutas, há muito tempo aí bem conservados.
Se, porém, todos os deuses, e Hélio mais que nenhum outro,
Com brisa, orvalho e calor as cornucópias encherem,
O que fez o paciente lavrador ganha então vida,
É um restolhar de folhagem, cepa a cepa, cacho a cacho.

Rangem cestos, batem tinas, gemem as simples canastras
E tudo vai dar à cuba, à dança dos pisadores;
E assim a sacra colheita de uvas grossas, sumarentas,
Sob os pés espuma e ferve e com vigor é esmagada.
E já o metálico som dos címbalos ensurdece,
Pois dos seus mistérios sai Dioniso para a luz do dia;
Sai com os seus pés de cabra, as caprípedes atrás,
No meio vem Sileno e o seu orelhudo asno zurrando.
Nada poupam! O pé fendido espezinha toda a decência,
É a orgia dos sentidos, o barulho atordoante.
Tacteando, buscam taças, cabeça e pança já cheias,
Um ou outro ainda hesita, mas só aumenta o tumulto:
Pois para encher odre novo devem estar vazios os velhos.

Cai o pano. Fórcide, no proscénio, ergue-se, agigantando-se, mas desce dos coturnos, deixa ficar para trás a máscara e o véu e revela-se na figura de Mefistófeles para, caso isso fosse necessário, comentar a peça num epílogo.

QUARTO ACTO

ALTA MONTANHA

Picos recortados, de penhascos agrestes.

Uma nuvem aproxima-se, encosta-se à parede rochosa e desce sobre uma plataforma saliente, dividindo-se.

FAUSTO (*saindo da nuvem*):

Olhando a meus pés a mais funda das solidões,
Meditativo, toco a orla deste cume,
Abandonando a nuvem que me transportou
Suavemente, em dias claros, por terra e mar.
De mim se afasta aos poucos, sem se dissipar.
Sua massa compacta para leste deriva,
Segue-lhe a rota, cheio de espanto, o meu olhar.
Divide-se em seu curso, ondeia, multiforme.
E ganha forma já! O olhar não me engana!
Majestosa, deitada em coxins de sol,
Gigantesca e divina forma de mulher.
Vejo-a! Parece-se com Juno, Leda, Helena,
Oferecendo-se, nobre e bela, ao meu olhar.
Ah, já se afasta! Informe, vasta, acastelada,
Repousa a leste, como um glaciar ao longe,
Reflectindo a grandeza de dias fugazes.

Mas envolve-me o peito e a fronte um delicado
Fio de névoa, amena, fresca, deleitosa.
E agora sobe, hesitante e ligeira, sobe,
E outra figura nasce. É ilusão a imagem
Do bem primeiro e perdido da juventude?
No meu íntimo acordam juvenis tesouros:
O amor da aurora, o leve voo mo vem mostrar,
E o primeiro olhar, sentido a fundo, incerto,
Mas que, no íntimo preso, qualquer tesouro supera.
Cresce a doce forma, beleza angélica,
Não desaparece, vai subindo no éter
E consigo leva o melhor da minha alma.

Entra em cena, marchando, uma Bota-de-Sete-Léguas, logo seguida por uma outra. Mefistófeles desce. As Botas seguem, apressadas, o seu caminho.

MEFISTÓFELES:

Ora a isto é que eu chamo andar!
Mas diz-me lá: que triste ideia
É esta de vires aterrar
No meio de horrenda penedia?
Conheço-a, mas não nesta parte do mundo,
Porque em tempos já foi do inferno o fundo.

FAUSTO:

Muito gostas tu de lendas simplórias!
Já estás novamente a inventar histórias.

MEFISTÓFELES (*em tom sério*):

Quando o Senhor dos céus — e eu sei porquê —
Nos baniu dos ares para as profundezas
Onde um fogo eterno ao centro se vê
Que inflama tudo o que há nas redondezas,
Ficámos nós, se bem que iluminados,

Em posição incómoda, apertados.
Puseram-se os diabos a tossir,
Todos de cima e de baixo a assoprar;
O cheiro e o ácido de enxofre encheu
O inferno, e o gás que aí se acumulou
Fez estalar a crusta do mundo redondo,
Por mais espessa que fosse, com grande estrondo.
E a terra inteira nova forma assume:
O que antes era fundo agora é cume.
E é nisto que se funda a sã doutrina
De que o que está em baixo está em cima.
Pois daquele poço ardente e opressor
Fugimos para o império livre do ar.
Um segredo aberto bem guardado,
E só mais tarde aos povos revelado. (Efésios, 6.12)

FAUSTO:

Mudas, solenes, é o que estas pedras são,
Não quero saber de origem nem razão.
Quando a si mesma a natura se formou,
A terra assim perfeita arredondou,
Com os picos, com os abismos se alegrou,
Rocha a rocha, monte a monte ligou,
As colinas, tranquila, modelando
Que, suaves, para o vale vão descendo.
E a alegria de quanto é verde e cresce
De desvairadas histórias não carece.

MEFISTÓFELES:

Isso é o que pensa e crê a vossa gente;
Mas quem lá esteve sabe que é diferente.
Eu estava lá quando o abismo fervia,
Em torrentes de fogo avolumava
E o martelo de Moloch batia,
Forjando as rochas, e o monte chispava.

Estranhas moles cobrem ainda este chão;
Quem nos diz como aí foram parar?
O filósofo não tem explicação:
Está aí a rocha? Pois aí fique então!
E nós matamos a cabeça a pensar. —
O povo simples, esse compreendeu
E em sua crença aí não sofre abalo;
Há um saber antigo que é só seu:
É milagre? O diabo pode explicá-lo.
O andarilho sabe porque crê
Ser Pedra ou Ponte do Demo o que vê.

FAUSTO:

É digno de registo, com certeza,
Ver como o diabo olha para a natureza.

MEFISTÓFELES:

Natureza é o que é, e eu não me meto!
Mas podes crer: tem sempre o nosso dedo!
Nós somos gente para obras colossais:
Violência, convulsões — vês os sinais?
Mas pede a transparência que eu me abra:
Não te agradou nada na nossa obra?
Em vastos espaços viste até agora
As riquezas do mundo e a sua glória. (Mateus, 4)
Mas, insatisfeito como és,
Nenhum desejo inda terás?

FAUSTO:

Se tenho! E é um projecto imenso.
Adivinha.

MEFISTÓFELES:

— Vê lá se é o que eu penso:
Um burgo importante: o centro,

Um alfobre de gente, horrendo
Labirinto de empenas, vielas,
Estreito mercado, nabos, cebolas;
Nas bancas de carne, as varejeiras
Lambem-se de gordura, lampeiras.
Aí não falta nunca nada:
Fedor e gente atarefada,
Praças e ruas com largueza,
Fazendo crer que aí há riqueza;
E onde porta não exista,
Subúrbios a perder de vista.
Aí, só carruagens há,
Ruidosas, para lá e para cá,
Num vaivém como nunca vi,
Um formigueiro que não tem fim.
E a cavalo, ou na mala-posta,
Serias o centro da festa,
Milhares te iriam aclamar.

FAUSTO:

Não me seduzem arrabaldes.
É bom ver o povo crescer,
Saber que come a seu contento,
Se vai instruindo, aprendendo —
Mas, o que sai daí? Rebeldes!

MEFISTÓFELES:

Então construiria, a condizer
Comigo, um palácio para o prazer,
Transformando em jardim sumptuoso
Campos, colinas, bosque umbroso.
Sebes verdes, macios relvados,
Caminhos e sombras estudados,
Cascatas saltando de pedra
Para pedra, e repuxos em barda;

A frente é nobre e digna, mas dos lados
Esguicham, jorram e mijam mil ornatos.
Para as mais belas mulheres construiria
Pavilhões discretos, para o meu dia
Em grande parte aí passar
E da sua intimidade gozar.
Disse mulheres, assim, tal e qual,
Pois só imagino as belas no plural.

FAUSTO:

Mau e moderno! Sardanapal!

MEFISTÓFELES:

Saberemos nós o que tu queres?
Sublime e ousado foi, e eu sei-o.
Por tão perto da Lua andares,
Irá para aí o teu anseio?

FAUSTO:

Longe disso! Este orbe fabuloso
Tem espaço para grandes feitos.
Sinto-me capaz, como os eleitos,
De dar corpo a algo portentoso.

MEFISTÓFELES:

Já cheio de glória te imaginas?
Vê-se: estiveste entre heroínas!

FAUSTO:

Poder, riqueza, essa é a jogada!
A acção é tudo, a glória é nada.

MEFISTÓFELES:

Mas poetas não faltarão
Que tuas façanhas cantarão,
Loucura com loucura atearão.

FAUSTO:

Nada disto vais entender.
Sabes tu o que um homem quer?
Teu ser corrosivo, divisa
Ele o que um homem precisa?

MEFISTÓFELES:

Todas tuas vontades se farão.
E teus caprichos, até onde vão?

FAUSTO:

O meu olhar sobre o mar se fixou:
Vi-o crescer, encapelar-se, alto,
Depois, baixando, a onda arremessou,
A praia plana tomando de assalto.
E não gostei de ver essa arrogância
Que com seu sangue inquieto violenta
O espírito livre, que a tolerância
E a lei respeita, e a paz lhe atormenta.
Pensei que fosse acaso, apuro o olhar,
A onda pára, volta a recuar,
Afasta-se da meta conquistada,
Repete o jogo na hora aprazada.

MEFISTÓFELES (*ad spectatores*):

Que grande novidade ele me conta!
Há cem mil anos que vai e vem a onda!

FAUSTO (*continuando com entusiasmo*):

Vem, sorrateira, e toda a costa invade,
E espalha, estéril, a esterilidade;
E engrossa, cresce, rola, a engolir
A árida zona que lhe quer resistir.
Onda após onda, sua força exibindo,
Voltando ao mesmo e nada produzindo,
Deixa-me em desespero e em tormentos!

É a força bruta dos brutos elementos!
Quer meu espírito a si mesmo exceder-se,
Dar luta a isto, com o mar medir-se.

E é possível! — Por muito que a maré
Invista contra o monte e seu sopé,
Por mais que a onda galgue, veemente,
Qualquer pequena altura lhe faz frente,
Qualquer pequena cova a si a atrai.
E eu plano atrás de plano então gizei:
O gozo supremo podes alcançar
De o mar altivo forçares a recuar,
De ao oceano limites impor
E até longe o obrigar a regredir.
Ponto por ponto, está tudo elaborado;
Eis meu desejo: quero-o realizado!

Tambores e música marcial nas costas dos espectadores, ao longe, do lado direito.

MEFISTÓFELES:
Nada mais fácil! Ouves os tambores?

FAUSTO:
Guerra outra vez? Não agrada aos melhores.

MEFISTÓFELES:
Em guerra ou paz, eu sei o que é melhor:
Da circunstância proveito tirar,
Ao momento propício dar atenção.
Ele chegou? Fausto, deita-lhe a mão!

FAUSTO:
Poupa-me a esses enigmas, por favor!
Explica-te! Diz já o que há a fazer!

MEFISTÓFELES:

A minha viagem deu para notar
Que está em apuros o bom do imperador.
Já o conheces. Quando o divertíamos,
Falsas riquezas na mão lhe metíamos,
Pensava que o mundo era seu.
Muito jovem ao trono subiu,
E chegou logo à falsa conclusão
De que conciliar podia,
E que isso até desejável seria,
Reinar e dar-se à diversão.

FAUSTO:

Erro fatal. Pois quem mandar quer
Supremo bem no mando tem de achar.
Forte vontade lhe deve o peito encher,
Seus planos ninguém deve adivinhar.
O que ao ouvido dos mais leais confia
O mundo espantará — no mesmo dia.
Só assim poderá ele elevar-se
Em dignidade: gozar é degradar-se.

MEFISTÓFELES:

Ele é diferente. Gozou como podia,
E agora o reino caiu na anarquia:
Grandes, pequenos, todos guerreando,
Irmãos perseguindo-se, matando,
Atacam-se castelos e cidades,
Guildas e nobres em luta, inimizades,
Bispo, povo e cabido desavindos,
Olham-se e pronto!, já são inimigos.
Até nas igrejas mortes, e diante
Das portas corre risco o viajante.
Cada um mais ousado se mostrava;
Viver? Não, defender-se! — E a coisa andava.

FAUSTO:

Andava — coxeou, caiu, ergueu-se,
Deu duas cambalhotas e perdeu-se!

MEFISTÓFELES:

E ai de quem ousasse censurar!
Todos podiam e queriam ser o melhor.
Até o mais pequeno grande se acha.
Mas um dia os melhores disseram: Basta!
Os mais capazes erguem-se, para exigir:
Mandará quem a paz nos garantir!
Não o pode, não o quer o imperador?
Eleja-se outro, para o reino salvar,
A todos dando segurança
Num mundo novo, de mudança,
Que paz e justiça venha casar.

FAUSTO:

É conversa de padres.

MEFISTÓFELES:

— E padres foram
Os que a anafada pança defenderam.
Mais que ninguém se meteram na alhada.
Cresce a revolta? A revolta é sagrada,
E o nosso imperador, que o céu lhe valha!,
Marcha talvez para a última batalha.

FAUSTO:

Que pena! Tão bom! E inspira confiança.

MEFISTÓFELES:

Vamos lá ver! Enquanto há vida há esperança.
Temos de o livrar aqui deste apuro.
Salvo uma vez, salvo por mil, te juro!

Quem sabe como os dados vão cair?
Se tiver sorte, vassalos há-de ter.

Descem pelo maciço montanhoso intermédio e observam a disposição do exército no vale. Em baixo ouvem-se tambores e música marcial.

MEFISTÓFELES:

A posição, já vi, foi bem escolhida;
Um empurrãozinho, e é vitória garantida.

FAUSTO:

E que se pode esperar, vindo de ti?
Passes de mágica ocos que já vi.

MEFISTÓFELES:

Estratagemas que fazem ganhar guerras!
Se a grandes ideias te aferras,
Não percas de vista o teu fim.
Se trono e reino ao imperador deres
Ajoelhas-te, e recebes assim
O feudo da praia, que queres.

FAUSTO:

Passámos já tanta muralha!
Seja, ganha-me esta batalha!

MEFISTÓFELES:

Tu a ganharás! Bem ou mal,
Hoje serás tu o general.

FAUSTO:

Só me faltava esta encomenda:
Mandar, mesmo que nada entenda!

MEFISTÓFELES:

Arranja tu o Estado-Maior;
O marechal-de-campo é o que for.

O desconcerto da guerra prevendo
Tentarei consertar esta, chamando
Forças primevas do primevo monte;
Feliz será aquele que aqui as junte.

FAUSTO:

Que vejo além, de lança e arnês?
Já chega o bando montanhês?

MEFISTÓFELES:

Não! Mas, qual Peter Quince na peça afamada,
É a quintessência da canalhada.

Entram em cena os Três Valentes. (Samuel II, 23.8)

MEFISTÓFELES:

Lá vem a minha rapaziada!
Como vês, cada um de sua idade,
Cada um seu arnês e sua albarda;
É boa companhia, na verdade.
(*Ad spectatores.*)
A qualquer criança hoje agrada
Armadura e traje de cavaleiro.
E, como é alegórica a cambada,
O êxito inda vai ser mais inteiro.

MATA-SETE (*jovem, ligeiramente armado, roupa garrida*):

Quem de mim o olhar não tire,
Um murro em cheio nas ventas vai levar;
E um cobardolas, se fugir,
Nem que seja pela trança o hei-de agarrar.

SACA-LOGO (*viril, bem armado, ricamente vestido*):

Lutas sem ganho? Jogos de mulheres!
Maior perda de tempo não há.
Primeiro, arrebanha o que puderes,
E o resto, depois se verá.

GUARDA-BEM (*entrado nos anos, armado até aos dentes, sem manto*):

Com isso também não vais longe!
Há quem tudo depressa esbanje,
Vai-se na vida como uma enxurrada.
Arrebanhar é bom, mas guardar é melhor;
Segue o conselho cá do sénior,
E ninguém nunca mais te tira nada.

Descem todos para um nível inferior.

NOS CONTRAFORTES DA MONTANHA

Tambores e música marcial vinda de baixo. Armam a tenda do Imperador.

Imperador, Generalíssimo, Soldados da Guarda.

GENERALÍSSIMO:

Continuo a achar que é estratégia certa
Para este vale termos retirado
Todo o exército, e aqui ficar alerta;
Tenho esperança num bom resultado.

IMPERADOR:

O resultado já o vamos ver,
O que me agasta é ter de recuar.

GENERALÍSSIMO:

Olha, senhor, aqui o flanco direito!
Para esta guerra é o terreno perfeito.
Colinas pouco íngremes, mas não fáceis,
Boas para nós, para o inimigo difíceis;
Nós, meio escondidos nesta topografia,
Não se arrisca aqui a cavalaria.

IMPERADOR:

Não posso mais fazer do que louvar;
Aqui braço e peito se hão-de enfrentar.

GENERALÍSSIMO:

Ali no plaino, ao centro, podes ver
A falange pronta a combater.
Brilham as lanças afiadas, ao sol,
Através da neblina que enche o vale.
Coeso, ondeia o sólido quadrado,
Milhares anseiam pelo heróico acto.
Já vês que força a massa pode ter,
Para do inimigo a força dispersar.

IMPERADOR:

Nunca um quadro tal pudera ver,
Um exército assim vale a dobrar.

GENERALÍSSIMO:

Do flanco esquerdo pouco tenho a dizer,
Há heróis que a escarpa vão defender,
E aquelas penhas, com armas a brilhar,
A importante garganta vão barrar.
Vai fracassar o imigo nesta ponta,
Em sangrenta luta com que não conta.

IMPERADOR:

Lá vão eles, os meus falsos parentes!
Tratavam-me por tio, primo, irmão antes,
Depois, muitos excessos cometeram,
Honra ao trono, força ao ceptro roubaram,
Em rixas o império devastaram
E agora contra mim todos se uniram.
A massa anónima vacila, na incerteza,
E vai para onde a arrasta a correnteza.

GENERALÍSSIMO:

Desce o monte um emissário, o primeiro;
Boas novas trará, assim o espero!

PRIMEIRO EMISSÁRIO:

Com coragem e com manha,
Com sorte e com artes nossas,
Fizemos boa campanha,
Mas boas novas são escassas.
Muitos preito te prestaram
Fiéis, com dedicação;
Hoje a inacção explicaram
Do povo com a agitação.

IMPERADOR:

Só em si sempre o egoísmo pensa,
Dedicação, dever, honra — não lhe interessa.
Não vos lembrais de que, chegada a hora,
O incêndio do vizinho vos devora?

GENERALÍSSIMO:

Chega o segundo, e desce devagar,
O cansaço quase o não deixa andar.

SEGUNDO EMISSÁRIO:

Primeiro vimos, com agrado,
Caos, tumulto e correria;
De repente, sem ser esperado,
Novo imperador surgia.
E atrás dele segue logo
A multidão bem mandada.
O novo pendão do povo
É o falso. — Carneirada!

IMPERADOR:

Um rival! Não podia ser melhor!
Agora sinto: sou *eu* o imperador.
O arnês que, soldado, quis vestir,
Para outros fins agora vai servir.
Nas nossas festas, com seu brilho, eu vos digo,
Nada faltava: só *a mim* o perigo!
Jogos de anel a corte recomendava,
Mas um torneio era o que eu desejava;
Se contra a guerra não tivésseis votado,
Já eu como herói seria afamado.
Senti no peito força e independência,
Quando ante o fogo me vi na inclemência;
Ameaça terrível, o elemento
Era ilusão, mas mesmo assim portento!
Sonhei confusamente com a glória;
O erro que então fiz corrijo agora.

São enviados os arautos para desafiar o imperador rival.
Fausto, de armadura, com a viseira meio levantada.
Os Três Valentes, armados e vestidos como antes.

FAUSTO:

Aqui estamos. Espero que fiques contente;
Na melhor hora é bom ser previdente.
Gente dos montes, bem sabes, é astuta,
Da natura e das pedras lê a escrita.
Os duendes, que as planícies deixaram,
Aos picos mais que outros se acostumaram.
Nos labirintos agem, silenciosos,
No meio de gases de metais preciosos;
Decompondo e testando novas ligas,
Sempre inventando novidade os lobrigas.
Com o dedo leve dos supremos poderes

Vão construindo transparentes seres;
E no eterno silêncio do cristal
Lêem do mundo a sorte, o bem e o mal.

IMPERADOR:

Acredito, meu bravo, em teu discurso;
Mas diz-me lá: a que vem tudo isso?

FAUSTO:

Pelo nigromante de Nórcia aqui falo,
Sabino, teu mui fiel vassalo,
Por cruel fado ameaçado um dia.
A lenha crepitava, já subia
O fogo; achas secas empilhadas,
Com paus de pez e enxofre misturadas;
Nem Deus, nem homem, nem diabo o salvaria,
Livrou o Imperador quem quase ardia.
Foi em Roma. Desde então é-te grato
E segue teus passos, preocupado.
Desde essa hora de si se esqueceu,
Só por ti interroga inferno e céu.
Mandou-me em teu auxílio, e à minha gente;
Poderosas são as forças do monte,
Onde natura em liberdade cria.
O clero ignaro diz que é bruxaria.

IMPERADOR:

Quando em dias de festa saudamos
Os joviais convivas, e abrimos
As portas a quem chega, é com prazer
Que os salões vemos pouco a pouco se encher.
Mais bem-vindo será ainda o forte
Que chega para ajudar a nossa sorte
Na hora de alba incerta, em que a balança
Do fado pende sobre a nossa cabeça.

Mas não leveis, neste grave momento,
A mão à espada para obrar vosso intento.
Honrai o instante em que milhares já marcham,
Por mim ou contra mim em guerra se acham.
Um homem por si vale. Se o trono almeja,
Digno terá de ser nesta peleja.
Esse fantasma que se ergue contra nós,
Que imperador, suserano se diz,
Chefe do exército, dos vassalos senhor,
Hoje por minha mão morte há-de ter.

FAUSTO:

Por mais que a honra grandes feitos peça,
Não deves tu arriscar a cabeça.
Olha o elmo: timbre e plumas terá
Para a fronte proteger, que ânimo dá.
Os membros, sem cabeça, que fariam?
Se ela dormisse, logo eles falhariam;
Se a ela atingem, ficam eles feridos,
Mal ela sara, parecem renascidos.
Sabe bem o braço forte como agir,
Levanta o escudo para o crânio proteger;
E logo a espada seu dever vai cumprir:
Desvia o ferro para o golpe devolver;
O pé atento por fim o jogo encerra
E pisa a nuca ao inimigo em terra.

IMPERADOR:

Em minha ira, assim quisera vê-lo,
E fazer da sua cabeça meu escabelo!

ARAUTOS (*regressando*):

Nem honras, nem homenagem
Nos prestou a outra parte.
Da nossa nobre mensagem

Fizeram chacota forte:
"Morreu o vosso imperador,
No vale em eco se fez;
Para quem o quiser lembrar,
Diz a lenda: — Era uma vez."

FAUSTO:

Vai bem com a ideia dos melhores o recado,
Que firmes e leais estão a teu lado.
O imigo avança; esperam os teus, ardendo;
Ataca agora, é propício o momento.

IMPERADOR:

É a hora. Ao comando renuncio.
(*Dirigindo-se ao Generalíssimo.*)
Faz teu dever, Príncipe. Em ti confio.

GENERALÍSSIMO:

Que avance então a nossa ala direita!
Sobe já do inimigo a frente esquerda,
Mas antes que a investida seja feita
Nossos fiéis lhe infligirão grã perda.

FAUSTO:

Permite então que este herói de primeira
Alinhe já na frente da fileira;
Junto com tuas hostes, o rapaz
Em breve mostrará do que é capaz.

Acena para o lado direito.

MATA-SETE (*avança*):

A quem me arreganha a tacha descarada
Parto-lhe os queixos, o de baixo e o de cima,

Cabeça e trança lhe deixo pendurada
Ao pescoço: terrível é a chacina.
E se os teus homens lhes derem a valer
Com espada e maça enquanto eu faço estragos,
Um a um todos eles vão cair
E afogam-se em seu sangue os inimigos. (*Sai.*)

GENERALÍSSIMO:
Segue a falange do centro; do inimigo
Vai ao encontro, com força e prudência;
No flanco direito, se bem distingo,
Já o plano deles a vacilar começa.

FAUSTO (*apontando para o do meio*):
Que siga também este o teu comando!
É bom no saque, faz mão baixa de tudo.

SACA-LOGO (*avança*):
Depois do esforço dos heróis
A sede do saque vereis;
E qual a meta hoje? Já sei:
A rica tenda do outro rei.
Por muito tempo não irá reinar,
E à frente da falange eu vou estar.

CORRE-AO-SAQUE (*tendeira, encostando-se a ele*):
Não sendo eu sua mulher,
Melhor amante não posso ter.
Chegou a hora da colheita!
Quando a qualquer coisa a mão deita,
Quando rouba, a mulher — só visto!
Hoje vale tudo, vamos a isto! (*Saem ambos.*)

GENERALÍSSIMO:
A sua direita, como era de prever,

Cai sobre a nossa esquerda. Vamos ver
Se os nossos, um a um, vão resistir
E o passo da montanha defender.

FAUSTO (*acena para a esquerda*):
Neste também, senhor, há que atentar,
É bom aos fortes novas forças dar.

GUARDA-BEM (*avança*):
A ala esquerda é o meu alvo!
Onde eu estiver, está tudo a salvo.
Guardar os bens é minha lide,
O que eu seguro nada divide. (*Sai.*)

MEFISTÓFELES (*descendo*):
Vejam agora, lá ao fundo,
Das fendas das rochas saindo,
Gente de armas já a avançar,
Para os caminhos estreitos barrar;
De elmo e arnês, espada e broquel,
Só esperam pelo vosso sinal;
É forte linha recuada —
(*Em voz baixa, para aqueles que o sabem.*)
De onde vem? Nem vos digo nada!
Não dormi em serviço, é certo,
Limpei as salas de armas perto;
Lá estavam, a cavalo e a pé,
Como se inda mandassem cá,
Reis, cavaleiros, grandes de outrora,
Cascas de caracóis agora.
Muito espectro com elas se enfeitou
E a Idade Média assim ressuscitou.
Que diabos têm dentro, e de que jeito?
Que importa? O que aqui conta é o efeito.

(*Em voz alta.*)
Oiçam como ela avança e desvaria,
Esta tropa, ao som da lataria!
Também adejam estandartes esfarrapados,
De um arzinho mais fresco precisados!
Não esqueçais: está aqui um povo antigo
Que convosco quer dar luta ao inimigo.

Tremendo ressoar de trombetas, vindo de cima.
Visível vacilação do exército inimigo.

FAUSTO:

O horizonte escureceu,
Só aqui e ali contra o céu
Um clarão vermelho cintila;
As armas estão ensanguentadas,
O monte, o bosque, o ar rutila,
Até as estrelas estão pasmadas.

MEFISTÓFELES:

Aguenta-se o flanco direito;
Vejo bem, no meio do quadrado,
O Mata-Sete, agigantado,
Tratando deles ao seu jeito.

IMPERADOR:

Comecei por ver um braço lá no ar,
Agora vejo já doze a lutar;
Coisa natural não parece ser.

FAUSTO:

Nunca ouviste falar no nevoeiro
Que na Sicília cobre o mar inteiro?
Aí se mostram, pairando no ar

A meia altura, em pleno dia,
Estranhas visões de fantasia
Reflectidas pelos vapores:
Cidades inteiras flutuando,
Com jardins subindo e descendo,
E enchem-se de imagens os ares.

IMPERADOR:

Que coisa estranha! Estou a ver
Os nossos dardos coriscar,
E na ponta de cada lança
Há uma chamazinha que dança.
Isto parece fantasmagoria.

FAUSTO:

Perdoai, senhor! São só sinais
De perdidos seres espirituais,
Último reflexo dos Dioscuros,
Patronos dos nautas e seus esconjuros;
Juntam as suas forças neste dia.

IMPERADOR:

Mas diz-me: a que se deve esta atenção
Da natureza à nossa causa então?
Que força tais prodígios nos envia?

MEFISTÓFELES:

Quem, senão aquele Mestre antigo
Que tão a peito leva a tua sorte?
A ameaça do teu inimigo
Provocou nele abalo forte.
Está-te grato e quer dar-te ajuda,
Com risco até da própria vida.

IMPERADOR:

Aclamaram-me, com pompa e grande festa;
Eu agora era alguém, e por isso esta
Ocasião aproveitei para arejar
As barbas brancas, sem muito pensar.
Ao clero retirei muita alegria,
Que a mim favores também não concedia.
E ao fim de tantos anos hei-de ser
Recompensado por tais acções fazer?

FAUSTO:

A boa acção tem boa colheita.
Teu olhar para cima desvia:
Acho que Ele um sinal te envia.
Repara: o prodígio já espreita.

IMPERADOR:

Plana uma águia lá no alto,
E um grifo ameaça o assalto.

FAUSTO:

É um sinal auspicioso.
O grifo é animal fabuloso;
Como pode ele pretender
Com águia a sério combater?

IMPERADOR:

Rondam agora em círculo os dois,
Observando-se, para depois
Um sobre o outro se lançarem,
Peito e pescoço se rasgarem.

FAUSTO:

Repara como o grifo vilão,
Já atingido e depenado,

Vencido, a cauda de leão
Encolhe, e morto cai no mato.

IMPERADOR:

Pois seja, teu presságio aceito
Com espanto. Oxalá surta efeito!

MEFISTÓFELES (*para o lado direito*):

Ao nosso ataque cerrado
Cede o inimigo assustado,
E numa luta canhestra
É empurrado para a destra,
Deixando desprotegida
A esquerda mais guarnecida.
Da nossa falange a frente
Logo investe, fulminante,
Por essa mais fraca ponta. —
E, como alterosa onda
Escumando, forças a par
Combatem agora a dobrar;
Melhor não se esperaria,
É nossa a batalha e o dia!

IMPERADOR (*do lado esquerdo, para Fausto*):

Mas está feia a coisa, amigo,
Ali há um posto em perigo.
Não vejo pedras lançadas,
As de baixo estão escaladas
E em cima não há ninguém.
Em massa, o inimigo vem
Chegando sempre mais perto;
Se o passo está já aberto,
Ímpios esforços nada são,
Vossas artes foram em vão. (*Pausa.*)

MEFISTÓFELES:

Os meus dois corvos já chegaram.
Vejamos que novas trouxeram.
Receio que a coisa esteja feia.

IMPERADOR:

Para quê, as aves agoirentas,
Descidas das rochas sangrentas
Onde a peleja mais se ateia?

MEFISTÓFELES (*para os corvos*):

Poisai bem junto ao meu ouvido.
Quem protegeis não está perdido,
Dá bons frutos vosso conselho.

FAUSTO (*para o Imperador*):

Dos pombos já sabias antes
Que voam de terras distantes
Para o abrigo do ninho velho.
Só pequena diferença faz:
O pombo-correio serve a paz,
Em guerra é do corvo o trabalho.

MEFISTÓFELES:

São más as mensagens, por certo.
Olhai, e vede o grande aperto
Dos nossos, na rocha onde estão:
O resto dos montes tomado,
Se o desfiladeiro for passado,
Ninguém aguenta a posição.

IMPERADOR:

Pronto! Fui de novo enganado,
Nas vossas redes apanhado!

Tremo, desde que fui colhido.

MEFISTÓFELES:

Calma! Nem tudo está perdido!
Paciência e arte até ao fim!
O rabo é o mais duro de roer.
Tenho meus mensageiros aqui:
Ordenai, para eu despachar!

GENERALÍSSIMO (*entretanto chegado*):

Aliaste-te a estes dois
Para meu pesar. Artes que tais,
Magias, não dão sorte, não!
Não sei que volta dar a isto;
Deponho o bastão e desisto.
Eles começaram, fim acharão!

IMPERADOR:

Virão melhores horas talvez.
Até lá, conserva o bastão.
Arrepia-me este freguês
E os corvos da sua afeição.
(*Para Mefistófeles.*)
O bastão, esse não o levas,
Não és o homem para o lugar.
Ordena, vê se nos libertas,
Aconteça o que acontecer!

Sai e entra na tenda com o Generalíssimo.

MEFISTÓFELES:

Pois que fique com a vara torta!
De nada nos servia a oferta,
Há uns restos de cruz por lá.

FAUSTO:

E agora, que fazemos?

MEFISTÓFELES:

— Feito está!
Negros primos, ide então, voai
Até ao lago! As Ondinas saudai.
Pedi-lhes de empréstimo suas torrentes.
Suas artes secretas de mulher
A aparência separam do ser,
E que é o ser crêem até descrentes. (*Pausa.*)

FAUSTO:

Muito bem devem ter atraído
Os nossos corvos as ninfas lá do fundo;
Começa já além a marulhar,
Em muita rocha escalavrada e quente
Irrompe, grossa e rápida, a corrente;
O inimigo não pode ganhar!

MEFISTÓFELES:

Para os trepadores, que estranha recepção!
Reina entre os mais ágeis a confusão.

FAUSTO:

Já um ribeiro outros vem engrossar,
Saem das penhas com caudal a dobrar,
Lança-se em arco um rio torrencial;
Espraia-se depois em chão pedregoso,
Espumando, tudo cobre, furioso,
E desce por degraus até ao vale.
Não há herói que resista e se agarre,
Que a poderosa onda tudo varre.
Até eu tremo ante um dilúvio tal.

MEFISTÓFELES:

Eu nada vejo destas águas de engano,
Só se deixa iludir o olhar humano;
Diverte-me o caso fenomenal.
É vê-los, como aos molhos vão tombando,
Pensam os tontos que se estão afogando,
Movem-se em terra firme e não molhada
Com ridículos gestos de quem nada.
A confusão agora é geral.
(*Os corvos regressaram.*)
Ao grande Mestre farei vosso louvor;
E se mestres vós mesmos quereis ser,
Apressai-vos a ir à forja ardente
Onde o incansável povo duende
Metal e pedra malha e faz chispar.
Com a vossa conversa heis-de exigir,
Fogo para aqui arder, brilhar, explodir,
Ante o qual todos devam pasmar.
Relampejar no horizonte distante,
Queda rápida de alta estrela-cadente,
Todos conhecem das noites de Verão;
Mas relâmpagos em moita emaranhada,
Estrelas silvando sobre terra molhada,
Deste mundo não será coisa, não!
Ide então. E, sem muito insistir,
Ordenareis, depois de pedir.

Os corvos saem. Acontece o que estava previsto.

MEFISTÓFELES:

Só treva o inimigo veja!
Que cada passo incerto seja!
Fogos errantes, grande confusão,
Ficam todos cegos com o clarão!
Não se pode pedir melhor,

Só falta o estrondo que os apavore.

FAUSTO:

Tanta arma oca, das armarias vinda,
Ao ar livre fica mais forte ainda;
Matraqueiam além faz tempo já,
Som mais estranho e falso não há.

MEFISTÓFELES:

Pois é! Não temos mão nesses amigos,
Soa a briga de cavaleiros antigos,
Como nos bons tempos de antanho.
São coxotes e braçais genuínos
Das brigas de Guelfos e Gibelinos
Que à luta se deram com novo empenho.
Firmes no ódio em que foram criados,
Mantêm-se irreconciliados;
Perto e longe, o estrondo é tamanho
Que me lembra as festas do diabo,
Onde o ódio, ao fim e ao cabo,
É o que conta, e gera o horror;
O horrendo som já cria pânico,
É estridente, agudo e satânico,
Em todo o vale espalha o terror.

A orquestra ataca música bélica tumultuosa, dando gradualmente lugar a melodias mais alegres.

A TENDA DO IMPERADOR RIVAL

Trono, ambiente faustoso.

Saca-Logo e Corre-ao-Saque.

CORRE-AO-SAQUE:

Antes de todos já cá estás!

SACA-LOGO:

Nem os corvos voam mais que nós.

CORRE-AO-SAQUE:

Ai, que tesouros por todo o lado!
Onde começo? E onde acabo?

SACA-LOGO:

A tenda está a abarrotar!
Nem sei o que primeiro sacar.

CORRE-AO-SAQUE:

O tapete aqui dava jeito,
Para ver se enfim melhoro o leito!

SACA-LOGO:

Que bela clava de aço duro!
Por uma assim há muito aspiro.

CORRE-AO-SAQUE:

Manto escarlate, orlado a ouro,
Sonho há anos com tal tesouro.

SACA-LOGO (*pegando na arma*):

A coisa está quase acabada,
Morto o inimigo, nós de abalada.
Já tanta coisa arrebanhaste
E nada de jeito guardaste.
Deixa ficar as bagatelas.
Não vês as arcas? Leva uma delas!
É o soldo para a tropa, eu sei,
Está cheia de ouro de lei.

CORRE-AO-SAQUE:

Pesa que nem chumbo, o baú!
Nem o levanto. Ajuda tu!

SACA-LOGO:

Agacha-te! Baixa-te lá!
Ponho-to às costas, já está!

CORRE-AO-SAQUE:

Ai de mim! Ai, que não aguento!
Parte-me as cruzes, quase rebento!

O cofre cai e abre-se.

SACA-LOGO:

Aí tens a carga espalhada!
Depressa, apanha, não deixes nada!

CORRE-AO-SAQUE (*acocora-se*):

Guardo-o no colo, que leva mais!
Há-de chegar para nós os dois.

SACA-LOGO:

E agora vamos! Já não está mal!
(*Ela levanta-se.*)
Ai, há um buraco no avental!
Parada, a andar, e com mão larga
Semeias a preciosa carga.

SOLDADOS DA GUARDA (*do nosso Imperador*):

Que fazeis vós neste local?
Que buscais no tesouro real?

SACA-LOGO:

Já que nossa pele arriscamos,

Parte do saque reclamamos.
É o uso, que bem o sabemos,
E nós também soldados somos.

SOLDADOS DA GUARDA:
Não é esse o uso de cá,
Ser soldado e ladrão num só;
Quem nosso Imperador servir
Honesto soldado há-de ser.

SACA-LOGO:
Conheço a vossa rectidão,
Tem por nome: contribuição.
Tendes todos o mesmo vício:
"Dá cá!" é o lema desse ofício.
(*Para a tendeira.*)
Safa-te com o que apanhaste.
Não somos bem-vindos, já viste. (*Saem.*)

PRIMEIRO SOLDADO DA GUARDA:
Porque não deste logo um murro
Ao descarado desse burro?

SEGUNDO SOLDADO DA GUARDA:
Não sei, fiquei sem força ali;
Pareceram-me espectros a mim.

TERCEIRO SOLDADO DA GUARDA:
E eu fiquei com os olhos a arder
E a formigar, quase sem ver.

QUARTO SOLDADO DA GUARDA:
E eu nem sei bem que vos conte:
O dia todo foi tão quente
Tão sufocante e abafado,

Um caído, outro parado,
E nós às cegas atacando,
O inimigo logo tombando,
Névoa nos olhos, e nos ouvidos
Só silvos, rumores e zumbidos;
E aqui estais vós, e aqui estou eu,
Sem saber bem o que aconteceu.

Entra o Imperador com quatro Príncipes.
Os Soldados da Guarda retiram-se.

IMPERADOR:

Não sei como, a vitória pendeu para o nosso lado,
Já foge o inimigo pela planície, acossado.
Aqui, o trono vazio, o tesouro do traidor,
Enrolado em brocados, pouco espaço em redor.
Nós, por fiéis soldados protegidos, esperamos
Os emissários dos povos do império que tutelamos.
De todo o lado chega enfim feliz mensagem:
Pacificado, o império a mim presta homenagem.
Se na batalha, é certo, magia se envolveu,
No fim fomos nós próprios quem lutou e venceu.
Traz por vezes o acaso auxílio a quem combate,
Pedras, chuva de sangue sobre o inimigo se abate,
Vem um som portentoso do mais fundo da terra,
Que a nós nos dá mais força e o inimigo aterra.
O vencido sucumbe, sofre troça e labéus,
O vencedor exulta, louva o propício Deus.
E todos fazem coro, de mandar nem carece,
De milhões de gargantas sobe aos céus uma prece.
Mas para glória maior vou olhar com respeito
— Coisa que pouco fiz — para dentro do meu peito.
Pode um príncipe jovem seus dias dissipar,
Mas com os anos sabe o instante avaliar.
Por isso, sem demoras, uma aliança faço

Com estes quatro ilustres, para reger reino e paço.
(*Para o primeiro.*)
Príncipe, tu gizaste as nossas posições
E na crise levaste à vitória os heróis;
Em tempo de paz ficam bem sob a tua alçada,
Serás meu Condestável, aqui te entrego a espada.

CONDESTÁVEL:

Tuas tropas leais, cá dentro agora activas,
Defenderão as fronteiras, para que tu em paz vivas.
Concede que depois, nos paços de teus pais,
Preparemos a festa que te encherá os salões.
Então empunharei esta espada a teu lado,
Ao supremo poder fiel preito jurando.

IMPERADOR (*para o segundo*):

Quem, para além da bravura, mostrou bom coração,
Será Mordomo-Mor; não é fácil missão.
Estarás à cabeça de toda a criadagem,
Servos em briga fazem mau serviço e imagem;
Que seja de futuro teu exemplo seguido,
Para ser o amo, a Corte e o público servido.

MORDOMO-MOR:

É nossa honra servir vosso pensamento,
Aos bons prestar serviço, aos maus não dar tormento,
Ser directo, sem manhas, e sem traições sereno.
Se meu coração leres, meu pago será pleno.
Estou vendo aquela festa em minha fantasia:
Quando à mesa estiveres, eu estendo-te a bacia
De ouro, seguro os anéis, e antes do festim
Refrescas tuas mãos, dás-me prazer a mim.

IMPERADOR:

Meu pensamento é sério, não estou tão divertido.

Mas seja! É bom começo alegrar o sentido.
(*Para o terceiro.*)
Copeiro-Mor serás. É tarefa distinta,
Respondes por tapada, capoeira e quinta.
Mandarás que se façam meus pratos preferidos,
De acordo com a estação e mui bem guarnecidos.

COPEIRO-MOR:

Será jejum severo meu mais grato dever
Até que a ti te possa um bom prato servir.
A mim toda a cozinha e copa se unirá,
Trazendo o que está longe, e as estações mudará.
Mas a ti não te atrai o que é precoce e raro,
Prato simples e forte é o que te é mais caro.

IMPERADOR (*para o quarto*):

Como aqui só se fala de festas de salão,
Tu serás, jovem herói, de futuro o Escanção.
Teu serviço será, Escanção-Mor, prover
A adega imperial com vinho do melhor.
Tu, porém, não te deixes pela ocasião tentar,
Modera-te, e não queiras mais que alegre ficar.

ESCANÇÃO-MOR:

Quando nela confiam, Senhor, a juventude
Depressa alcançará da vida a plenitude.
Também eu imagino o imperial banquete,
E como se fará um faustoso bufete,
Com vasos de ouro e prata e a mais rica baixela;
Para ti escolherei eu das taças a mais bela:
Cristal veneziano, em que espreita o prazer
E apura o vinho o gosto sem inebriar.
Há quem neste milagre ponha excessiva esperança,
Mas a ti mais protege a tua temperança.

IMPERADOR:

O que vos concedi neste solene momento,
Fi-lo em confiança e a meu total contento.
Qualquer dom o assegura a palavra imperial,
Mas a confirmação pede escrito formal,
Assinatura. Para preparar o documento
Vejo que entra o homem certo neste momento.

Entra o Arcebispo, Chanceler-Mor.

IMPERADOR:

Se a pedra-chave a abóbada por finda dá,
Para uma eternidade a construção será.
Quatro príncipes vês. Estivemos discutindo
O que no Paço e Corte há que fazer. Entendo
Agora que, no que a todo o Império se refere,
O número de cinco mais força e peso confere.
Mais e melhores terras a vós vos serão dadas;
Por isso as fronteiras irão ser alargadas
Com a herança de quem afrontar-nos ousou.
A vós, fiéis vassalos, as terras vos dou,
E também o direito, segundo a ocasião,
De as expandir por compra, troca ou doação;
Outrossim vos outorgo, para que o exerçais,
O senhoril direito de fazer vossas leis.
Dareis como juízes sentença final,
Sem que haja apelação de vosso tribunal.
Portagens, coimas, foros, os tributos usuais
Da extracção de minério, sal, cunhagem e que tais.
Para minha gratidão, enfim, vos demonstrar,
Suprema majestade vos quis outorgar.

ARCEBISPO:

Aceita de nós todos as mais profundas graças.
Com o poder que nos dás, o teu poder reforças.

IMPERADOR:

Quero ainda a vós cinco última honra dar.
Hoje para meus reinos vivo, e gosto de viver;
Mas minha alta linhagem não me deixa esquecer
Sobre as glórias de agora a ameaça do porvir.
Dos meus me apartarei quando o tempo chegar,
Vosso dever será sucessor nomear.
Coroai-o e ungi-o sobre o altar sagrado,
E acabe então em paz este tempo agitado.

CHANCELER-MOR:

Com humildade no gesto e orgulho lá no fundo
Te rendem preito os melhores príncipes do mundo.
Enquanto leal sangue nas veias nos correr
Nosso corpo obedece ao teu alto querer.

IMPERADOR:

Seja então, no final, o que aqui foi tratado,
Para que o futuro o saiba, escrito e assinado.
Sendo senhores embora de toda a doação,
Será indivisível, é minha condição.
E se vós aumentardes o que hoje vos foi doado,
Tudo pelo primogénito será herdado.

CHANCELER-MOR:

Em breve ao pergaminho o assunto passarei,
Para glória do Império e nossa o escreverei;
Tua chancelaria de cópia e selo cura,
E tu darás o aval da tua assinatura.

IMPERADOR:

Para meditardes, ora dispensa vos dou,
No memorável dia que tão bem findou.

Os príncipes seculares retiram-se.

O ARCEBISPO (*fica e fala com veemência*):

Saiu o chanceler, o bispo inda ficou,
O dever de avisar-te apenas o inspirou.
Sente temor por ti seu coração de pai.

IMPERADOR:

Nesta hora feliz, que temeis vós? Falai!

ARCEBISPO:

É com amarga dor que vejo neste dia
Que a tua fronte ungida a Satanás se alia!
Quem recuperou o trono, ao que parece,
De Deus e do Papa infelizmente escarnece.
Em breve, se o sabe este, o castigo virá,
Teu Império pecador seu raio destruirá.
Não esqueceu ele ainda que no dia primeiro
Da tua coroação salvaste um feiticeiro.
Esse teu diadema, para mal da cristandade,
À cabeça maldita quis dar a liberdade.
Devolve à religião, batendo no teu peito,
Deste teu ímpio ganho um pequeno proveito:
Aquele vale ondeante onde a tenda assentaste,
E onde de maus espíritos ajuda aceitaste
E ao rei da mentira deste ouvidos, atento,
Consagra-o, arrependido, a piedoso intento;
Com monte e mata até onde o olhar alcança,
Colinas onde a erva para o pasto é sempre esperança,
Lagos ricos em peixe, ribeiros numerosos
Que no vale, correndo, se lançam sinuosos;
E o amplo vale, é claro, com lameiros e prado:
Se mostrares contrição, tu serás perdoado.

IMPERADOR:

De um erro assim tão grave aterra-me a extensão;
Fixa tu os limites para minha expiação.

ARCEBISPO:

Primeiro: que o espaço onde pecaste, profanado,
Ao culto do Altíssimo seja dedicado.
Meu espírito vê já subir o alto muro,
E o olhar de aurora iluminar o coro,
Tem já forma de cruz a construção nascente,
Vê a nave alongar-se, subir, o povo crente;
Já entram com fervor pelo nobre portal,
Dobram os primeiros sinos, chamando monte e vale,
Tocam na alta torre, aos céus alevantada,
Acorrem penitentes à vida renovada.
O dia da sagração — que venha sem detença! —
Será abrilhantado por tua alta presença.

IMPERADOR:

Obra tão grandiosa sagrada intenção exprime,
Glorifica o Senhor, meus pecados redime.
É tudo! Sinto em mim elevar-se o pensamento.

ARCEBISPO:

Como chanceler peço um formal documento.

IMPERADOR:

Faz-me um termo legal para à Igreja o doar,
E eu com grande alegria o irei assinar.

ARCEBISPO (*despede-se, mas volta antes de sair*):

E à obra, mal comece, concederás ainda
Os tributos da terra: dízimo, coimas, renda
Para sempre. Custa muito manter a instituição,
E muito cara sai depois a administração.
Para edificar depressa nesse lugar deserto
Parte do ouro ganho nos cederás, decerto.
Haverá precisão também de materiais,
De madeira importada, cal, xisto e o mais.

Os fretes faz o povo, do púlpito ensinado;
Quem para a Igreja acarrete será abençoado. (*Sai.*)

IMPERADOR:
Grande e grave é o pecado com que agora deparo,
O malfadado mágico fez-mo sair bem caro.

ARCEBISPO (*voltando de novo, com uma profunda vénia*):
Perdoa, Senhor! Deste a esse homem maldito
As praias do Império. É certo o interdito
Se, penitente, não deres aí à Igreja
Também dízimos, rendas, censo e o que mais haja.

IMPERADOR (*impacientado*):
Mas não há sequer terra aí, está sob o mar!

ARCEBISPO:
Quem dela tem o direito, espera e há-de alcançar!
Para nós, tua palavra é seguro critério.

IMPERADOR (*só*):
Se isto assim continua, vai-se todo o Império.

QUINTO ACTO

ESPAÇO ABERTO

VIANDANTE:

São as escuras tílias, sim,
Velhas, na sua imponência.
Venho encontrá-las aqui
Ao cabo de anos de errância!
É este mesmo o lugar,
A cabana onde fiquei
Quando, em alteroso mar,
Nestas praias naufraguei.
Quero saudar o casal
Bondoso que me acolheu;
Sua idade era já tal,
Que decerto já morreu.
Tão devotos! Que bondade!
Bato? Chamo? — Deus vos guarde,
Se a chama da caridade
Ainda neste lar arde.

BÁUCIS (*uma avozinha muito idosa*):

Fala baixo, viandante!
Deixa o esposo descansado!
Breve lide fatigante
Pede um sono prolongado.

VIANDANTE:

Diz, mãezinha, é mesmo a ti
Que agradeço nesta hora
O que fizeste por mim
Com o teu homem outrora?
És Báucis, que, diligente,
O moribundo animou?
(*Entra o esposo.*)
E tu, Filémon, valente,
Que meu tesouro salvou?
O fogo à vossa lareira,
O som argênteo do sino,
Foi dessa feliz maneira
Que salvastes meu destino.
Deixai-me agora avançar,
Olhar o mar infinito,
Deixai que me ajoelhe a orar,
Que o peito a transbordar sinto!

Avança ao longo da duna.

FILÉMON (*para Báucis*):

Anda, vai a mesa pôr
Junto às flores lá no quintal.
Deixa-o correr, e pasmar
Com o que vê lá no vale.
(*Acompanhando o Viandante.*)
O que a ti tanto mal fez,
O mar alto e seu escarcéu,
Como um paraíso vês,
Em jardim se transformou.
Mais velho, eu não acudia
Como antes ao naufragado,
E enquanto eu forças perdia
Ia a água recuando.

Servos de um sábio senhor
Cavam valas, diques vários,
Roubam direitos ao mar,
Dominam seus territórios.
Olha os prados verdejantes,
Devesa, aldeia, pomar,
Mas vem ver a obra, antes
Que o Sol se ponha no mar.
Vêm velas a caminho,
Buscam abrigo para a noite.
Todo o pássaro volta ao ninho,
E há cá porto que as acoite.
Agora, bem longe vês
A orla azul do oceano;
Para onde olhes, a teus pés
Só espaço habitado, humano.

Os três à mesa, no jardim.

BÁUCIS:

Não falas? Ficaste mudo?
E sem nadinha comer!

FILÉMON:

Quer saber mais!... Conta tudo,
Gostas tanto de falar!

BÁUCIS:

Foi milagre, de certeza,
Inda hoje paz me não dá;
Pois em toda aquela empresa
Há mão estranha. Ah, isso há!

FILÉMON:

Terá o Imperador pecado

Quando as praias lhe doou?
Não foi tudo anunciado
Pelo arauto que passou?
Bem perto da nossa duna
Os primeiros instalaram
Tendas, choças. — Mas na zona
Mais verde um palácio ergueram.

BÁUCIS:

Cavavam os escravos em vão
Com enxadas, durante o dia;
De noite, muito clarão
Brilhava — e um dique nascia.
Muitos morreram aqui logo,
De noite era um clamor tal!
Corriam línguas de fogo
Para o mar — aí estava um canal!
É um ímpio, e já quer
A cabana e o bosquezinho;
Nós temos de obedecer
A tão soberbo vizinho.

FILÉMON:

Mas já nos fez uma oferta
De troca por terra rica!

BÁUCIS:

Terra de água é terra incerta;
Não largues o monte, fica!

FILÉMON:

Vamos na capela entrar,
Ver o Sol morrer nos céus,
Tanger o sino, rezar
E confiar no velho Deus.

PALÁCIO

Vastos jardins de lazer, grande canal em linha recta. Fausto, em idade provecta, vagueando em meditação.

LINCEU, O ATALAIA (*pelo megafone*):

Últimas velas, ao pôr do Sol,
Buscam o porto para se abrigar.
Já vem entrando pelo canal
Grande navio, está a chegar.
Ondeiam flâmulas brilhantes,
Erguem-se os mastros, preparados,
Felizes são os mareantes
Na hora certa aqui aportados.

Ouve-se o sininho tanger na duna.

FAUSTO (*estremecendo*):

Maldito som! Insuportável,
Fere como tiro dado à traição;
Olho o meu reino inabarcável,
Nas costas esta aberração;
Lembram-me as vésperas invejosas
Que meu domínio é ilusão,
Que a cabana, as tílias umbrosas
E a capela minhas não são.
Quisera aí pousar meus olhos,
Mas há uma sombra estranha ali,
Para a vista, para os pés são abrolhos.
Ah, estivesse eu longe daqui!

ATALAIA (*como antes*):

Como desliza a rica barca
Pela brisa da tarde impelida!

No convés fardo, saca, arca,
Esperam ansiosos a chegada.

Soberbo navio, com carga rica e variada, produtos das mais distantes regiões. Mefistófeles. Os Três Valentes.

CORO:

Desembarcar!
Todos cá estão.
Viva o arrais!
Viva o patrão!

Desembarcam, e a carga é posta em terra.

MEFISTÓFELES:

Passámos bem mais esta prova,
Contentes, se o patrão nos louva.
Com dois navios daqui zarpámos,
Hoje com vinte regressamos.
Dos nossos feitos a excelência
A carga a mostra à evidência.
Liberta o espírito, o alto mar.
Quem é que aí pensa em pensar?
Lá só contam lances ligeiros,
Pesca-se peixe e navios inteiros.
E quem já três barcos contar,
E tempo de o quarto apresar;
E então o quinto também está feito,
Se tens a força, tens o direito.
Importa o *Quê*, o *Como* não,
Guerra, comércio, pirataria,
Tudo é para mim navegação,
Uma trindade, é o que eu diria!

OS TRÊS VALENTES:

Nem nos saúda,

Nem agradece!
Como se a carga
Nada valesse.
Faz uma cara
Enfastiada;
Espólio de rei,
Mas não lhe agrada.

MEFISTÓFELES:

Não espereis paga
Mais que tivestes,
Pois vossa parte
Já recebestes.

OS TRÊS:

Isso foi só
Para entreter;
Partes iguais
Queremos ter.

MEFISTÓFELES:

Primeiro vamos,
Sala por sala,
Expor toda a carga
Para mostrá-la.
Quando ele vir
Tudo de perto,
Já lhe dará
Seu valor certo;
Unhas de fome
Não vai querer ser,
E a toda a frota
Festa há-de dar.
Os passarões que aqui estarão
Amanhã, vão ter recepção!

A carga é levada para dentro.

MEFISTÓFELES (*para Fausto*):

Testa enrugada, mirada estranha,
Assim recebes sorte tamanha.
Coroado foi o alto saber,
Ligados estão a praia e o mar;
Da costa as naus ao mar se lançam,
E em curso rápido outras alcançam;
Fala então, que aqui do paço
Abarca o mundo inteiro teu braço.
Foi aqui que tudo começou,
Que o primeiro barracão se ergueu;
Uma pequena vala abrimos
Onde hoje com grandes naus passamos.
O teu pensar, dos teus o esforço,
Ganharam a terra, e o mar é nosso.
Foi aqui —

FAUSTO:

— Maldito seja o *aqui*!
É ele que me deixa assim.
A ti, que és experiente, direi
Por que me vês assim sofrer
O que não mais suportarei.
Envergonho-me de o dizer:
Quero os velhos dali para fora!
Quero as tílias, para aí morar;
As árvores que não tenho, agora
Conseguem meu império estragar.
De ramo a ramo armar um estrado
Para abrir ao olhar ilimitado
Estrada larga, para que possa
Ver toda esta empresa nossa,
Para de uma vez só abarcar

Do engenho humano a obra-mor
Que com saber e acção esforçada
Aos povos deu nova morada.

Na opulência assim sofremos,
Desejamos o que não temos.
Se as tílias cheiro, se o sino ouço,
Logo em igreja e cripta penso.
A alta vontade sem peias
Quebra-se aqui nestas areias.
Como me livro deste peso?
O sino toca, e eu enfureço.

MEFISTÓFELES:

E claro que essa indisposição
Te envenena vida e acção!
Quem o nega? A um são ouvido
Repugna o constante ruído.
E aquele tlim-tlão infernal
Ensombra todo o pôr do Sol,
Com todo o evento se mistura,
Do primeiro banho à sepultura,
Como se entre um tlim e um tlão
Fosse a vida só ilusão.

FAUSTO:

A resistência, a teimosia,
Estragam-nos riqueza e alegria.
Até que um dia, embora a custo,
Se cansa um homem de ser justo.

MEFISTÓFELES:

Por que te há-de isso consternar?
Não é teu fim colonizar?

FAUSTO:

Vão lá, e tirem-mos dali! —
Conheces bem a quintazinha
Que para os velhos prevista tinha.

MEFISTÓFELES:

Tiro-os de lá, ponho-os aqui,
Estão recompostos mal dou por mim;
Passado o susto violento
Descansarão a seu contento.

Solta um assobio estridente. Entram Os Três Valentes.

MEFISTÓFELES:

Vamos cumprir a ordem dada!
E amanhã há festa na armada.

OS TRÊS:

Recebeu-nos mal o patrão,
Festa de arromba dê então!

MEFISTÓFELES (*ad spectatores*):

Velha é a história e velho o mote,
Já desde a vinha de Naboth. (Reis I, 21)

Noite alta

LINCEU, O ATALAIA (*cantando, na torre do palácio*):

Nascido para ver,
Para observar tudo,
Na torre a viver,
Agrada-me o mundo.
Vigio da janela,
E ao perto observo
A Lua e a estrela
A floresta e o cervo.

E em todos eu vejo
Beleza sem fim,
Prazer nisso almejo,
E gosto de mim.
Tudo o que já viu
Meu olhar ditoso
Diferente pareceu,
Mas sempre formoso! (*Pausa.*)

Não só para me divertir
Fui posto em alto lugar;
Vejo no mundo surgir
Imagens de horrorizar.
Das duas tílias, na noite,
Saltam faúlhas, chispando,
O vento é como um açoite,
O fogo vai alastrando,
Já está a cabana a arder,
Antes por musgo coberta;
Pedir auxílio é mister,
Mas ninguém dá o alerta.
Ah, e os velhos! Boa gente,
Com o fogo tão cuidadosa,
Presa do braseiro ardente
Desta desgraça horrorosa!
As chamas vermelhas crescem,
Negro, o muro quase a ruir;
Se ao menos eles pudessem
Daquele inferno sair!
Clarões, labaredas, vemos
Entre as folhas, entre os ramos;
Hastes secas, como tocha
Ardem, para logo cair.
Meus olhos, que sina a vossa!
Por que hei-de eu tão longe ver?
Sobre a capela tombaram

Arvores, pelo fogo cercadas,
E às altas copas chegaram
Labaredas afiadas.
Já os troncos ocos conquista
O braseiro, até à raiz. —
(*Longa pausa, canto.*)
O que em séculos para a vista
Foi um deleite, já o não vês.

FAUSTO (*na varanda, voltado para as dunas*):
Em cima oiço lamúria e choro,
Chegou tarde a lamentação.
Geme o vigia; e eu deploro
Também no fundo a vil acção.
Mas do arvoredo queimado,
Das tílias agora em carvão,
Nascerá um mirante elevado
Para admirar toda a região.
Dali vejo a propriedade
Onde o velho par vai viver,
Gratos pela generosidade
Que em paz os deixará morrer.

MEFISTÓFELES E OS TRÊS *(em baixo)*:
Voltámos logo, sem demora.
Perdão! Deu para o torto a aventura.
Batemos, voltamos a insistir,
Ninguém se digna vir abrir;
Um encosto, um leve abanão,
E a porta podre está no chão;
Gritámos alto, ameaçámos,
Nenhuma resposta tivemos.
Como é já uso acontecer,
Não ouviam, não queriam ouvir;
Não esperaram muito pela demora,
Pusemo-los de lá para fora.

O casal muito não sofreu,
Só com o susto se passou.
Tinham um forasteiro escondido,
Quis resistir, foi abatido.
No tempo desta breve acção,
Espalhado em redor o carvão,
A palha pegou fogo. E os três
Ardem já na pira que vês.

FAUSTO:
Minhas palavras não escutastes?
Eu disse troca, vós saqueastes!
Maldigo esse bárbaro acto,
A culpa é toda de vós quatro!

CORO:
Ouves a voz antiga? Escuta:
Não resistas à força bruta!
Se ousares opor-te à investida,
Arriscas casa, bens e… vida. (*Saem.*)

FAUSTO (*na varanda*):
Os astros escondem brilho e olhar,
Abranda o fogo, a crepitar;
Um ventozinho o vai atiçando,
Fumo e vapores para aqui trazendo.
Foi lesta a ordem, mais lesto o fim! —
Que sombras se aproximam de mim?

Meia-noite

Entram quatro vultos escuros de mulher.

PRIMEIRA:
Meu nome é Penúria.

SEGUNDA:

— E o meu Culpa é.

TERCEIRA:

Chamo-me Inquietação.

QUARTA:

— E eu sou a Miséria.

A TRÊS:

Está fechada a porta, não se pode entrar;
É casa de rico, não o nosso lugar.

PENÚRIA:

Ali eu sou sombra.

CULPA:

— Ali eu sou nada.

MISÉRIA:

E a mim ele vira-me a cara anafada.

INQUIETAÇÃO:

Vós, irmãs, não podeis, não deveis passar.
Eu pela fechadura, porém, posso entrar.

Desaparece a Inquietação.

PENÚRIA:

Vós, tristes irmãs, deixai o lugar.

CULPA:

Eu saio já daqui, vou-te acompanhar.

MISÉRIA:

E eu, a Miséria, sigo-vos a má sorte.

A TRÊS:

Apagam-se os astros, vem nuvem gigante,
Lá ao fundo, ao fundo, lá longe, distante,
Lá vem ela, a irmã, lá vem ela… a Morte.

FAUSTO (*no interior do palácio*):

Vi chegar quatro, só três sair,
Não entendi o que ouvi dizer.
Soou-me assim como: má sorte,
Sombria rima se seguiu: Morte.
A voz era funda, espectral, abafada.
Liberdade, ainda não foste alcançada!
Pudesse eu libertar-me da magia,
Esquecer as fórmulas de feitiçaria,
Como homem só a natureza olhar,
Então valia a pena humano ser.

Já o fui, antes de às trevas me dar
E contra mim e o mundo blasfemar.
Agora há tanto espírito no ar
Que ninguém sabe como os evitar.
Se o dia nos sorri, claro como a razão,
A noite nos envolve em terrores e ilusão;
Venho de um campo alegre, cheio de graça,
Logo grasna uma ave. E o quê? Desgraça.
O mau agoiro cerca-me, noite e dia,
Mostra-se e ameaça e pressagia.
Fico sozinho, vivo com o temor.
Range o portão, ninguém vejo entrar.
(*Assustado*)
Está alguém aqui?

INQUIETAÇÃO:

— A resposta é: Sim!

FAUSTO:

E quem és tu?

INQUIETAÇÃO:

— Que importa? Estou aqui.

FAUSTO:

Vai-te!

INQUIETAÇÃO:

— Não, que aqui é o meu lugar.

FAUSTO (*primeiro irritado, depois apaziguado, para si*):

Livra-te de algum esconjuro pronunciar!

INQUIETAÇÃO:

Se o ouvido por mim não der,
No peito me faço ouvir;
Formas várias assumindo,
Exerço um poder tremendo.
Nos caminhos, sobre os mares,
Companheira de terrores,
Nunca querida, sempre achada,
Sou temida e detestada —
Não sabes o que é a Inquietação?

FAUSTO:

Corri mundo até agora, mais não,
Sem rejeitar um único prazer:
Largando o que me não bastar,
Deixando ir o que me escapar.
Só desejei, e o que desejei fiz,

Para mais querer, e sem curvar cerviz
Romper pela vida; com magnificência
E poder antes; hoje, tempo e paciência.
Do terrestre orbe não ignoro nada,
Para o Além a via é-nos vedada;
Néscio quem para aí lança o turvo olhar,
Para sobre as nuvens seus pares imaginar!
Firme na terra, que olhe em seu redor:
Não se fecha este mundo ao homem de valor.
Para quê o devaneio da eternidade?
O que conheces, tocas, é a realidade.
Assim faz tua jornada, viandante!
Se espectros encontrares, passa adiante,
Nessa via terás gozos, tormentos,
Insatisfeito em todos os momentos!

INQUIETAÇÃO:

Aquele em quem eu me afundo,
De nada lhe serve o mundo;
Vive em treva permanente,
Sem aurora nem poente,
Por fora normal parece,
Dentro dele tudo escurece,
Os maiores tesouros que há,
Frio, ele os desprezará.
Cisma em sorte ou desventura,
Morre à míngua na fartura;
Coisa má ou alegria
Fica sempre para outro dia;
Só no futuro a pensar,
Nunca nada há-de acabar.

FAUSTO:

Cala-te! Assim ninguém me apanha!
Isso é um disparate pegado.

Vai-te! É má a ladainha,
Desorienta até o mais atinado.

INQUIETAÇÃO:

Há-de sair, ou ficar?
Não sabe que resolver;
A meio da rota traçada
Hesita, atrasa a passada.
Perde-se mais cada vez,
Vê tudo negro e ao revés,
A si e aos outros pesando,
Ao respirar sufocando;
Não sufocou, mas está morto,
Sem desespero nem conforto.
Neste vaivém sem perdão
Sofre por fazer, por não,
Liberdade e opressão,
Meio sono e má refeição
Acorrentam-no a um lugar
E ao inferno o vão levar.

FAUSTO:

Pobres espectros! É assim que tratais
Mil e mais vezes a humana geração;
E os dias indiferentes transformais
Numa trama de dor em confusão.
Fugir aos demónios é impossível,
Não se rompe o duro, imaterial laço;
Mas teu poder, grande e imperceptível,
Inquietação, eu não o reconheço.

INQUIETAÇÃO:

Pois vais senti-lo de seguida,
Deixo-te com a maldição do meu hausto;

Os homens são cegos toda uma vida,
Tu no fim o serás também, Fausto!

Sopra-lhe na face.

FAUSTO (*cego*):

Na noite mais profunda mergulhei,
Só na alma brilha a clara luz;
Apresso-me a dar corpo ao que pensei,
Só a voz do amo efeito produz.
Erguei-vos todos, escravos, trabalhai!
Fazei que se veja o que imaginei.
Tomai a ferramenta, enxada, pá!
O planeado tem de ser feito, e já.
A clara ordem, o esforço sem detença,
Merecem a mais bela recompensa;
E se queres consumar a obra ingente,
Para mil braços é bastante uma mente.

Grande pátio exterior do palácio

Tochas.

MEFISTÓFELES (*à frente, como capataz*):

Vinde! Vinde! É aqui a entrada,
Vós, Lémures gelatinosos,
Raça tosca, mal acabada,
Feita de nervos, tendões, ossos.

LÉMURES (*em coro*):

Vamos aí dar-te uma mão,
E pelo que temos ouvido
Território de grande amplidão
A nós nos vai ser concedido.

Estacas afiadas já temos,
E a longa fita de medir;
Mas esquecemo-nos, não sabemos
Por que a nós nos foram escolher.

MEFISTÓFELES:

Nenhum saber vos é exigido,
A não ser o do próprio corpo;
Deite-se o mais alto ao comprido,
Vós na terra traçai o contorno;
Como faziam nossos pais,
Um quadrado oblongo escavais!
Do palácio para a estreita morada:
Que triste fim para tão longa jornada!

LÉMURES (*cavando, com gestos trocistas*):

Em novo vivi e amei,
Tudo tão doce me parecia;
Onde se dançasse e cantasse,
Era sempre para aí que eu ia.
Agora apanhou-me a idade
Com a sua muleta torta;
Tropecei à beira da cova —
Quem a terá deixado aberta?

FAUSTO (*saindo do palácio, apalpa os umbrais*):

Que delícia, este ruído das pás!
E a legião que sustento;
Amolda a terra a seu contento,
Faz ir as águas mais para trás,
Envolve em forte dique o mar.

MEFISTÓFELES (*aparte*):

Só para nós estás a levantar
Os teus diques e os teus cais;

Pois com isto um festim dar vais
A Neptuno, diabo dos mares.
É certa a vossa perdição:
Conjurados connosco estão
Os elementos destruidores.

FAUSTO:
Capataz!

MEFISTÓFELES:
— Pronto!

FAUSTO:
— Como puderes,
Contrata-me trabalhadores,
Prende-os com chicote ou favores,
Força-os, e paga o que quiseres!
Quero notícias dia a dia, e a tempo,
De como vai a escavação do campo.

MEFISTÓFELES (*a meia voz*):
É campa, não campo, o que aqui se cava,
Era o que inda há pouco alguém me contava.

FAUSTO:
Há um pântano aos pés do monte,
Empesta o conquistado espaço;
Drenar o charco é importante,
A última grande obra que faço.
A muitos milhões abro espaço e esperança
De viver livres, se não em segurança.
Campos verdes, férteis; homens, rebanho,
Logo felizes em nova terra ponho,
Bem instalados na encosta do outeiro

Que erguer soube, enérgico, um povo inteiro.
Cá dentro é um paraíso a terra nossa;
Que suba lá fora a maré furiosa,
E se, violenta, tentar abrir brecha,
Em comum esforço acorre o povo e a fecha.
Esta é a ideia que havemos de aceitar,
Esta é do sábio a suprema verdade:
Só quem dia após dia a conquistar
Merece a vida e a sua liberdade.
E assim passam, em perigos sobre-humanos,
Crianças, homens, velhos, duros anos.
Visse eu esse bulício efervescente,
Para solo livre pisar com livre gente!
A um momento tal então diria:
Suspende-te, tu que és tão belo!
O rasto dos trabalhos e dos dias,
Nem eternidades podem apagá-lo. —
No antegozo de tão feliz evento
Desfruto agora do supremo momento.

Fausto cai para trás, os Lémures pegam nele e deitam-no no chão.

MEFISTÓFELES:

Nem prazeres nem fortuna o faz contente,
Sempre atrás de miragens a correr;
O derradeiro, oco, insípido instante —
É esse que ele quer reter.
Tanta resistência me opôs,
Mas o tempo venceu, e ora aqui jaz.
Pára o tempo —

CORO:

— Pára! À meia-noite calado.

Cai o ponteiro.

MEFISTÓFELES:

— Cai, tudo está consumado.

CORO:

Acabou-se.

MEFISTÓFELES:

— Acabou! Palavra sem sentido.
Acabou-se, porquê?
Entre acabar e o nada, que diferença há?
De que serve tanta coisa criada?
O que se cria desfaz-se logo em nada!
"Acabou-se!" Qual é disto o sentido?
É como se nunca tivesse sido,
Mas, como se fosse, segue em rodopio.
Quanto a mim, prefiro o Eterno-Vazio.

Enterro

LÉMURE (*só*):

Quem fez tão mal esta morada
Com pá e com enxada?

LÉMURES (*coro*):

Para ti, mudo e envolto em linhos,
Está mui bem acabada.

LÉMURE (*só*):

Quem mobilou a sala, ao acaso?
E a mesa? E os assentos?

LÉMURES (*coro*):

Tudo emprestado, e a curto prazo;
E os credores já são muitos.

MEFISTÓFELES:

O corpo jaz; se a alma quer escapar,
Saco do pacto de sangue, sem demora;
Infelizmente, há tantos meios agora
De ao demónio as almas roubar!
Ofendo se sigo os velhos caminhos,
E pelos novos nada se garante;
Antes, fazia isto sozinho,
Hoje é preciso muito ajudante.
A nós corre-nos tudo mal!
Uso comum ou direito ancestral,
Já em nada se pode confiar.
Ao último suspiro ela saía
Dantes; eu como a um rato a seguia
E zás!, tinha-a na mão para a levar.
Agora hesita, e nunca mais parte
Do vil cadáver, casa repugnante;
Os elementos, que se odeiam de morte,
Expulsam-na por fim, vergonhosamente.
Horas, dias a fio eu me consumo;
E a questão é saber *Quando?*, *Onde?* e *Como?*
A velha morte perdeu o efeito pronto,
Até o Se é duvidoso e lento;
Tanta vez me babei diante do estertor —
E era ilusão, aquilo voltava a mexer!

(*Com gestos fantásticos de esconjuro, semelhantes aos de um chefe de fila.*)

Vinde depressa, em passo acelerado,
Vós, os de chifre torto ou afilado,
Senhores de antiga têmpera infernal,
E trazei convosco a entrada do Mal.
Muita boca tem o inferno, eu sei,
E engole conforme a classe e as honrarias;
Mas neste último jogo ninguém vai
Agarrar-se muito a tais ninharias.

Abre-se, à esquerda, a terrível boca do inferno.

Escancara-se a bocarra, e do abismo
Jorra em fúria a ígnea torrente,
E no borbulhar turvo ao fundo vejo
A eterna cidade incandescente.
A vaga rubra chega à embocadura,
Traz condenados que esperam salvação;
Mas a colossal hiena os tritura
E eles o atroz calvário repetirão.
E em cada recanto há mais pormenores,
Num espaço mínimo tanta coisa horrenda!
Fazeis bem em assustar os pecadores,
Mas eles acham sempre que é só lenda.

(*Dirigindo-se aos diabos gordos, de chifres curtos e grossos.*)
Vós, pançudos de bochechas a arder,
De enxofre luzindo, infernal camarilha,
Pescoço atarracado, curto, sem mexer,
Vede se em baixo como fósforo brilha:
E a almazinha, a psique alada,
Que fica um verme depois de depenada;
Eu com o meu ferro a marco logo,
E depois segue para o turbilhão de fogo.

Atenção, odres, a vós cabe
Vigiar as partes inferiores;
Talvez ela — isso nunca se sabe —
Preferisse esses lugares.
Gosta de morar no umbigo —
Pode fugir por aí, sou eu que o digo!

(*Dirigindo-se aos diabos magros, de chifres longos e retorcidos.*)
E vós, gigantes, espectros dançarinos,
Lançai as garras para o ar sem descanso!

Soltai as unhas, esticai os braços finos,
Para ferrá-la, se alado for seu lanço.
Decerto se dá mal nas velhas casas,
E sobe logo o espírito com asas.

Auréola em cima à direita.

LEGIÕES CELESTES:

Ide, soldados,
Do céu aliados,
Em voo sereno:
Erros perdoai,
Pó reanimai;
A todo o ser
Doce prazer,
Pairando, dai
Com vosso aceno.

MEFISTÓFELES:

Horrível chinfrim, sons desafinados!
Vem lá de cima, com luz indesejada;
São esses abortos assexuados
Ao gosto da hipocrisia beata.
Sabeis que em negras horas planeámos
Aniquilar a humana geração;
Pois as piores coisas que inventámos
São as que convêm à sua devoção.

Com pezinhos de lã, este ar janota,
Assim já muitas almas nos levaram;
Com as nossas próprias armas nos dão luta,
São também diabos… que se disfarçaram.
Uma derrota aqui era uma vergonha:
Todos para a cova, e vejam quem a apanha!

CORO DOS ANJOS (*esparzindo rosas*):

Rosas, fulgurando,
Bálsamo exalando,
Que no ar pairais,
Vida nova dais,
Ramos esvoaçantes
Com botões expectantes,
Ide, ide a florir!

No rubro e no verde
É a terra a abrir!
Ao Éden acede
Quem aqui morrer.

MEFISTÓFELES (*para os demónios*):

É isso o inferno? A tremer, agachados?
Aguentem firmes, que eles já amolecem.
A postos, todos os moscardos!
Com umas florzinhas que arremessem
Acham eles que vosso ardor arrefecem;
Mas vosso bafo deixa-os todos torrados.
Bufai então, bufões! — Mas tanto não!
Ficam sem cor as flores da legião. —
Controlem-se! Tapem as ventas e a goela!
Pronto! Já foi demais a assopradela.
Não sabem mesmo o que é ser comedido!
Em vez de murchas, ficam carvão ardido,
Já vêm para cá as chamas peçonhentas.
Juntem-se todos! Tu, vê se te aguentas!
Perdem as forças, esmorece o vigor!
Assusta os diabos um estranho fulgor.

ANJOS:

Sagradas flores,

Claros fulgores,
Amor espalhais,
Delícias dais,
Para a alma aceno.
Verbo-verdade,
Céu-claridade,
Eterna plêiade
Em dia pleno!

MEFISTÓFELES:

Mas que imbecis! Oh, maldição,
Os diabos jazem todos no chão,
Às cambalhotas, de trás para a frente,
Caem de cu no inferno aberto.
Que vos aproveite o banho quente!
Eu não arredo, fico por perto. —
(*Debatendo-se com as rosas que esvoaçam.*)
Fora, fogachos! Belo clarão:
És papa mole na minha mão!
E tu, aí no ar, some-te de vez!
Pegas-te à nuca como enxofre e pez.

ANJOS (*Coro*):

O que estranho vos for
Deveis evitar,
O que a alma ferir,
Não suportar.
Se com violência insiste,
Com força se resiste.
Amor só quem ama
A nós chama!

MEFISTÓFELES:

Arde-me a testa e o peito, sinto cólica,
Esta matéria é hiperdiabólica!

Morde mais que o fogo infernal
Vossa lamúria colossal,
Vós, infelizes desprezados que amais,
E para ver a amada o pescoço torceis.

E eu? Por que olho ali para aquele lado,
Se deles sou inimigo jurado?
Nem pintados os queria antigamente,
E agora sinto em mim esta estranheza:
Gosto de os ver, são mesmo uma beleza.
Que me tolhe? Nem praga há que me tente!
E se eu me fico neste enleio,
Quem é que será então tonto?
Estes bonecos, que eu odeio,
Acho-os deliciosos, não o escondo! —

Minhas gracinhas, ora digam lá:
Vocês não são primos de Lúcifer?
Que belezas! Beijava-os já,
A ocasião não podia ser melhor.
Sinto-me em casa, e até imagino
Há mil anos ou mais conhecê-los;
É um desejo tão íntimo e felino,
A cada olhar vos acho inda mais belos!
Um olhar só, vá lá, cheguem-se aqui!

ANJOS:

Nós vamos já. Tu recuas porquê?
Já cá estamos. Fica, se puderes!

Os Anjos espalham-se e ocupam todo o espaço.

MEFISTÓFELES (*que é empurrado para o proscénio*):

Dizeis que nós somos má rês,
Mas os feiticeiros são vocês:

Seduzis homens e mulheres. —
Mas que acaso mais traiçoeiro!
É esta a matéria do amor?
Corre um fogo pelo corpo inteiro,
Nem na nuca já sinto o ardor. —
Pairais para lá, para cá; descei um pouco,
Mexei os membros como os seres deste mundo;
Esse ar sério fica bem em vocês,
Mas queria ver-vos sorrir uma vez!
Isso para mim seria encantador,
Assim como quem é presa do amor:
É só um jeito dos lábios, mais nada.
Meu grandalhão, é de ti que eu mais gosto,
Esse ar seráfico é postiço, aposto!
Põe-me um ar mais lascivo na mirada.
Podíeis andar decentes e nus,
A camisa comprida é zelo a mais —
Agora voltam-se — Que belos cus! —
São mesmo gostosos, os maganões!

CORO DOS ANJOS:

Segui a luz alva,
Vós, chamas do amor!
Todo o pecador
A verdade o salva;
Do mal, deleitados,
Se redimem todos,
Para ser, em união,
Felizes então.

MEFISTÓFELES (*caindo em si*):

Que é isto? Como um Job, todo em chagas,
O sujeito que se olha com horror,
Mas triunfa se bem se souber ver,

Se em si e em sua estirpe confiar?
As partes nobres do demo estão salvas,
É à flor da pele o feitiço de amor;
Já as malfadadas chamas não distingo,
E, como era de esperar, todas maldigo!

CORO DOS ANJOS:

Sagrado fogo!
A quem aqueces
A vida ofereces
Com os justos logo.
Cantai em coro,
Erguei a palma,
O ar está puro,
Salve-se a alma.

Elevam-se, levando consigo a parte imortal de Fausto.

MEFISTÓFELES (*olhando à sua volta*):

E agora? — Onde é que se meteram?
Os imberbes colheram-me de surpresa
Quando à volta da campa se puseram
Para me levar para o céu a minha presa.
Um tesouro único, talvez o maior,
A alma nobre que eu tinha em penhor,
Palmaram-ma com a sua esperteza!

E agora, a quem me vou queixar?
Quem repõe meu direito adquirido?
No fim da vida deixaste-te enganar,
Tudo te corre mal, e é bem merecido.
Só erros cometi na minha acção,
Tanto trabalho em vão, tudo perdido;
Prazeres vulgares, esta absurda paixão,

Tomam conta do diabo mais sabido.
E se a esta pueril brincadeira
Se entregou quem é esperto e experiente,
Não nos espantemos da tolice ingente
Em que caiu na hora derradeira.

DESFILADEIROS, FLORESTA, PENHASCOS

Região deserta.

Santos Anacoretas, distribuídos pela montanha acima, entre os precipícios.

CORO E ECO:

Florestas ondeando,
Os rochedos pesando,
Raízes agarrando,
Tronco a tronco subindo.
Uma a uma, onda espuma,
Caverna envolta em bruma,
Passa o leão calado
E manso a nosso lado,
Honra ao lugar sagrado,
A santo amor votado.

PATER ECSTATICUS (*subindo e descendo no ar*):

Gozo eterno e ardente,
Laço de amor vibrante,
Coração-dor veemente,
Deus-prazer transbordante.
Oh, setas, macerai-me!
Oh, lanças, trespassai-me!
Oh, clavas, esmagai-me!

Oh, raios, apagai-me!
Para que cesse o que é nada
E em pó se degrada,
E em eterno fulgor
Brilhe a estrela do amor.

PATER PROFUNDUS (*região profunda*):

Como os abismos a meus pés
Noutros mais fundos estão assentes,
Como os ribeiros que correr vês
Espumam nas quedas das torrentes,
Como o tronco com seu possante
Impulso sobe na atmosfera:
Assim é o amor omnipotente
Que tudo forma e tudo gera.

À minha volta oiço um fragor,
São como vagas bosque e penha,
Contudo, é só o marulhar
Manso de água que se despenha,
Chamada a fecundar o vale;
O raio que em chamas se abateu
Veio limpar o ar, afinal,
Que de vapores letais se encheu —

São mensageiros de amor, a voz
Do eterno agir da natureza.
Se o meu espírito, em seu atroz
Sofrimento, turva frieza,
Inflamado fosse, e a dor
Dos sentidos, escura prisão!
Vem, Deus, a mente apaziguar,
Iluminar-me o coração!

PATER SERAPHICUS (*região intermédia*):

Nuvem matutina vem
Pelos abetos a ondular!
Já pressinto o que contém:
Jovens almas devem ser.

CORO DOS MENINOS BEM-AVENTURADOS:

Diz-nos, Pai, onde voamos,
Diz-nos qual é nossa essência.
Felizes somos: achamos
Tão doce a nossa existência!

PATER SERAPHICUS:

À meia-noite nascidos,
Meio despertas alma e mente,
Para os pais logo perdidos,
Ganho para os celestes entes.
Sentis perto alguém que amou,
Estou certo. Vinde até mim!
Mas não sabeis por onde andou
No mundo, e é melhor assim!
Vinde em meus olhos entrar,
Órgãos mundanos, terrenos;
Deles vos podeis servir
Para ver o lugar, ao menos.
(*Recebe-os em si.*)
São árvores, é um penedo,
Torrente que se desvia
E em queda livre, sem medo,
O seu caminho abrevia.

MENINOS BEM-AVENTURADOS (*de dentro*):

É imponente, grandioso,
Mas sombrio, este lugar.
Mete-nos medo! Bondoso
Santo, deixa-nos voar!

PATER SERAPHICUS:

Subi a esfera mais alta,
E pouco a pouco crescei;
É aí que Deus mais se exalta,
É a eterna e pura lei.
É dos espíritos o pão
Que o mais claro éter governa,
Deus-Amor, revelação
Que nos leva à vida eterna.

CORO DOS MENINOS BEM-AVENTURADOS (*pairando à volta dos cumes mais elevados*):

Dai-vos as mãos
Em roda nos ares,
Entoai, irmãos,
Sagrados cantares!
Por Deus guiados,
Confiar podeis;
Vereis, extasiados,
O que adorais.

ANJOS (*voando na atmosfera mais elevada, e transportando a alma de Fausto*):

Das garras do mal elevamos
Esta alma a nobre esfera,
Pois só àquele redenção damos
Que em esforço persevera.
E se nele o supremo amor
Uma parte tiver,
Os santos com fraterno ardor
O irão receber.

OS ANJOS MAIS NOVOS:

Por penitentes espalhadas,
Aquelas folhas de rosa
Foram ajuda preciosa
Para a vitória, e consumada

Foi a obra: a alma ganhámos.
Os maus, quando as lançámos,
Recuaram; os diabos fugiram
E o espinho do amor sentiram
Em vez do fogo infernal;
E até o Satã principal
Com suas setas ferimos.
Jubilai, pois conseguimos!

OS ANJOS MAIS PERFEITOS:

Temos da terra um resto
Penoso aqui;
Nem que fosse de asbesto,
Puro não é.
Se espírito potente
Assimilou
A si os elementos,
Nunca anjo separou
O uno e íntimo par,
A dupla metade
Que só o eterno amor
Dividir pode.

OS ANJOS MAIS NOVOS:

Há nevoeiro cerrado
Lá nas alturas;
Perto, o ar agitado
Com formas puras.
Faz-se um clarão,
Vejo a legião
Dos inocentes,
Livres da dor terrena,
Roda fazendo
Juntos, contentes
Com a luz amena
Do nosso mundo.

Eles iniciarão
As fases de ascensão
Deste defunto.

OS MENINOS BEM-AVENTURADOS:

Com gáudio o recebemos
Em estado de crisálida;
E dos anjos obtemos
Uma fiança válida;
Soltai o véu que encobre
A sua essência;
Grande e belo já sobe
Em santa existência.

DOCTOR MARIANUS (*na mais pura e elevada cela*):

A vista é livre aqui,
O espírito elevado.
Vejo mulheres ali
Ao céu subindo.
No meio delas se adivinha,
De estrelas coroada,
Dos céus a rainha,
Pelo brilho revelada.
(*Extasiado.*)
Excelsa senhora do mundo,
Deixa-me no ar,
No céu tão azul e fundo,
Teu mistério olhar!
Aceita este coração
Que te estremece,
E com sacrossanta paixão
A ti se oferece.

Invencível o vigor
Quando tu ordenas;
Mas acalma-se o ardor

Quando nos serenas.
Virgem pura e imaculada,
Mãe que veneramos,
Rainha por nós amada
Que aos deuses igualamos.

Passam correntes
De nuvens leves,
São penitentes,
Almas suaves
Que a seus pés estão,
Sorvem o éter,
Pedem perdão.

A ti, a intocável,
Não está vedado
Que o mais vulnerável
Se ponha a teu lado.
Difícil nos é salvá-lo
Da própria fraqueza;
Quem resiste ao apelo
Da impureza?
É fácil escorregar
Em chão liso e traiçoeiro.
Quem não cede a um olhar,
A um sussurro fagueiro?

A Mater Gloriosa chega, flutuando no ar.

CORO DAS PENITENTES:

Sobes à origem
Da eterna esperança,
Ouve-nos, Virgem
Que nada alcança
Cheia de graça!

MAGNA PECCATRIX (S. Lucas, VII, 36):

Pelo amor que os pés divinos
De teu filho, o Homem-Deus,
Banhou em bálsamos finos,
Enfrentando os Fariseus;
Pelo vaso generoso
Cujo unguento os perfumou,
Pelo cabelo sedoso
Que os santos membros secou —

MULIER SAMARITANA (S. João, IV):

Pela fonte a que Abraão
Levava o gado a beber,
Pela concha que levou
Aos lábios o Salvador;
Pela nascente de água pura
Que agora ali dessedenta,
Em abundância perdura
E o universo alimenta —

MARIA AEGYPTIACA (*Acta Sanctorum*):

Pela campa consagrada
Que o Seu corpo recebeu,
Pelo braço que à entrada
O acesso me vedou;
Pelos anos de sofrimento
Que no deserto passei,
Pelo adeus e arrependimento
Que à areia confiei —

A TRÊS:

Tu, que às grandes pecadoras
Não recusas tua visão,
E à vida eterna alcandoras
Quem fez sua contrição,
Concede a esta alma boa,

Que pecou só uma vez
E da falta não sabia,
Teu perdão, tuas mercês!

UNA POENITENTIUM (*antes chamada Margarida, chegando-se a ela*):

Inclina, inclina,
Oh, Mãe divina,
Luz que ilumina,
Teu olhar, muda a minha sorte!
O meu amado,
Purificado,
Furta-se à morte.

MENINOS BEM-AVENTURADOS (*aproximando-se com movimentos circulares*):

Ele suplanta já
Nossa estatura,
E recompensará
Amor e cura.
Nenhum de nós chegou
A vida a amar;
Mas este, que a viveu,
Vai-nos ensinar.

A MESMA PENITENTE (*antes chamada Margarida*):

Pelo coro dos espíritos cercado,
Nem sabe o noviço onde está,
Mal pressente o seu novo estado,
Tão igual aos outros é já.
Vê como deixa já para trás
A capa de terrena vaidade,
E da etérea roupagem faz
Fonte de fresca mocidade.
Deixa-me ser seu guia agora,
Temo que a nova luz o cegue.

MATER GLORIOSA:

Vem, ascende à mais alta esfera,
Mal te pressinta, logo te segue.

DOCTOR MARIANUS (*orando prostrado*):

Contemplai, vós, penitentes,
O olhar salvador;
Renascereis, novos entes,
Para eterno prazer.
Quem em tua luz caminha,
Serve-te em humildade;
Virgem, Mãe, Deusa, Rainha,
Tem de nós piedade!

CHORUS MYSTICUS:

Tudo o que passa
É símbolo só;
O que não se alcança
Em corpo aqui está;
O indescritível
Realiza-se aqui;
O Eterno-Feminino
Atrai-nos para si.

FINIS

Glossário de nomes e lugares

(Indicam-se entre parênteses os números dos versos. Os sinais “<” e “>” significam: imediatamente antes ou depois do respectivo verso. O sinal “→” indica que o termo que o antecede também figura neste Glossário)

ACAIA – Região da antiga Grécia, na costa norte do Peloponeso, terra dos Aqueus, o principal grupo grego no cerco a Troia (*9468*)

AFIDNO – Segundo a lenda, Teseu e Pirítoo terão raptado Helena, ainda não casada, do templo de Ártemis, levando-a para o palácio de Afidno, na Ática, de onde os irmãos Castor (→) e Pólux (→) (Polideuces) a terão libertado (*8851*)

AGLAIA – Uma das três Graças, nome latino para as deusas da graciosidade na mitologia grega (Cárites). Aglaia significa “alegria” (*5299*)

ÁJAX – Com Aquiles (→), o mais forte dos Aqueus em Troia, cujo escudo é descrito por Homero como tendo sete camadas. Goethe refere-se à representação de Ájax no chamado “Vaso de Cassandra”, existente em Weimar, e no qual o escudo do herói apresenta a imagem de um dragão (*9030*)

ALCIDES – Hércules, assim chamado por ser descendente de Alceu (*7218*)

ALECTO – Uma das Fúrias (→) da mitologia grega, que desencadeia as guerras (< *5357*)

“ALTURA” – *Heinrichshöhe*, lugar nas montanhas do Harz (→) (*7681*)

ANAXÁGORAS – Um dos filósofos pré-socráticos gregos (500-428 a.C.), defensor de uma teoria “vulcanista” das origens da Terra. Segundo Anaxágoras, o Sol, uma massa metálica incandescente, terá provocado a queda de um enorme meteoro em Aigos Potamoi; o “fogo interior” da Terra terá originado a formação dos maciços rochosos à superfície. Goethe opõe no *Fausto* Anaxágoras ao “netunista” Tales de Mileto (→), para quem vão claramente as suas simpatias (*7851* ss.)

ANTEU – Gigante da mitologia grega, filho de Posídon (→) e Gaia (→), que redobrava as suas forças através do contato com a Terra, sua mãe (*7077*; *9611*)

ARCÁDIA – A paisagem bucólica e idealizada, situada por Goethe no centro da península do Peloponeso (*9512* ss.), e na qual se irá consumar o casamento de Fausto e Helena. A Arcádia associa-se às concepções antigas da Idade de Ouro e bíblicas da Terra Prometida (*9569* ss.)

ARCANJOS – Os três arcanjos, S. Rafael, S. Gabriel e S. Miguel (a que haveria ainda que acrescentar um quarto, Uriel), falam aqui com ecos óbvios do *Paraíso perdido* de Milton, que Goethe conhecia através da tradução alemã de Justus Friedrich Zachariä (*1760-63*) (*251* ss.)

ARES – O deus da guerra na mitologia grega (*7384*)

ARGONAUTAS – Os heróis gregos que acompanharam Jasão (→) na expedição da nau *Argo* à Cólquida, para recuperar o Velo de Ouro (*7339*; *7365*)

ARGOS – Península a leste do Peloponeso (*9473*)

ARIEL – Espírito dos ares em *A tempestade*, de Shakespeare (*4231* ss.; *4613*)

ARIMASPOS – Povo de cavaleiros da Cítia, com um só olho, que, segundo Heródoto (*Histórias* III, 116), terão roubado o ouro às Formigas que o exploravam, e por isso entrado em guerra com os Grifos que o guardavam (*7106* ss.)

ASMODEU – Demônio dos pares e do casamento; no livro apócrifo de Tobias (3, 8), Asmodeu mata, uns a seguir aos outros, todos os sete maridos de Sara, "antes de se deitarem com a mulher". Originalmente um espírito mau da mitologia persa, que insuflava nos seres humanos "o fogo do amor pecaminoso" (*5378*; *6961*)

ATLAS – Filho do Titã Jápeto. Pelo seu envolvimento na luta contra os deuses olímpicos, foi condenado a suportar sobre os ombros a abóbada celeste no extremo ocidental do mar conhecido, o Mediterrâneo (*6405*; *7538*)

ÁTROPOS – Uma das Parcas (→), divindades gregas que punham e dispunham sobre o destino e a vida humanos. Átropos, a mais velha, tinha por função cortar o fio da vida, fiado por Goto (→) e desenrolado por Láquesis (→). Goethe troca, na festa alegre do Carnaval da Corte, os papéis das Parcas, pondo Átropos a fiar, enquanto Goto deixa a tesoura fatal guardada no estojo (*5305* ss.)

AUERBACH, Taberna de – O local tem existência histórica. A Taberna de Auerbach em Leipzig data de 1530, época em que o Fausto histórico ainda terá vivido, e a chamada "Crônica de Erfurt" (1589) menciona a cavalgada num tonel (vv. *2329-2330*) como tendo acontecido em Leipzig. Dado tratar-se de um local frequentado por estudantes, e pelo próprio Goethe nos seus anos de estudante, os nomes das personagens têm sido interpretados, aliás sem fundamentação textual, como significando, na linguagem estudantil, "calouro" ou principiante (*Frosch*), estudante no segundo semestre (*Brander*) e veterano (*Altmayer*) (*2073* ss.)

BACANTES – Mênades (→), acompanhantes possessas do deus Dioniso (→) (*8772*)

BAUBO – Na mitologia antiga, a aia de Deméter, que procura animá-la depois da morte de sua filha Perséfone (→), contando-lhe histórias obscenas. Goethe usara já o nome, no sentido de mulher impudica, no *Carnaval romano* (vd. *Obras escolhidas*, Lisboa: Círculo de Leitores; Relógio d'Água, vol. 7, p. 462) (*3962* ss.)

BÁUCIS – Com Filêmon (→), personagem inspirada nos pares idosos e bondosos que Goethe conhecia das histórias de Ovídio (*Metamorfoses* VIII, *615-713*) e da Bíblia (I Moisés 18) (*11059* ss.)

BLOCKSBERG – O nome que o monte Brocken (→), na cadeia de montanhas do Harz (→), recebe no quadro "Noite de Walpurgis" (→) (*2113*; *4221*; *4317*; *7678*; *7810*)

BÓREAS – O vento do Norte, que tinha dois filhos alados, Zetes e Cálais (*7371*)

BROCKEN – O mais alto monte da cadeia de montanhas do Harz (→), na Alemanha Central, onde se passa a ação do sabá das bruxas apresentado no quadro "Noite de Walpurgis" (→) (*3956*; *4032*; *6970*)

BURGDORF – A aldeia de Dorf Bergen, perto de Frankfurt. As referências topográficas e geográficas nessa cena (pavilhão de caça, moinho, Burgdorf) têm por modelo, segundo a reconstituição de Ernst Beutler, a região à volta de Frankfurt, que Goethe conhecia bem dos anos de infância e juventude (*814*)

CABIROS – Ídolos misteriosos de alguns cultos secretos do fim do mundo antigo, centrados em Samotrácia (→), provavelmente de origem fenícia, e que Goethe envolve também em mistério ao fazê-los transportar, no cortejo de Nereides (→) e Tritões (→), na carapaça da mítica tartaruga Quelone (→). As suas fontes foram algumas obras altamente especulativas de autores românticos sobre a mitologia antiga (Creuzer, Schelling), que Goethe assimila de forma crítica. A sede de existência plena e a nostalgia destas divindades encontram a sua correspondência na figura de Homúnculo e espelham, no fundo, a própria essência do espírito fáustico (*8074*; *8178* ss.)

CASTOR – Com Pólux (Polideuces) (→), um dos Dioscuros (→), gêmeos e meios-irmãos de Helena, filhos, como ela, de Zeus e Leda (→) (*8501*; *8852*)

CERES – Divindade romana da fertilidade, deusa das searas e dos campos, Deméter na mitologia grega (*5128*)

CHAVE DE SALOMÃO – Vd. → Salomão (*1258*)

CICLOPE(S) – Gigantes de um só olho originários, segundo Homero, da Sicília. O mais célebre será Polifemo, a cuja caverna Ulisses e os companheiros aportam no canto IX da *Odisseia*. A lenda dos Ciclopes como presumíveis construtores de cidades do Peloponeso (Tirino, Micenas) explica a designação de construções ciclópicas para essas muralhas feitas de gigantescos blocos de pedra, que Fórcide-Mefistófeles considera rudes e sem arte, quando comparadas com as do castelo de Fausto (*8123*; *9020*)

CILA – A princípio uma bela donzela, foi transformada por Circe num monstro marinho de cujo ventre saíam cabeças de cão e que, do seu rochedo, engolia os marinheiros que passavam (*8813*)

CIMÉRIA – A "noite ciméria" remete para Homero e para o povo mítico dos Cimérios, habitantes da parte Norte da Terra, o "Oceanos" (*Odisseia* XI, 14 ss.); ou também para o povo itálico com o mesmo nome. Em qualquer dos casos, o adjetivo refere-se ao Norte e à sua escuridão. Há também uma base histórica para essa referência: a invasão, no século XIII, da península do Peloponeso por cruzados francos e normandos (*9000*)

CÍPRIS (CÍPRIA) – Nome para Vênus, derivado de Chipre, onde até à cristianização a deusa era venerada em Pafos. O nascimento de Vênus-Cípria dá-se, segundo a lenda, depois de Saturno ter cortado de seu pai o membro viril, lançando-o ao mar. Vênus terá nascido da espuma branca que andou durante algum tempo à deriva no mar, tendo sido depois arrastada até a ilha de Citera numa concha (desde então vista como símbolo do ventre feminino). Cípria-Vênus é aqui representada por Galateia (→) (*8146*; *8365*; *9677*)

CIRCE – A feiticeira da ilha de Eeia, que atraiu Ulisses e transformou os seus companheiros em porcos (*Odisseia*, canto X) (*8123*)

CITEREIA – Designação de Afrodite, derivada do culto e templo na ilha de Citera, no golfo da Lacônia. Helena (→) foi raptada por Páris (→) nesta ilha, quando sacrificava a Afrodite (*8511*)

CLITEMNESTRA – Mulher de Agamenon, filha de Tíndaro (→), rei de Esparta, e de Leda (→) (*8501*)

CLOTO – Uma das Parcas (→), divindades gregas que punham e dispunham sobre o destino e a vida humanos. Cloto, a mais nova, tinha por função fiar o fio da vida, que era desenrolado por Láquesis (→) e cortado por Átropos (→) (*5317* ss.)

COLINA DAS ROSAS – Lugar do palácio do rei dos Elfos, Oberon (→), no poema de Christoph Martin Wieland *Oberon*, traduzido para o português por Filinto Elísio e, parcialmente, pela Marquesa de Alorna (*4394*)

CORÉTIDES – Originalmente, dançarinas isoladas; aqui, cada uma das mulheres do Coro (*8811* ss.)

DÁCTILOS – "Pequenos polegares" (literalmente "dedos"), figuras da mitologia grega célebres pela sua habilidade no trabalho dos metais (*7622* ss.; *7875*; *7898*)

DEÍFOBO – Filho do rei de Troia, Príamo. Depois da morte de Páris (→), seu irmão, casa com Helena (→). Consumada a queda de Troia, Menelau manda-o mutilar e executar (*9054*; *9430*)

DELOS – A ilha grega que, segundo a lenda, surgiu como resultado de um sismo provocado por Posídon (→), para dar abrigo a Leto, perseguida pelos ciúmes de Hera. Em Delos pôde Leto dar à luz Artemísia e Apolo, filhos de Zeus (*7533*)

DIANA – Um dos três nomes da deusa da Lua, que na mitologia grega tinha três cabeças, correspondentes às suas três fases visíveis (crescente, minguante e cheia). A Lua recebe os nomes de Luna (grego: Selene) no céu, Diana (grego: Artemis) na Terra e Hécate (→) (ou Prosérpina) no mundo dos mortos (*7905*)

DIONISO – Deus grego do vinho e do excesso (*10031*)

DIOSCUROS – Castor e Pólux (Polideuces), gêmeos e meios-irmãos de Helena, filhos de Zeus (→) e Leda (→) (*7369*; *7415*; *10600*)

DÓRIDES – Divindades marinhas como as Nereides (→), mas aqui designadas segundo o nome da mãe, a ninfa Dóris (*8137*; *8385*; *8391* ss.)

DRÍADE – Ninfa das árvores na mitologia grega (de δρῦς = carvalho) (*7959* ss.)

ELEND – Aldeia a meia encosta do monte Brocken (→) na cadeia de montanhas do Harz (→), lugar da ação da "Noite de Walpurgis" (→) (< *3835*)

ELÊUSIS – Cidade grega antiga na costa da Ática, célebre pelos seus mistérios, ritos do culto de Deméter (*7419*)

ÉLIS – Região da Grécia arcaica, na costa ocidental do Peloponeso, atribuída aos Francos na partilha simbólica da Hélade entre os povos germânicos, feita por Fausto (*9470*)

EMPUSA – Na mitologia grega, espectro noturno aparentado com as Lâmias (→), e apenas com um pé, ou com dois, um dos quais é de ferro ou um pé de burro (*7732* ss.)

ENDIMIÃO – O caçador do monte Latmo, que aí jaz em sono eterno e é visitado noite após noite pela deusa lunar Selene (*6509*)

ÉREBO – As trevas primitivas, nascidas do Caos no começo dos tempos, nisto aparentado a Mefistófeles (→), tal como ele próprio se define na Primeira Parte (v. *1349* ss., *1384*). É o mais profundo e sinistro dos espaços no mundo dos mortos. Gerou com a Noite, sua irmã, a velhice, a morte, a discórdia e a miséria (*8812*)

ERICTO – Uma das bruxas da Tessália (→), apresentada por Luciano (*De bello civili* VI, *507* ss.) e por Dante (*Divina comédia*, Inferno, Canto IX, 22 ss.) como ser tenebroso e medonho, vampiro habitante de túmulos (*7005* ss.)

ESCULÁPIO – O deus dos médicos e da medicina, educado pelo

centauro Quíron (→), e aqui apresentado como pai da profetisa Manto (→) (*7450*; *7487*)

ESTINFÁLIDES – Pássaros monstruosos que viviam no lago Estinfalo, na Arcádia. Tinham asas, bicos e garras de ferro e podiam disparar penas como setas. Foram destruídos por Hércules (Alcides →) (*7220*)

EUFÓRION – Na cena da Arcádia e do casamento de Fausto e Helena (vv. *9574* ss.), Eufórion (= o do pé leve e fértil) é o fruto dessa união simbólica. Na história dos heróis gregos, ele é o filho *post-mortem* de Aquiles e Helena, nascido em Feras (→), uma das entradas do mundo dos mortos. Os seus atributos, em particular a lira, fazem dele um pequeno Apolo e uma alegoria do espírito clássico da poesia (réplica do Rapaz-Guia da cena do Carnaval da Corte, filho de Pluto (→) e também ele uma alegoria da Poesia: cf. vv. *5520* ss.) e romântico da liberdade, integrado na "fantasmagoria clássico-romântica" que é todo o ato de Helena na Segunda Parte. Daí a associação explícita, feita por Goethe nas *Conversações* com Eckermann (5 de julho de 1827), desta figura com o poeta Byron, "representante da mais moderna época poética", e morto em 1824 em Missolunghi, na guerra de libertação da Grécia contra os Turcos (*9695* ss.)

EUFRÓSINE – Uma das três Graças (→), nome latino para as deusas da graciosidade e da felicidade na mitologia grega (Cárites). Eufrósine significa "felicidade, jovialidade" (*5303*)

EURO – O vento do Leste, um dos quatro ventos principais em Homero (*8493*)

EUROTAS – O principal rio da região da Lacônia, junto do qual foi construída Esparta (*8539* ss.; *8997*; *9092*; *9518*)

FARSÁLIA – Planície da Tessália (→) delimitada pelo mar Egeu, onde, em 9 de agosto de 48 a.C., César venceu Pompeu, pondo assim definitivamente fim à República romana. O cenário dessa batalha será, na Segunda Parte, também o da "Noite de Walpurgis" clássica (*6955*; < *7005*)

FERAS – Cidade da Tessália (→), que Goethe deliberadamente transforma em ilha onde se terá dado o encontro, *post-mortem*, entre Aquiles e Helena, de onde nasceu Eufórion (→). Goethe conhecia a tradição segundo a qual esse encontro se teria dado na ilha de Leuce, no Danúbio, mas preferiu remeter o acontecimento para Feras, que, na tradição antiga, era uma das entradas do Hades (→) (*7435*)

FILÊMON – Com Báucis (→), personagem inspirada nos pares idosos e bondosos que Goethe conhecia das histórias de Ovídio (*Metamorfoses* VIII, *615-713*) e da Bíblia (I Moisés 18) (*11068* ss.)

FÍLIRA – A mãe de Quíron (→), o Centauro, gerado por Saturno disfarçado de garanhão (*7329*)

FÓRCIDES – Também chamadas Greias (→), três mulheres velhíssimas, que personificam a idade e a fealdade. O nome vem-lhes do pai, Fórcis, o velho do mar. Dispunham de um único dente e de um único olho, que usavam em alternância, e viviam num lugar aonde não chegava a luz do Sol nem da Lua (*7967*; *7982* ss.)

FÓRCIDE – Nome atribuído a Mefistófeles no Terceiro Acto da Segunda Parte, aproximando-o assim das três Fórcides (→) e do velho do mar Fórcis (→), seu pai (*8696* > ss.; *8754* ss.)

FÓRCIS – Na mitologia grega, um velho do mar, pai das três Fórcides (→) (*8728*)

FRÍGIA – A região de Troia, na Ásia Menor (*8491*)

FRÍGIO – Troiano, da Frígia. No início do Terceiro Acto, a designação refere-se a Páris (→) (*8512*)

FÚRIAS – Nome latino das Erínias, deusas da vingança e do castigo. Originalmente jovens e belas (tradição que Goethe aqui aproveita), transformam-se mais tarde em figuras terríficas de mulher, com serpentes nos cabelos, olhos gotejantes e baba na boca. Apolodoro deu nome às três Fúrias: Alecto (→), Tisífone (→) e Megera (→) (*5349*; < *5357*)

GALATEIA – Uma das Nereides (→), que aqui representa Afrodite, deusa da beleza e do amor. Associada a Cípria (Cípris →) e à ilha de Chipre, onde tinha um santuário na cidade de Pafos (*8145*; *8386*; *8424* ss.; *8450*; *8466*)

GATO – Nos versos em questão, referência à fábula de Esopo (e depois de La Fontaine) em que um macaco se serve da pata de um gato para tirar do lume as castanhas quentes, ou convence o gato a fazê-lo por ele (*6253-6254*)

GEIA – Deusa da terra na mitologia grega (*7391*)

GIBELINOS – Um dos grupos políticos que, no século XIII, na Itália, tomaram o partido do Imperador alemão contra os Guelfos (→), que, sobretudo nas cidades do Norte de Itália, defendiam o poder papal contra os imperadores teutônicos. Goethe usa os termos em sentido genérico, como faz ainda em 1827, ao comentar as disputas entre clássicos e românticos, no escrito *Guelfos e Gibelinos modernos* (*4845*; *10772*)

GNOMOS – Ou Pigmeus: espíritos elementares da Terra, segundo o *Liber de Nymphis, Sylphis, Pygmaeis et Salamandris*, de Paracelso (*1273-76*) (tradução portuguesa: *Livro das Ninfas, Silfos, Pigmeus e Salamandras e de outros espíritos*. Lisboa: Apáginastantas, 1986) (*1276*)

GRAÇAS – Nome latino das Cárites, deusas da graciosidade e da felicidade na mitologia grega. As três Graças e os seus nomes – Aglaia (→), Eufrósine (→) e Talia, que Goethe substitui por Hegêmone (→) – remontam a Hesíodo (< *5299*)

GREIAS – O nome mais corrente para Fórcides (→) (*8735*)

GUELFOS – Vd. Gibelinos (→) (*4845*; *10772*)

HADES – O mundo dos mortos em Homero (*9121*; *9966*; *9971*; *9988*)

HARPIAS – Seres fabulosos, com corpo de pássaro e tronco e rosto de mulher, associadas à tempestade que arrastava os humanos. As iguarias que roubaram do rei Fineu, mas já não conseguiram comer, conspurcavam-lhes os corpos (*8819*)

HARZ – Cadeia montanhosa da Alemanha Central, cujo monte mais alto, o Brocken (→), serve de cenário ao sabá das bruxas na "Noite de Walpurgis" (→), com o nome de Blocksberg (→) (< *3835*; *5865*; *7743*; *7953*)

HEBE – Deusa da juventude e copeira dos deuses. Foi dada em casamento a Hércules (→) quando ele, já um deus, subiu ao Olimpo (*7392*)

HÉCATE – Um dos três nomes da Lua, associado neste caso ao mundo dos mortos. Vd. Diana (→) (*7905*)

HEFESTO – Deus do fogo e das artes do ferro, ferreiro dos deuses (*9672*)

HEGÊMONE – A figura é aqui associada por Goethe às Graças (→), embora a terceira das Graças tenha, desde Hesíodo, o nome de Talia. A substituição pelo nome de Hegêmone (= aquela que guia), uma das Cárites veneradas em Atenas, explica-se para evitar a confusão com a musa do teatro, Talia (*5301*)

HELENA – Filha de Zeus e Leda (→), irmã dos Dioscuros Castor e Pólux (→), e meia-irmã de Clitemnestra. Raptada por Páris (→), dá origem à Guerra de Troia. Goethe transforma-a em símbolo de todo o mundo antigo, que no Terceiro Acto da Segunda Parte se une ao mundo germânico e moderno de Fausto, através do casamento simbólico na Arcádia (→), do qual nasce Eufórion (→), o espírito da Poesia e da Liberdade (*2604*; *6184*; *6197*; *6479* ss.; *6568*; *7196*; *7405*; *7484-85*; *8488* ss; *10050*)

HÉLIO – O deus Sol (Febo Apolo) (*8285*; *10022*)

HENNINGS – O escritor e diplomata dinamarquês August von Hennings, que atacou no seu periódico *Der Genius der Zeit* ("O gênio do tempo") as revistas literárias de Goethe e Schiller, considerando que ofendiam os valores cristãos (*4307*)

HENRIQUE – Nome que Margarida dá a Fausto na Primeira Parte. Na lenda de Fausto, o nome Henrique surge já ligado à figura através da possível contaminação com o mago Heinrich Cornelius Agrippa von Nettesheim (1486-1535), de quem se dizia também que teve trato com o diabo. No início de *The Tragical History of Doctor Faustus* (1604), Marlowe põe na boca de Fausto as palavras: "Quero agora ser o que foi Agrippa, / Cujo nome toda a Europa venera" (*3414*; *3500*; *4542*; *4610*; *4612*)

"HENRIQUE" – Heinrichshöhe, lugar nas montanhas do Harz (→) (*7681*)

HÉRCULES – Herói e semideus da mitologia grega que matou muitos monstros que ameaçavam os humanos, e executou uma série de "trabalhos" ou missões (mas não eliminou, como se sugere no v. 7198, as Esfinges) (*7198*; *7381*; *8849*)

HERMES – Mercúrio na mitologia latina, o mensageiro dos deuses, e deus do comércio e dos ladrões (*7384*; *9116*)

HERMÍONE – Filha de Helena (→) e Menelau (*8859*)

HIDRA DE LERNA – Serpente monstruosa com nove cabeças que vivia nos pântanos de Lerna, a sul de Argos, devastando a região. Hércules (→) abate a Hidra, cortando-lhe as cabeças, queimando as que voltavam a nascer e enterrando a do meio, que era imortal (*7227*)

HIPOCAMPOS – Cavalos-marinhos da mitologia grega, com cascos nas patas da frente e rabos de golfinho (< *8275*)

ÍBICO – Segundo a lenda antiga, Íbico, o cantor, foi assassinado, mas a sua morte foi vingada pelos grous que a ela assistiram. Schiller escreveu uma conhecida balada sobre o tema (*Os grous de Íbico*) e Goethe estabelece neste episódio, no qual os Grous saem em defesa das Garças atacadas pelos Pigmeus (→), analogias com a história sua contemporânea, nomeadamente com as guerras da coligação monárquica contra a França revolucionária (< *7660*)

ÍCARO – O filho de Dédalo, que, obcecado pela ideia de voar, e ignorando os avisos do pai, se aproxima demasiado do Sol, precipitando-se mortalmente no mar quando a cera que sustentava as asas se derrete (cf. Ovídio, *Metamorfoses*, VIII). O paralelo com Eufórion (→) é evidente (*9901*)

ÍLION (também ÍLIO) – Nome grego para Troia (*8119*; *8630*; *8700* ss.; *8789*; *8868*; *8873*; *8988*; *9015*; *9085*; *9391*)

ILSE, Dona – Referência a um dos picos mais altos das montanhas do Harz (o Ilsenstein →) (*7680*)

ILSENSTEIN – O rochedo mais alto do monte Brocken (→) (*3968*)

INCUBUS – Originalmente um espírito elementar que provoca pesadelos. Aqui representa o equivalente ao espírito elementar da Terra, o Gnomo (→) do v. *1276* (*1290*)

JARRETEIRA – A ordem inglesa (*Order of the Garter*). O termo alemão, *Knieband*, faz um jogo ambíguo com o sentido corrente da palavra: "liga" para segurar as meias (*4064*)

JASÃO – O chefe da expedição dos Argonautas (→), de grande beleza e força, por quem Medeia se apaixona, ajudando-o a recuperar o Velo de Ouro, para trazê-lo de volta à Grécia (*7374*)

JUNO – Antiga divindade itálica da feminilidade, depois esposa de Júpiter e deusa máxima do panteão romano. Quase sempre representada em pose digna e patriarcal. Goethe tinha nos seus aposentos em Roma, durante a primeira viagem à Itália, uma cópia em gesso de uma monumental cabeça de Juno, hoje em Weimar (*7999*; *10050*)

LACEDEMÓNIA – Nome antigo de Esparta (*8548*)

LÂMIAS – Os vampiros da superstição grega primitiva. Demônios femininos que seduziam os homens jovens para lhes beber o sangue (*7235*; *7696* ss.)

LÁQUESIS – Uma das Parcas (→), divindades gregas que punham e dispunham sobre o destino e a vida humanos. Cloto (→), a mais nova, tinha por função fiar o fio da vida, que era desenrolado por Láquesis e cortado por Átropos (→) (*5333* ss.)

LEDA – Rainha de Esparta, mulher de Tíndaro (→), seduzida por Zeus (→) em forma de cisne; dessa união nasceria Helena (→) (*10050*)

LÉMURES – Nome romano antigo para os espíritos dos mortos que enchem a noite e assustam os vivos, que procuravam apaziguá-los nas Lemúrias, rituais celebrados em 9, 11 e 13 de maio. Goethe descreve em 1812, no ensaio "O túmulo da dançarina", essas figuras, tal como aparecem representadas num túmulo perto de Cumas (*11512* ss.)

LETES – O rio do mundo dos mortos na mitologia grega, do qual as almas bebiam para esquecer a sua existência terrena. Na *Divina comédia* de Dante (Inferno, Canto XIV) é o rio da purificação (*4629*; *6721*)

LILITH – Segundo a lenda talmúdica, a primeira mulher de Adão, que dele se separa para ter trato com o diabo. A lenda explora a contradição entre a criação dos sexos (I Moisés 1, 27) e o nascimento de Eva como companheira de Adão (I Moisés 2, 18 e 2, 21). Neste contexto ela aparece como demônio feminino (*succuba*) e concubina do arquidemônio Samael, designada em Isaías (34, 14) por "filha da noite", "espectro noturno" (*4119*)

LINCEU – O timoneiro dos Argonautas (→), detentor de uma visão excepcionalmente apurada (o nome significa em grego "olho de lince"). No Terceiro e no Quinto Actos da Segunda Parte ele tem por isso funções de atalaia (*7377*; *9218* ss.; *11143* ss.)

MÃES – Segundo a explicação dada pelo próprio Goethe a Eckermann (*Conversações*, 10 de janeiro de 1830), as Mães seriam deusas arcaicas gregas, referidas por Plutarco nas *Vidas paralelas*, onde Goethe as vai encontrar; "o resto", diz Goethe a Eckermann, "é invenção minha". A ideia do reino das Mães como reino dos arquétipos ou ideias puras pode também ter origem platônica: é assim que ele é referido num outro escrito de Plutarco ("Sobre a decadência dos oráculos)," onde se lê, com referência a Platão: "Ele imaginou [...] a existência de 183 mundos, organizados em forma triangular, de tal modo que cada lado contém 60 mundos, encontrando-se os restantes três em cada um dos vértices. Tocam-se e giram silenciosamente em círculo. A superfície interior do triângulo, porém, é o lugar de todos eles, e tem o nome de campo da verdade. Nele se encontram, imóveis, os planos, as formas e os arquétipos (ou paradigmas) de todas as coisas que aconteceram e acontecerão; e da eternidade que os envolve flui o tempo para todos os mundos. Uma vez em cada mil anos é concedida às almas humanas que tenham vivido devotamente a possibilidade de olhar para esse mundo; e os nossos melhores mistérios são apenas um sonho desse olhar e dessa iniciação". (*6216* ss.)

MAIA – Ninfa arcádica, mãe de Hermes (→), seduzida por Zeus (*9644*)

MAMON – Deus da riqueza e do ouro, já em Mateus (6, 24). A descrição do seu palácio, feita na cena "Noite de Walpurgis", aparece já em Milton (*Paraíso perdido* I, 670-717) (*1599*; *3915*; *3932*)

MANDRÁGORA – Planta mítica, cuja raiz, nascida do sêmen de um enforcado inocente, teria forma humana e daria ao seu possuidor saúde, riqueza, fertilidade e poder sobre o tempo. A sua obtenção traz perigo de vida, porque ao ser arrancada ela grita tão horrivelmente que mata quem a ouvir (*4979*; *7972*)

MANTO – Profetisa e sacerdotisa de Apolo, considerada filha de Tirésias (→), o vidente cego. Em Goethe ela é uma das Sibilas, dada como filha de Esculápio (→) e por isso reconhecida curandeira (*7449*; *7471* ss.)

MARSOS – Povos muito antigos, de origem africana e itálica (Plínio, na *História natural*, situa-os em Chipre), detentores de poderes mágicos, grandes curandeiros e, como os Psilos (→), adoradores de serpentes (*8359*)

MEDUSA – Uma das terríveis Górgonas da mitologia grega, cujo olhar petrificava quem a contemplasse. Perseu (→) consegue matá-la, desviando o olhar e cortando-lhe a cabeça. (*4194*)

MEFISTÓFELES – O nome, que aparece já na forma *Mephostophiles* na Crônica de 1587, é de origem incerta, mas as explicações mais frequentes apontam para a junção das palavras hebraicas *mephir* (destruidor) e *tophel* (mentiroso) (*271* ss. e *passim*)

MEGERA – Uma das Fúrias (→) (> *5369*)

MÊNADES – Bacantes (→), acompanhantes possessas do deus Dioniso (*8772*)

MENTOR – O amigo de Ulisses (→) na *Odisseia*, a quem este encarrega de gerir a casa durante a sua ausência. Palas Atena acompanha e aconselha, disfarçada de Mentor, Telêmaco, o filho de Ulisses, mas sem que isso sirva ao jovem para aprender e alcançar a glória do pai (*7342*)

MESSÊNIA – Região da Grécia arcaica, perto de Esparta, atribuída aos Saxões na partilha simbólica da Hélade entre os povos germânicos, feita por Fausto (*9471*)

MIEDING – Carpinteiro e contrarregra do teatro de Weimar no tempo de Goethe (*4224*)

MIRMIDÕES – Tribo de povos da Tessália (→), que, segundo a lenda, terá nascido das formigas (*myrmex* = formiga). Aqui designa todos os pequenos seres que vivem e trabalham nas fendas dos montes (*7873*)

"MISÉRIA" – *Elend* (→), uma das aldeias nas encostas do Brocken (→), o monte da orgia da "Noite de Walpurgis" (→) (< *3835*; *7682*)

MISTAGOGO – Sacerdote grego que iniciava os neófitos no culto dos mistérios (*6249*)

MOLOCH – No Antigo Testamento, um ídolo dos Amonitas. Reaparece como espírito guerreiro das montanhas no *Paraíso perdido* de Milton (I, 392), e como um dos príncipes do Inferno no *Messias* de Klopstock (II, 360 ss.) (*10109*)

MUSÁGETA – O guia das musas. O escritor dinamarquês A. Hennings (→) publicou em *1798-99* uma coletânea poética com o título *Der Musaget, Begleiter des Genius der Zeit* ("O Muságeta, companheiro do gênio do tempo") (*4311*)

NABOTH – Fausto é comparado ao rei Acab do Primeiro Livro dos Reis (Cap. 21), que cobiçava a vinha do seu vizinho Naboth, que no entanto não quis vendê-la nem trocar. A mulher de Acab manda então matar Naboth sob o pretexto de blasfêmia e ofensa ao rei. Assim Acab acabou por ficar com a vinha, por meio de um crime que não mandou executar, mas que provocou (*11287*)

NEREIDES – Divindades marinhas, filhas de Nereu (→), deus benigno dos mares. Zeus e Posídon (→) cortejaram uma das mais belas Nereides, Tétis (→). Mas, como o oráculo tinha vaticinado que o filho de Tétis seria mais forte que o pai, os deuses recuaram e deram Tétis a um mortal, Peleu (→), príncipe dos Aqueus. Desse casamento nasceu Aquiles (*6022*; *8044* ss.: *8168* ss.; *8383*)

NEREU – Deus dos mares que protege e aconselha os mortais, contrariamente a Posídon (→). Pai das Nereides (→) (*8082* ss.; *8402* ss.)

NESTOR – Rei da cidade portuária de Pilos, na região de Messênia (→). E o mais velho e mais sábio dos heróis gregos em Troia (*9455*)

NÓRCIA – Cidade italiana nos montes dos Sabinos, uma região conhecida pela sua tradição de necromancia. A figura do "nigromante de Nórcia" é, no entanto, inventada por Goethe, eventualmente derivada de uma passagem da sua tradução da biografia de Benvenuto Cellini, onde se refere o Mestre Cecco Stabili de Ascoli, que, "por ser autor de escritos de nigromancia, foi queimado em Florença em 1327" (*10439*)

NOSTRADAMUS – Embora se trate de uma personagem histórica, o médico e astrólogo francês (Michel de Notre-dame, 1503-1566), autor das célebres Profecias, proibidas pelo Papa em 1781, o nome é aqui usado em sentido genérico de mago pansófico. Na verdade, o Fausto histórico, desaparecido por volta de 1540-41, não poderia ter conhecido o livro de Nostradamus, cujas edições datam de 1555 e 1568 (*420*)

OBERON – Rei dos Elfos, espíritos da Natureza. Retirado de *Sonho de uma noite de verão*, de Shakespeare, tal como Titânia (→) e Puck (→) (*4231* ss.)

ONDINA(S) – Espíritos elementares das águas (*1274*; *10712*)

OPS – Nome latino da deusa grega Reia (→), mulher de Saturno (Cronos) e mãe de Júpiter (Zeus) e outros deuses olímpicos. Surgem aqui como representantes de uma geração antiquíssima de deuses (*7989*)

ORCO – Designação latina para o Hades (→), o mundo dos mortos na mitologia homérica (*8762*; *8815*; *8836*; *9947*)

ORÉADE – Ninfa dos montes na mitologia grega (*7811* ss.)

ORFEU – O cantor mítico da lenda grega, que desperta as coisas do mundo com a sua lira. Desce ao mundo dos mortos para recuperar Eurídice, mas fracassa. Morre despedaçado pelas Mênades (→) (*4341*; *7375*; *7493*)

ORÍON – Caçador gigante da lenda grega, que Zeus desterrou para o firmamento sob a forma de constelação. As suas origens explicam a relação sugerida pelo Coro entre a sua ama e Fórcide-Mefistófeles: Hirieu, que não tinha filhos, pediu aos deuses um; alguns deles urinaram para dentro do couro de um boi que lhes tinha sido sacrificado, mandaram-no enterrar durante dez meses, e quando o desenterraram Hirieu encontrou Oríon lá dentro. Fórcide-Mefistófeles é vista pelo Coro como trisavó deste boi mítico (*8818*)

OSSA – Com Pélion (→), monte da Tessália (→), que os Titãs da mitologia arcaica terão colocado um em cima do outro, para assaltar o Olimpo. Goethe usa essa tradição para fazer ironia sobre as teorias "vulcanistas" das origens violentas das formações montanhosas (*7561*)

PÃ – Na mitologia grega, o deus dos pastores, das pastagens e da floresta. Os gregos imaginavam-no em forma de bode, e davam-lhe o atributo de "Grande". Mais tarde foi visto como deus do universo, porque se associou o seu nome à palavra grega *pan* (tudo) (*5804*; *5806*; *5872* ss.: *6068*; *9538*; *10002*)

PAFOS – A cidade cipriota onde se celebrava o culto de Cípria (→)

/ Galateia (→) (= Afrodite) (*8147*; *8343*)

PALAS – Palas Atena, deusa da sabedoria, nascida da cabeça de Zeus (*7342*; *7999*; *8498*)

PANTALIS – É o nome da acompanhante de Helena na descrição, por Pausânias, do quadro de Polignoto em Delfos. Aqui, assume o papel de corifeia (< *8488* ss.; *8638* ss.; *9962* ss.)

PARCAS – O nome latino das Moiras, divindades gregas que punham e dispunham da vida e do destino humanos. Homero inicia o processo de personificação da Moira, mas é apenas com Hesíodo que se diversifica essa força a que o próprio Zeus estava submetido. Aí, ela divide-se em três deusas distintas e com funções próprias: Cloto (→), Láquesis (→) e Átropos (→) (< *5305*; *7990*; *8957*)

PÁRIS – Príncipe troiano, filho de Príamo e Hécuba, responsável pelo rapto de Helena (→) e, com isso, pela Guerra de Troia (*6184*; *6452* ss.; *8110*; *9046*; *9056*)

PARNASO – As montanhas gregas que, na mitologia antiga, se apresentam com dois picos, um dedicado a Apolo e às Musas, o outro a Dioniso (→) (*4318*; *7564*)

PÁTROCLO – Herói grego da Guerra de Troia, o maior amigo de Aquiles na *Ilíada* (*8855*)

"PEDRA" – O *Ilsenstein* (→), à letra "Pedra da Ilse", rochedo nas montanhas do Harz (→) (*7680*)

PELEU – Marido de Tétis (→), uma das Nereides (→), e pai de Aquiles (*6025*; *8855*)

PÉLION – Vd. → Ossa (*7561*)

PÉLOPS – Neto de Zeus e senhor da península do Peloponeso (*9825*)

PENEU – O principal rio da região da Tessália (→), que atravessa o vale de Tempe, entre os montes Olimpo e Ossa (→), e deságua no mar Egeu (*6952*; *7249* ss.; *7466*; *7495* ss.)

PERSÉFONE – Prosérpina na mitologia latina. Na mitologia grega, filha de Zeus e Deméter/Ceres (→), raptada por Plutão (→), deus do mundo dos mortos, que a transforma em rainha desse mundo (*7490*; *9944*; *9973*)

PERSEU – O herói que consegue cortar a cabeça de Medusa (→), uma das três Górgonas (*4208*)

PIGMEUS – Vd. Gnomos (→) (*7606* ss.)

PILOS – Cidade portuária na região da Messênia (→), governada por Nestor (→) (*9454*)

PINDO – Cadeia de montanhas que separa as regiões da Tessália (→) e do Epiro (*7814*; *8121*)

PLUTÃO – Na mitologia grega, o deus do mundo dos mortos, que posteriormente foi identificado com a zona de fogo líquido do interior da Terra (*7865*)

PLUTO – Deus da riqueza (*5569*; *5577*; *5611* >; *5622* ss.; *5990*)

POLICHINELOS – Figuras cômicas da *commedia dell'arte*, que Goethe já descreve no *Carnaval romano* e na seção sobre Nápoles da *Viagem a Itália* (19 de março de 1787) (Vd. *Obras escolhidas,* Círculo de Leitores; Relógio d'Água, vol. VII, p. 264, 434, 448) (< *5215*)

PÓLUX – Também chamado Polideuces. Um dos Dioscuros (→), irmão gêmeo de Castor (→) e meio--irmão de Helena (→), filho de Zeus e Leda (→) (*8501*; *8852*)

POMPEU – Representante da República romana, derrotado por César na batalha de Farsália (→) em 48 a. C. (*7022*; *7816*)

POSÍDON – Deus do mar e das águas na mitologia grega (Netuno) (*8493*)

PRATER – O parque de diversões de Viena (*4211*)

PROCTOFANTASMISTA – Do grego antigo *proktophantasma* (Aristófanes), literalmente "fantasma do ânus". A ironia aplica-se ao escritor e editor racionalista de Berlim Friedrich Nicolai, que em 1775 tinha escrito uma paródia do *Werther* (*As alegrias do jovem Werther*) (*4144* ss.)

PROTEU – Velho dos mares, profeta que muda constantemente de forma para se furtar às profecias que lhe pedem que faça (*8152*; *8155*; *8225* ss.)

PSILOS – Vd. Marsos (→) (*8359* ss.)

PUCK – Duende, espírito da Terra. Personagem retirada de *Sonho de uma noite de verão*, de Shakespeare (*4231* ss.)

QUELONE – Tartaruga-gigante e mítica, em cuja carapaça viajam aqui as divindades primitivas dos Cabiros (→). Originalmente Quelone era uma ninfa que Hermes transformou em tartaruga (*8170*)

QUINCE, Peter – Personagem de *Sonho de uma noite de verão*, de Shakespeare, onde dirige o grupo de atores artesãos (*10321*)

QUÍRON – Um dos centauros da mitologia grega, meio cavalo, meio homem, filho de Fílira (→) e preceptor dos Dioscuros (→) Castor e Pólux, entre outros heróis gregos (*7199*; *7212*; *7330* ss.)

RAPAZ-GUIA – Alegoria da poesia, equivalente a Eufórion (→). No manuscrito de 1827, a personagem é ainda designada por Eufórion (vd. *Conversações* com Eckermann, 20 de dezembro de 1829) (*5521* ss.)

REIA – Vd. Ops (→) (*7989*; *8969*)

RIPPACH – Aldeia perto de Leipzig (*2189*)

"RONCADORES" – *Schnarcherklippen* (= Escarpas dos Roncadores), rochedos nas proximidades de Ilsenstein (→), nas montanhas do Harz (→) (*7682*)

SALAMANDRA – Espírito do fogo. Vd. Gnomos (→) (*1273*)

SALOMÃO, Chave de – A *Clavicula Salomonis*, um dos livros de magia mais conhecidos entre os séculos

XVI e XVIII, e que já figurava no Index em 1554. O esconjuro dos quatro elementos, embora sendo invenção de Goethe, tem alguma correspondência com a *Clavicula*, cuja inspiração é gnóstico-cabalística: Salomão terá recebido de Deus, por intermédio do arcanjo Rafael, um anel mágico com o selo que lhe permitia conjurar os espíritos. Esse selo é a estrela de David, que, segundo as especulações da filosofia hermética e da magia, contém, nos dois triângulos que a compõem, os símbolos dos quatro elementos (*1258*)

SAMOTRÁCIA – Ilha do mar Egeu, onde se celebravam os mistérios dos Cabiros (→), que, com os de Elêusis (→), eram os mais importantes ritos secretos da civilização grega tardia (*8071*)

SARDANAPAL(O) – O nome grego do rei assírio Assurbanípal (668-626 a. C.), visto historicamente como protótipo do monarca decadente e vicioso. Byron ocupa-se desta figura na sua tragédia *Sardanapalus* (de 1821) e envia a Goethe um exemplar com dedicatória (*10176*)

SATANÁS – O nome, que em hebraico significa "antagonista", "inimigo", é tido por antiquado e não convém ao Mefistófeles moderno (*2505*)

SCHIERKE – Uma das aldeias da encosta do Brocken (→). Vd. Elend (→) (< *3835*)

SENHOR JOÃO – A alusão é à figura, muito popular em Leipzig, do Hans Arsch ("João Cagado"), ao qual o estudante Frosch associa Mefistófeles (*2190*)

SILENO – O Fauno companheiro e educador de Dioniso (→), sempre ébrio e montado num burro (*10033*)

SILFO – Espírito do ar. Vd. Gnomos (→) (*1275*)

SISMO – O deus que, na mitologia grega, provocava os terremotos, era Posídon (→). Goethe personifica em Sismo o espírito demoníaco dos tremores de terra, inspirado provavelmente pelo quadro de Rafael *A libertação de S. Paulo da prisão*, de que se ocupa em abril-maio de 1829 (*7519* ss.; *8361*)

TAÍGETO – A mais alta montanha do Peloponeso (*8996*)

TALES – Filósofo pré-socrático grego, oriundo de Mileto, na Ásia Menor (624-543 a. C.). Defensor de uma teoria explicativa das origens da Terra de teor "netunista": a Terra seria um disco flutuando sobre as águas originais, das quais tudo terá nascido. Opõe-se, na disputa encenada por Goethe na "Noite de Walpurgis" clássica, a Anaxágoras (→), o "vulcanista" (*7851* ss.)

TEBAS – A cidade grega da Esfinge e de Édipo. O texto refere *Os sete contra Tebas*, alusão à lenda segundo a qual sete heróis gregos cercaram, sem êxito, a cidade de Tebas (o título é também o de uma peça de Ésquilo) (*9032*)

TEGEL – O castelo do filólogo Wilhelm von Humboldt, perto de

Berlim. Em 1797 corria na cidade o boato de que haveria fantasmas nesse castelo. O racionalista Friedrich Nicolai comenta, numa comunicação à Academia das Ciências de Berlim, esse fenômeno de forma satírica, afirmando que ele próprio tivera visões de fantasmas em 1791, e que o médico o curara aplicando-lhe sanguessugas no traseiro (cf. v. *4174*) (*4161*)

TELQUINES DE RODES – Na mitologia grega, os habitantes primitivos da ilha de Rodes, conhecidos pela sua perícia como ferreiros (*8274* >; *8289* ss.)

TEOFRASTO – Filósofo e naturalista grego, discípulo de Aristóteles, que, na obra *De causis plantarum*, propõe uma história sistemática da Botânica. Numa das versões manuscritas do *Fausto*, esta passagem referia-se ao naturalista Alexander von Humboldt, que Goethe admirava ("Nem um Humboldt ousaria") (*5136*)

TESEU – O herói que, com a ajuda de Ariadne, mata o Minotauro no labirinto de Creta. O texto refere-se a uma fase anterior da história de Teseu, quando este, com Pirítoo, raptou Helena (→), ainda não casada com Menelau, e a levou para o castelo de Afidno (→), de onde seria libertada por Castor e Pólux (→) (*8848*)

TESSÁLIA – Região da Grécia, aqui referida sobretudo pelas suas feiticeiras, dadas ao culto da Lua (*6977*; *7921*; *8035*; *9963*)

TÉTIS – Uma das Nereides (→), mulher de Peleu (→) e mãe de Aquiles (*6025*)

TÍNDARO – Rei de Esparta, marido de Leda (→) e pai de Clitenestra (→). Traído por Zeus, que gerou, com Leda, Helena e os Dioscuros (→), Castor e Pólux (*8497*; *8990*)

TIRÉSIAS – O profeta cego de Tebas, a quem Zeus deu o dom de viver cinco (ou sete, ou nove) vidas humanas, e que teve de decidir na disputa dos deuses sobre quem tirava mais prazer do ato amoroso, se o homem ou a mulher. Tirésias atribuiu nove partes desse prazer a Juno (→), e só uma a Júpiter, pelo que a mãe dos deuses o cegou (*8817*)

TISÍFONE – Uma das Fúrias (→) (< *5381*)

TITÂNIA – Rainha dos Elfos, espíritos da Natureza, mulher de Oberon (→); personagens retiradas de *Sonho de uma noite de verão*, de Shakespeare (*4231* ss.)

TRÊS VALENTES – A fonte bíblica destas três figuras é indicada por Goethe: Samuel II (23, 8), onde se encontram os três poderosos guerreiros de David que serviram de modelo aos do *Fausto*. Os nomes de Mata-Sete (*Raufe-bold* no original) e Corre-ao-Saque (*Eilebeute*) foram sugeridos por Isaías (8, 1-3) (*10323* ss.; *11189* ss.)

TRITÕES – Divindades marinhas masculinas, meio homem, meio golfinho. Eram filhos de Tritão, filho de Posídon (→) e Anfitrite (*8044* ss.; *8168* ss.)

TULE – A designação geográfica de Tule refere o extremo norte do mundo, visitado e descrito como território germânico, entre 350 e 320 a.C., pelo geógrafo romano Píteas de Massília, que a designa de *ultima Thule* no escrito *Periodos*. A balada existe em versão de Goethe, anterior ao *Fausto*, desde 1774 (*2759* ss.)

URIÃO, Dom – Um dos nomes do diabo em Baixo Alemão (*3959*)

VITÓRIA – A antiga deusa das vitórias militares, que na sua interpretação moderna se transforma em alegoria do lucro comercial (*5455*; *5460*)

VOLAND, Dom – Do Médio Alto Alemão *vâlant*, o diabo (*4024*)

WALPURGIS, Noite de – Na tradição popular nórdica, a noite de 30 de abril para 1º de maio, em que, como Goethe irá descrever na cena da Primeira Parte com esse título (vv. *3835-4222*), as bruxas celebram as suas orgias no Blocksberg (→). O dia corresponde ao da canonização de Santa Wal(d)burga, abadessa do convento de Heidenheim (morta em 779) e da orgia satânica que a crença popular diz desenrolar-se no mais alto dos montes da cadeia do Harz (→), na região central da Alemanha, o Brocken (→), que neste contexto recebeu o nome de "Blocksberg" (→). O sabá das bruxas nessas montanhas poderá ser o resultado da demonização, pela Igreja, de um antigo rito pagão da chegada da Primavera. As aldeias de Schierke (→) e Elend (→), referidas no texto, situam-se realmente a meia encosta do Brocken, que tem uma altitude de 1142 m. (*2590*; *3661*; *3835* ss.; *4032*). A Noite de Walpurgis clássica, que Homúnculo anuncia (*6941*) e Mefistófeles desconhece, irá desenrolar-se na Tessália (→) grega (*7005* ss.).

XÊNIAS – Epigramas satíricos que Goethe escreve às centenas, e aqui transforma, alegoricamente, em insetos, filhas do diabo providas de tenazes (*4303*)

ZOILO-TERSITES – Nesta figura, que esconde a de Mefistófeles, faz Goethe convergir dois suspeitos homens da Antiguidade: o gramático Zoilo, que escreveu uma crítica mesquinha e destrutiva das epopeias homéricas (pelo que o seu nome se transformou em sinônimo de mesquinhez e vistas curtas); e Tersites, apresentado na *Ilíada* como o homem mais feio do exército grego, temido pela sua língua afiada e caluniadora (*5457* ss.)

FSC
www.fsc.org
MISTO
Papel | Apoiando uma gestão florestal responsável
FSC® C092828

2023
CARBON NEUTRAL
SAVE cerrado

Este livro foi composto com tipografia Bembo e impresso
em papel Off-White 70 mg/m² na Formato Artes Gráficas.